莎士比亚时代的英格兰

Jeremy Black

[英] 杰里米·布莱克 著

张炜 译

上海书店出版社
SHANGHAI BOOKSTORY PUBLISHING HOUSE

ENGLAND IN THE AGE OF SHAKESPEARE

名家推荐

　　本书译笔准确流畅，可读性强，在广阔的历史叙事中照应莎士比亚戏剧文本，两相呼应，相得益彰，呈现出莎士比亚时代英格兰的经济发展、社会文化、地缘政治、思想意识和地理观念各个方面的历史图景。历史学家视野中的莎士比亚褪去"永恒普世"的神性光环，这十分有利于今天的读者发挥自己的历史想象力和文化建构能力，从而在阅读和观赏莎士比亚戏剧的过程中还原莎士比亚所处的物质环境和文化语境，这应该是喜爱莎士比亚的中国读者真正理解并欣赏莎士比亚戏剧文化意义和审美价值的最佳起点。

——北京大学外国语学院教授　黄必康

　　莎士比亚生活在英格兰历史上的"黄金时代"，但对于当时的人，这却是一个充满挑战和不确定性的时代。16、17世纪是"小冰川时期"，饥荒和瘟疫时常发生；近代科学正在兴起，但受自然灾害和社会分化影响，巫术和巫术迫害也掀起高潮；工商业经济发展，资本主义生产关系深入乡村，但圈地运动却给广大农民带来生计危机；在经历"都铎政府革命"之后，新的社会政治秩序正在形成，但大封建主势力仍然存在，15世纪封建战争的阴影仍笼罩在人们心头。如何在一个充满风险和不确定性的时代把握个人和社会的命运，这是当时人普遍关心的问题，也是莎士比亚剧作的核心主旨。这是一本由著名历史学家写给大家的书，他用通俗易懂的语言讲述了莎士比亚时代英格兰的方方面面，对于深入理解莎士比亚剧作，是一本不可多得的好书。"一千个人眼中有一千个哈姆雷特"，就本文作者而言，读完本书最深的感受是，在一个充满不确定性的时代，人应该诉诸个人良心、保持人性的光辉。

——复旦大学历史学系教授　向荣

莎士比亚戏剧传入中国以来，其接受过程丰富而又多元：从不谙外语的林纾编译《吟边燕语》到学贯中西的朱生豪、梁实秋等人的经典全译，从文言文到白话文再到诗体的表达乃至百科全书式的诠释，从稚嫩学步的校园莎剧到拿来我用的"文明戏"与改编剧，再到如今五花八门的演绎，莎剧在中华大地上始终散发着巨大的魅力，国人在对其进行文化符码转换过程中则创新不断……

任何文本的解读都离不开对其文化语境的了解，莎剧解读也不例外。任何想要究其奥妙、探其幽微者，都不可能脱离对莎翁所处时代及其文化背景的认识。《莎士比亚时代的英格兰》恰好为此提供了宝贵的契机，其作者杰里米·布莱克通过对翔实史料的仔细爬梳，还原了16世纪英国的社会状况、戏剧的生存状态以及民众的观剧情境，带领我们走进莎翁所处的英格兰及其周边世界的历史风云。作者同时从历史语境出发，还原与解读了莎翁笔下的经典人物、桥段与意象，不仅为莎剧爱好者，而且也为莎剧专家们提供了一个新颖且不可或缺的视角以及发表新见的可能。

——上海戏剧学院教授 宫宝荣

杰里米·布莱克是当代最多产的历史学家，英帝国勋章获得者，其《莎士比亚时代的英格兰》为一般读者提供了管窥英国最伟大的作家莎士比亚所处历史时代的迷人视角。布莱克娴熟地利用"文史互证"的手法，既成功刻画了早期现代英格兰各方面的历史风貌，又拓展了我们对于莎士比亚戏剧的理解。值得文史爱好者一读。

——浙江大学求是特聘教授、长江学者 郝田虎

译者序

英国学者杰里米·布莱克（Jeremy Black）在学界素以研究18世纪英国、北美和欧陆的政治、外交与军事史著称，至今已出版著作100余部，被誉为"我们这个时代最多产的历史学家"。他早年求学于剑桥大学和牛津大学，在杜伦大学获得博士学位，并在该校取得教授职位，后曾长期担任埃克塞特大学历史学教授。自20世纪80年代中期以来，他在上述领域先后出版多部论著，如《英法联盟的崩溃（1727—1731）》（1987年）、《欧洲列强的崛起（1679—1793）》（1990年）、《罗伯特·沃波尔爵士与18世纪英国的政治本质》（1990年）等。2008年，凭借其在军事史领域的杰出成就，布莱克获得美国军事史学会颁发的塞缪尔·埃利奥特·莫里森奖。

在关注政治、军事等颇具"硬度"的历史话题的同时，他也对新闻史、教育史等相对"软性"的话题多有涉猎。例如，他在早年间即出版过《英国人的大旅行》（1985年）、《18世纪英格兰新闻史》（1987年）等多部著作。自20世纪90年代以后，他又将兴趣部分转向电影史、地图史等领域，出版有《地图与历史》（1997年）、《詹姆斯·邦德的政治：从弗莱明的小说到大银幕》（2001

年）等著作。而摆在读者面前的这部《莎士比亚时代的英格兰》，则是他在2019年出版的一部透过莎士比亚戏剧来理解早期现代英格兰历史的颇具特色之作，当可看作是他多年来文化史研究脉络中的又一代表性作品。

莎士比亚的戏剧素以情节跌宕起伏、人物复杂多样、场景变幻多姿著称，执英格兰戏剧创作之牛耳。同时，一个时代的文学作品必定带有一个时代的历史烙印，从而具有某种特定的"时代精神"，因此，莎翁的历史剧、悲剧和喜剧亦可被看作是一幅幅反映时代特征的历史画卷，尤其因为他擅长将其所处时代的国家与民族身份认同、宗教信仰、财产继承、商品贸易以及战争冲突等历史信息融入作品之中，以展现出那一时期英格兰乃至所知世界波澜壮阔之风貌。无怪乎与莎翁同时代的戏剧大师本·琼森称赞他是"时代的灵魂"。

正是因为莎士比亚的伟大意义早已超出戏剧艺术本身，所以，其作品在戏剧研究者之外也拥有着广泛而持久的影响力。马克思即对莎士比亚满怀欣赏之意，认为他创造的福斯塔夫（《亨利四世》中的人物）是"不朽的骑士"；在引证泰门（《雅典的泰门》中的人物）的话时说"莎士比亚特别强调了货币的两种特性"，"绝妙地描绘了货币的本质"。恩格斯在1873年12月10日致马克思的信中认为，仅《温莎的风流娘们儿》第一幕所包含的东西"就有着比整个德国文学还多得多的生活和现实"。此后，不断有学者将莎剧作为历史研究的宝库深入挖掘。进入21世纪，学者们继续将此种方法发扬光大，围绕莎士比亚与时代关联性问题展开了多角度全方位的探究，在作品数量上出现了井喷现象，相关英文著作不胜枚举，仅翻译成中文的作品就包括《英国的黄金时代：莎士比亚的世界》《莎士比亚的科学：一位剧作家和他的时代》《法庭上的莎士比亚》

《莎士比亚：时代灵魂》等。[1]

本书作者杰里米·布莱克以历史学家的职业眼光，敏锐捕捉到了莎士比亚戏剧与其时代之间的紧密联系，作者凭借自孩提时代开始培养起来的莎剧素养，和对大量有关早期现代英格兰史和全球史的最新研究成果的吸收，从城市、政治、社会、医药卫生、文化潮流、英欧关系、大航海时代等多个角度，展现出莎士比亚戏剧作品背后丰富多彩的历史图景，同时又通过16—17世纪的历史史实深化了人们对莎翁作品的理解，从而实现了史学与文学的互证与互现。

作者在开篇即讲到，本书将着力展现当前人们对莎士比亚所处世界的理解水平，并将重点放在扩展我们对莎士比亚戏剧的解读上。因此，本书是关于政治、社会、经济和文化背景相互作用的历史记述，正是在这一背景下，莎士比亚的戏剧得以被创作、表演和接受，并帮助塑造和影响了他同时代的人。在本书第一章"时代的想象力"中，布莱克将莎翁戏剧中的魔幻情节与早期现代人们对黑暗的恐惧、巫术的盛行以及对超自然力量的矛盾心理等做了联系，并分析了占星术、历书和巫术在莎翁戏剧背景和情节发展过程中的作用。在第二章里，作者关注了莎剧中更具有现实性的日常生活情景，如陆上旅行、海上航行以及海盗、农业生产活动等情形，通过梳理早期现代英格兰的道路建设状况、气候对农作物生长的影响等史料，解读了如《仲夏夜之梦》中提泰妮娅与奥布朗有关农业依赖

---

[1]［英］乔纳森·贝特、多拉·桑顿：《英国的黄金时代：莎士比亚的世界》，刘积源、韩立俊译，中国友谊出版公司2018年版；［加］丹·福克：《莎士比亚的科学：一位剧作家和他的时代》，斯韩俊译，华东师范大学出版社2023年版；［英］昆廷·斯金纳：《法庭上的莎士比亚》，罗宇维译，译林出版社2023年版；［英］乔纳森·贝特：《莎士比亚：时代灵魂》，赵雯婧译，社会科学文献出版社2023年版等。

于天气变化的对话等故事内容。在第三章里，作者以更广阔的工农业发展视角，呈现了莎士比亚所生活的都铎王朝中晚期，民族国家蓬勃发展的活力。

伦敦是莎士比亚戏剧的主要创作和演出之地，布莱克在第四章里详细展示了这座英格兰最重要的城市在早期现代对外贸易、人口增长、城市扩展以及伴随经济增长而出现的法律纠纷等方面的发展演变，为戏剧表演之风在伦敦逐渐盛行的原因提供了城市史视角的解释。在此基础上，布莱克特别关注了莎士比亚历史剧在塑造人们历史记忆方面发挥的作用，而且强调了其历史剧所表达的观点与同时代人看法之间的不同之处。紧接着，布莱克又对都铎王朝的政治史——特别是宗教改革历程进行了浓墨重彩地叙述，用以解读诸如《约翰王》和《亨利八世》中教宗对英格兰进行干预的诸情节，由此展现了莎士比亚戏剧与政治的密切关联性。在第七章中，作者细数了贵族叛乱、君权神授观念、统治者个人寿命等因素对国王权力运行的影响，并分析了莎翁通过戏剧所表达的有关政治制度的看法。

在第八章至第十章，布莱克以社会史、环境和医疗卫生史、文化史等多重视角，分析了莎剧中不同人物的言行。例如，作者通过16世纪末英格兰农业资本主义来势迅猛而导致社会动荡和紧张状况加剧这一现象，指明这种农业发展模式具有残酷和不道德性，并与《裘利斯·凯撒》中勃鲁托斯指责凯歇斯腐败的言语做了映照。另外，在作者看来，早期现代英格兰穷人面对的恶劣卫生环境和营养状况，在《李尔王》等多部剧作中也有所体现。在第十章里，作者以16世纪英格兰人已具备较为丰富的地理学知识为依托，解释了莎翁作品中为何提及了大量地理信息；另外，由于早期现代印刷品普及而令时人对很多事物见怪不怪的情形，也体现在《终成眷属》等剧中人物的对话中。

在布莱克看来，完成宗教改革的英格兰与欧洲大陆的关系以及经历大航海时代后的英格兰人所了解的更广阔世界，也都能在莎士比亚作品中觅得踪影。特别是为了显示宗教改革后英格兰人对本民族极高的认同感和自豪感，莎士比亚在《奥瑟罗》中让伊阿古唱了一首他在英格兰学来的饮酒歌，并大声夸赞英格兰人的酒量远胜"丹麦人、德国人、大肚子的荷兰人"。而在莎士比亚的有生之年里，由于西方人的远洋探险，世界发生了巨大变化。在此过程中，英格兰在新大陆建立起很多殖民地，而其中的弗吉尼亚和百慕大则被作者认为是《暴风雨》的灵感来源，同时，剧中主要人物卡列班也具有岛屿原住民的影子。

最后，布莱克将莎士比亚定位为一种展现英格兰特性的文化图腾。他指出，莎翁作品元素不仅为后世大量英国文学家、戏剧家所吸收，而且也被来自日本、南非等全世界各地的创作者们不断改编上演，并重新赋予了作品新的时代内涵。本章的内容印证了当年本·琼森对莎士比亚的另一句评价，即他"不属于一个时代，而属于千秋万代"。莎士比亚戏剧的魅力无可阻挡，数百年来一直深受人们的喜爱，诚如本书最后一章标题所言，"因为我们喜欢他"。这无疑也是布莱克发自内心的一种真诚表达。总之，本书一方面让我们透过丰富的历史信息而更为深入地理解莎翁戏剧，另一方面，作者也借莎翁作品更加生动形象地展现了早期现代英国及其所处世界的历史样貌。

当然，在展现出将戏剧与历史进行有机结合时的精巧技艺以及作者本人深厚的莎剧学养之余，读者也不难发现，本书中的一些论述难免夹杂有某种传统盎格鲁–撒克逊白人优越论的遗风，如书中对英格兰人在早期现代进行的大规模殖民扩张未带丝毫反省之意，而是强调"尽管主要由于身处不熟悉环境中而受到疾病的影响，新移民最初的损失惨重，但殖民地终究还是扩大了，美洲原住民的反对也被克服了"。这无疑带有某种强权思维，相信读者自会在阅读中予以明辨。

近年来，布莱克的军事史和帝国史著作已陆续被国内多家出版社引进出版，如《军事革命？1550—1800年的军事变革与欧洲社会》《大英帝国3000年》等，使这位享誉英语图书界的学者兼作家逐渐为中文读者所熟知。本书应是其文化史研究著述在中文图书界的首次引介，不仅可以让我们更加全面地了解这位创作力惊人的英国学者兼作家的学术旨趣与文化思想，而且让我们系统地了解莎翁戏剧的独特历史语境，又能让我们从戏剧的视角对莎翁所处时代予以新的观照，进而激发出继续了解探究莎剧这一人类伟大文化瑰宝的兴趣。相信读者在阅读此书后定会有各自怡然的收获与心得。

本书包含大量莎士比亚作品原文，除个别用语已脱离当下中文通用语义之外，翻译时在大多数情况下采用了朱生豪等先生翻译的《莎士比亚全集》（增订本），[1] 在此谨致以对中国莎学前辈最崇高的敬意。此外，莎翁戏剧作品中涉及大量世系繁复、名字重合的英格兰历史人物，为了使读者不至坠入云里雾里之中，书末提供了莎翁戏剧所涉及的从诺曼征服到斯图亚特王朝时期的英王世系简表，以供读者阅读时参考。还需说明的是，由于现今英国（即联合王国）的疆域是在历史中不断发展演进中形成的，与本书主要讨论的早期现代英格兰并非同一地域，所以本书中的"英国"指的是历史上和现今包括英格兰、苏格兰、威尔士和（北）爱尔兰的联合王国，以示与早期现代的英格兰相区别。

---

[1]《莎士比亚全集》（增订本），朱生豪等译，译林出版社2016年版。

　　承蒙上海书店出版社的信任，我有幸参与此项翻译工作，既诚惶诚恐又感到十分幸运，使我有机会跟随杰里米·布莱克教授的笔端，踏上了向中文读者展现莎士比亚时代的翻译之旅。上海书店出版社张冉编辑对译文提出诸多宝贵建议，为本书顺利出版付出了大量心血。中国社会科学院大学研究生袁子傲参与了本书第十一章的翻译工作，特致谢意。当然，翻译向来是一种充满挑战又不时有意外惊喜的工作，甘苦自知。尽管在翻译中自感已尽力而为，但诚如严复先生在《天演论》中所讲："译事三难：信、达、雅。求其信，已大难矣！"所以，译文中错讹之处在所难免，在此恳请方家不吝赐教。是为序。

张炜

2024 年 7 月 28 日于北京

目 录

献给埃莉内德 · 多尔金

前 言

西方还闪耀着一线白昼的余辉，

晚归的行客现在拍马加鞭，

找寻宿处了。

——《麦克白》第三幕第三场[1]

当人们进入剧院，或许会听到，"刺客甲"在麦克白的命令下准备杀死班柯和他的儿子弗里恩斯时说出上述台词。莎士比亚时代的观众知道，他们正在看的是一出戏，而剧作家们却试图抓住观众的理解力，并创作出能与他们的集体和个人经历产生共鸣的作品。对于观看莎士比亚戏剧的现代观众来说，情况就大不相同了。在他们观看一部作品时，其体验与其前辈已然有别。因此，现在许多去剧院观看演出的人，会把看戏当作一种场合，一种学校或家庭的义务，而不是尽可能进入这部戏对莎士比亚同时代人而言所具有的精

---

[1] 本书涉及的莎士比亚作品名称和内容，主要采用《莎士比亚全集》（增订本）（朱生豪等译，译林出版社2016年版）的译法，为保证原文阅读体验，未做任何修改。本文注释均为译者注，如无特殊情况，下文不再一一说明。

神或意义之中。

　　在这本书中，我将尝试后一种方式，即进入那种精神，但同时也承认，这种努力是面临困难和不确定的。同时代人的反应并不那么清晰可见，例如，对有关巫术的报道即是如此。有书面证据表明，并不是所有人都相信女巫的存在。这一观点不能轻易依靠历史证据来解决——因为历史证据并不充分，而且有各种各样的解释。线索是由一部剧中发表评论的角色之状态提供的。这个角色是可信的证人吗？他或她是在开玩笑吗？我们该相信他或她吗？此外，戏剧通过结构表达不同的观点，但这并不等于鼓励观众对角色及其观点做同等的怀疑反应。这一点在对《麦克白》可能引起的反响中得到了体现，主人公、他的妻子和女巫们都被清晰地、反复地呈现在一种强烈的敌意中。

　　如果"整个世界是一个舞台"，那么，那个舞台和它的历史背景值得持续被审视。这就是本书所采用的方法，它关注的是伊丽莎白一世和詹姆斯一世时期的英格兰，但也涵盖了更大的历史和地理范围。本书将着力展现当前对莎士比亚世界的历史理解，并将重点放在扩展我们对莎士比亚戏剧的解读上。因此，本书是对政治、社会、经济和文化背景相互作用的历史记述，正是在这一背景下，莎士比亚的戏剧得以被创作、表演和接受，并帮助塑造和影响了与他同时代的人。他的时代主要被理解为他的有生之年（1564—1616年），但我们也必须考虑到他的上一代人，因为这些记忆可以很容易被莎士比亚恢复并为其所用。有些观众的年龄或许比剧作家还大。这些背景的影响可以从戏剧的主题、情节、语言和表现上看出端倪。

　　本书带有少许脚注，但脚注和最后的"精选延伸阅读书目"部分都是为了引导读者了解相关的学术知识。这种学术知识固然重要，但更重要的是观看、聆听或至少阅读戏剧。无论选择何种媒介，直接参与到作品之中都是有价值的；在过去一个世纪里，可用媒介的扩展大大增加了展现和接触莎士比亚的方式。莎士比亚的翻译作品也进入了其他很多民族的文化、场合以及语言之中。

对我来说，本书令我回想起自孩提时代以来的半个多世纪里，我在许多地方观看的莎士比亚戏剧，印象最深的是在阿伦德尔、剑桥、埃克塞特、伦敦、纽卡斯尔、牛津、普利茅斯和斯特拉特福；在户外（从瓢泼大雨到柔和的夜晚）和封闭的场所；以及和许多不同的人在一起观看的经历。回忆或许总是苦乐参半，但这些戏剧是许多回忆的源起和场景。这些记忆的回响，特别是那些和我一起看戏的人，现在仍伴我左右。我要特别感谢我挚爱的父亲带我第一次去看皇家莎士比亚剧团（RSC）的演出，当时的我还是一个易受影响的年轻人。1975年，《亨利五世》在斯特拉特福上演，该剧庄重威严且充满活力，由艾伦·霍华德（Alan Howard）饰演国王一角，剧中没有出现反战倾向，尤其是愤怒情绪，而这在最近的许多作品中表现得非常突出。1980年到1996年，我住在英格兰东北部，皇家莎士比亚剧团将其作品带到各郡，这使我获益匪浅，尤其是在上乘的纽卡斯尔皇家剧院和剧场的演出。最近，埃克塞特的鲁日蒙花园（Rougemont Gardens）的露天演出引发了家庭出游热潮，也让人们再次联想到莎士比亚，因为《理查三世》简要提及了鲁日蒙城堡（Rougemont Castle）。总部位于布里斯托尔的烟草工厂剧团（Tobacco Factory）在西南部推出了一些颇令人难忘的作品。

我第一次在我的母校——哈博戴斯阿斯克男校的舞台上看到的莎翁作品是生动有趣的《无事生非》，另一部是《裘利斯·凯撒》，其中的战斗场景被频闪灯光弄得让人晕眩。我第一次登台表演是在《仲夏夜之梦》中扮演一堵非常年轻的"墙"——一个戏份有限但很适合我的角色。不过，这也再次提醒我，我是多么幸运能够进入这样一所富有想象力的学校。我们的老师迈克尔·费奇将整个A-Level英语课程压缩为一年，用另外一年的时间带我们开展了一趟英国文学壮游，他认为这是教育的必要组成部分。他在我们必学的《麦克白》《安东尼与克莉奥佩特拉》的基础上，增加了一学期的莎士比亚课程。我们学习的内容也涉及了莎士比亚的同时代人，包括托马斯·基德（Thomas Kyd），而托马斯·米德尔顿（Thomas Middleton）的《复仇者的悲剧》（*The Revenger's Tragedy*）[1]是另一部教材。我告诉迈克尔，我最喜欢约翰·韦伯斯特（John Webster）的戏剧，尤其是他的悲剧《马尔菲公爵夫人》（*The Duchess of Malfi*）和《白魔鬼》（*The White Devil*），这些话激怒了他。不过，我也有机会与这位良师一起讨论了《哈姆莱特》和《李尔王》，并将莎士比亚的《安东尼与克莉奥佩特拉》与约翰·德莱顿（John Dryden）的改编版《一切为了爱情》（*All for Love; or, The World Well Lost*）进行了比较，使我受益匪浅。迈克尔几乎没有时间进行理论研究，有一次他曾语带讽刺地说："生殖器状物体的长度本应大于它的宽度。"

　　这种教育也鼓励了年轻时的我自己去剧院看戏——这得益于伦敦便利的地铁交通，也得益于便宜的日场票——等灯光一暗，我就从后排走到靠近舞台的那些更昂贵但空着的座位上观看。劳伦斯·奥利弗爵士（Sir Laurence Olivier）饰演的夏洛克和保罗·斯科菲尔德（Paul Scofield）饰演的普洛斯帕罗着实令人难忘，但我也很喜欢小维克剧院（Young Vic）里充满活力的演出。

　　"他不只属于一个时代，而属于千秋万代！"本·琼森（Ben Jonson）在他的诗作《追忆吾爱的作者威廉·莎士比亚先生》（1623年）中对莎士比亚的评价至今仍是如此贴切。在世界文化的各个领域里都可以找到莎翁作品经久不衰的意象。此外，莎士比亚的戏剧演出也对当时英格兰以及其他历史时期和各种文化进行了描述。众多个人作品以及基于或参考了莎士比亚作品的作品，在涉及内容与风格上皆存在很大差异。例如，奥利弗的《亨利五世》（1944年）以1600年左右的伦敦全景作为开场，但这是一个模型镜头（model shot），而之后的第一幕则是在剧场内上演的。相比之下，更真实的街头生活景象出现在电影《莎翁情史》（*Shakespeare in Love*）和《莎士比亚密码》（*The Shakespeare Code*）中。后者是2007年广受欢迎的英国电视剧《神秘博士》（*Doctor Who*）中的一集，在该故事里，神秘博士造访了莎士比亚时代的伦敦，并告诉他的黑人同伴，非洲人彼时即居住在伦敦（他们确实如此），从而促进建立了一种当时具有现实意义的身份认同观念。

目前，上述这种多样性仍然十分突出。例如，在普利茅斯皇家剧院2017年的演出计划中，就含有了由蜷川幸雄（Yukio Ninagawa）制作的《麦克白》。该作品在1985年曾取得巨大成功，此番上演是该作品复兴之旅的一部分，以日语演出，并配有英文字幕。布雷特·迪恩（Brett Dean）根据《哈姆莱特》改编的新歌剧，则以"复仇如何被内省挫败"为主题。

本书得益于我在牛津和拉德利公学为弗吉尼亚大学暑期学校所做的有关莎士比亚时代的英格兰的讲座，并从乔纳森·巴里，卡伦·爱德华兹，比尔·吉布森，约翰娜·卢思曼，安德鲁·麦克雷，史蒂文·帕莱西恩，奈杰尔·拉姆齐，劳拉·桑加，奈杰尔·索尔，马克·斯托伊尔，理查德·温多夫，尼尔·约克，以及两位匿名审读者那里得到对全部或部分早期书稿的建议。艾琳·考克斯为某些特定问题提供了帮助。非常高兴能把此书献给我和莎拉的好朋友埃莉内德·多尔金。

　　莎士比亚戏剧经典作品的确切构成是一个富有争议的问题，而许多戏剧的确切创作时间也尚不清楚。[2]不少评论家怀疑莎士比亚的全部或部分剧作的作者身份。下文可被视为某种建议，不过，关于日期、顺序和作者，尚有很大的讨论空间。值得敬佩的是，最近人们试图讨论整个经典剧作的顺序——它们的顺序不可避免地会彼此不同，从以下著作中便可一窥究竟：哈罗德·布鲁姆（Harold Bloom）的《莎士比亚和人类的发明》(Shakespeare: the Invention of the Human, 1998)；玛乔丽·嘉伯（Marjorie Garber）的《毕竟是莎士比亚》(Shakespeare after All, 2004)；加里·泰勒（Gary Taylor）、约翰·乔伊特（John Jowett）、特里·布鲁斯（Terri Bourus）和加布里埃尔·伊根（Gabriel Egan）主编的《新编牛津莎士比亚全集》(The New Oxford Shakespeare: The Complete Works, 2017)。

1588—1593 年	《错误的喜剧》
1588—1594 年	《爱的徒劳》
1590—1591 年	《亨利六世中篇》
1590—1591 年	《亨利六世下篇》
1591—1592 年	《亨利六世上篇》
1592 年	《法弗舍姆的阿尔丁》（作者之一）
1592—1593 年	《理查三世》
1592—1594 年	《泰特斯·安德洛尼克斯》
1593—1594 年	《驯悍记》
1593—1598 年	《维洛那二绅士》
1594 年	《爱德华三世》（无名作者与莎士比亚）
1595—1596 年	《罗密欧与朱丽叶》

1612—1613 年	《亨利八世》（合著）
1613 年	《卡丹纽》（佚失，合著）
1613—1614 年	《两个高贵的亲戚》（合著）

注释

1. 1607 年出版的这部匿名剧作也被认为是西里尔·图尔尼（Cyril Tourneur）的作品，但米德尔顿的作者身份现在已被普遍接受。

2. 例证可参见 J. Peachman, "Why a Dog? A Late Date for *The Two Gentlemen of Verona*," *Notes and Queries* 252 (2007): 265–72.

一 时代的想象力

　　控制不确定性——这是早期现代，即16、17世纪英格兰的生活经验与人格塑造模板。托马斯·霍布斯（Thomas Hobbes）在其政治思想名著《利维坦》（*Leviathan*，1651）中，将自然状态中的人描述为孤独的、贫穷的、肮脏的、粗野的和短命的，而这一组词在很大程度上也描述了莎士比亚的世界。生命的突然陨落，特别是致命的意外事故和悲惨的疾病，以野蛮的速度扼杀着生命，这不仅可以被看作残酷不公的际遇，也可以被解释为邪恶与恶意的影响。

　　这些元素在莎士比亚的戏剧中反复出现；事实上，它们为戏剧注入了大量的情节、活力和气氛。角色可以根据其对际遇、邪恶和恶意的反应被定义。反过来，邪恶和恶意在某种程度上也发挥着作用，特别是在悲剧中，通过利用角色而起作用，如伊阿古对奥瑟罗令人厌烦的诱惑操纵，以及女巫对麦克白及其妻子的挑衅——挑衅是另一种类型的诱惑。

　　通过这些角色，与莎士比亚同时代的人看到了一场善与恶的斗争，一场引起担忧与恐惧的斗争——同时拿它开着玩笑，就像《麦克白》中看门人的台词那样，在很大程度上成了"黑色幽默"。邪恶和恶意，无论其来源和目的如何，都在生活的各种场景中起着作用。无论就字面意义还是隐喻意义而言，"黑暗"都是特别重要的，一如《无事生非》中的"邪恶"。这是一种依赖于误判的邪恶，而黑暗使这种误判变得容易很多。现代世界因为有了电灯照明和全球导航系统，可以克服黑暗。相比之下，在莎士比亚的世界里，黑暗是一个无处不在、不断扩大的领域；然而，在这一时期的露天剧场中，当夜幕降临时，舞台上便会亮起更多灯光。

　　黑暗并不总是威胁、危险和不确定的象征。它可以是一个浪漫和诙谐混乱的背景。此外，在以雅典城内外为背景的《仲夏夜之梦》中，奥布朗命令迫克阻止狄米特律斯和拉山德交战：

> 快去把夜天遮暗了；
> 你就去用像冥河的水一样黑的浓雾盖住星空，¹
> 再引这两个声势汹汹的仇人迷失了路，
> 不要让他们碰在一起。（第三幕第二场）

这出戏展现了人类面对超自然力量时的脆弱性，尽管为了喜剧效果，给波顿安上了驴头。这种以夜晚为背景的滑稽不幸的幽默混乱也存在于其他戏剧中，比如在《亨利四世上篇》的大道抢劫中，掌柜告诉嘎子喜儿："我觉得来无影去无踪倒不是靠的什么隐身子[1]，而是因为夜里黑。"（第二幕第一场）人们认为蕨类植物的种子可以隐形。然而，除了《仲夏夜之梦》中夜晚的浪漫和莎士比亚其他作品中的幽默混乱，还有夜间的惊悚、恐怖和邪恶。相比之下，田园剧则多以白天为背景。

---

[1] 隐身子：蕨类植物繁殖所需的微小颗粒，从前被认为是看不见的物体，持有它们被认为可以隐形。

夜间的恐惧尤其会降临到旅行者身上，它兼具字面意义和比喻意义，要么只是因为他们看不见路，要么便是因为他们意识不到可能面临的危险。在《李尔王》中，弄人将黑暗视为道德盲视（moral blindness）的一部分，这种盲视战胜了李尔王和他的王国，并成为后者的主导基调——"蜡烛熄了，"弄人说，"我们眼前只有一片黑暗。"（第一幕第四场）李尔王反过来通过他的经历获得了重生，在某种程度上变得明净，但他已无法挽回失去的东西。

从更普遍的意义上说，黑暗是一个人类无法理解的世界，更是人类无法控制的。就像在万圣节前夕（10月31日）死者会在地上行走那样，《哈姆莱特》中死去的国王也在夜间行走，但他在黎明时便消失了，并且还意识到，他的王国是夜间的：不仅是夜间的想象，也是夜间的现实。这位国王的鬼魂（ghost）是基督教的善与灵（spirits）之间更广泛斗争的一部分，这在戏剧的第一场中便有概述。哈姆莱特意识到了这种斗争，因而担心有被误导的危险。马西勒斯将鬼魂在黎明时分的反应放置在善与恶之间更广泛的斗争的语境中，他观察到：

> 它在鸡啼的时候隐去。
> 有人说我们的救主将要诞生以前，
> 这报晓的鸟儿彻夜长鸣；
> 那时候，他们说，没有一个鬼魂可以出外行走，
> 夜间的空气非常清净，
> 没有一颗星用毒光射人，
> 没有一个神仙用法术迷人，
> 妖巫的符咒也失去了力量，
> 一切都是圣洁而美好的。（第一幕第一场）

在《麦克白》中，麦克白夫人哭着请求黑暗的帮助：

> 来，阴沉的黑夜，
> 用最昏暗的地狱中的浓烟罩住你自己，
> 让我的锐利的刀瞧不见他自己切下的伤口，
> 让青天不能从黑暗的重衾里探出头来高喊：
> "住手，住手！"（第一幕第五场）

麦克白的邪恶和越来越缺乏自我控制，都是恶魔力量作用于他的自恋的产物——由他借助黑暗来掩盖他谋杀昔日的朋友、如今想象中的对手班柯的意愿来衡量，他宣称：

> 来，使人盲目的黑夜，
> 遮住可怜的白昼的温柔的眼睛，
> 用你的无形的毒手，
> 撕毁他那生命的租约吧！
> 天色在朦胧起来，
> 乌鸦都飞回到昏暗的林中；
> 一天的好事开始沉沉睡去，
> 黑夜的罪恶的使者却在准备攫捕他们的猎物。
> （第三幕第二场）

这是一个噩梦般的世界；黑暗在想象的生活里扮演的角色，既是一种更普遍的恐惧感的表象，也是一种恐惧感的产物，这种恐惧感尽管集中在黑暗里，但绝不局限于黑暗中。[2]《麦克白》中的女巫在黑暗或烟雾中活动。卡列班这位《暴风雨》中的"天生恶魔"

（born devil），乃"黑暗之物"（第四幕第一场；第五幕第一场）。在这出戏中，（死去的）女巫西考拉克斯是普洛斯帕罗白魔法的邪恶而神秘的对比，女巫把她的毒药传给了她的儿子卡列班。卡列班的计划可能会被挫败，但这些计划是邪恶而危险的，为这部剧增添了大量戏剧性。

将卡列班装扮成西方殖民主义的受害者，把普洛斯帕罗和米兰达视为怀有自私理由而不公地侮辱卡列班，因而使得他们两人的批评不尽合理，这种方式代表了一种不同的权力关系。这种关系也抓住了一个可怕的"他者"的概念，尽管在此种情况下，同情是指向所谓"怪物"的。另外，卡列班的与众不同也经常被通过他的肤色表现出来。[3]这种与对卡列班邪恶出身的叙述的对比，涉及对该剧完全不同的解读；然而，它对于一些现代观众来说更具有意义。

在他们的恶意和欺骗中[4]，魔鬼和女巫对于与莎士比亚同时代的人（包括戏剧观众）来说都是真实存在的，代表着强大而多样的邪恶军团的指挥和领导。在《终成眷属》中，小丑提到侍奉一位伟大的王子："黑王子，先生，又名黑暗之王，或魔鬼。……他是主宰全世界的大王。"（第四幕第五场）魔鬼、地狱和复仇女神在剧中作为"谈话"主题而回归（第五幕第三场）。在《错误的喜剧》中，那位娼妓作为"魔鬼的老娘，扮作婊子来迷人"而遭到错误地谴责（第四幕第三场）。在《奥瑟罗》中，伊阿古为其阴谋的诞生而欢欣鼓舞道：

地狱和黑暗酝酿就这空前的罪恶，
它必须向世界显露它的面目。（第一幕第三场）

然而，实际上，这是基于一个人嫉妒另一个人的阴谋。在《暴

风雨》中，海上的暴风雨使船沉没，绝望的费迪南德跳入海中
惊呼：

> 地狱开了门，
> 所有的魔鬼都出来了！（第一幕第二场）

魔法当然在起作用，尽管它被证明并不是邪恶的，因为它是由普洛
斯帕罗召唤而出的，他总体上被呈现为一个正面的人物，尤其是就
船只和船员的奇迹生还方面而言更是如此。

　　在莎士比亚的戏剧中，提到地狱是司空见惯的情形，尽管并
不总是险恶的。《温莎的风流娘儿们》提到，约翰·福斯塔夫爵士
"像一车屠夫切下来的肉骨肉屑"被扔进泰晤士河，这顺便解释了
伦敦泰晤士河下游为何如此肮脏——只是为了让他得救，因为它不
像"地狱那么深"。的确，"岸边水浅多沙"（第三幕第五场）。培琪
太太谈到他时说："他吃过了这两次苦头，一定把他的色胆都吓破
了；除非魔鬼盘踞在他心里，大概他不会再来冒犯我们了。"（第四
幕第二场）

　　在莎士比亚的作品中，有很多地方提到魔鬼是一种恶意欺骗的
形象，但也有不少不一样的魔鬼。在《奥瑟罗》中，凯西奥反思
道："气鬼一上了身，酒鬼就自动退让……每一杯过量的酒都是魔
鬼酿成的毒水。"（第二幕第三场）引用的这些材料反映的并不是描
述地狱和魔鬼之语言的空洞，而是它的普遍性，因此，除了撒旦之
外，通常还有较小的魔鬼。而且，恶人会把好人诬指为恶魔，像在
《暴风雨》中，当塞巴斯蒂安得知普洛斯帕罗知道了他的奸诈计划
后，他说："魔鬼在他嘴里说话。"（第五幕第一场）[5]

　　最后的审判，即在人类世界尽头的神圣审判，即使在16世纪

早期的宗教改革之后描绘它的图像被逐出教堂，大部分教堂内部最终被粉刷成白色，但它仍然是一种现实的恐惧。基督教世界的图景为恐惧提供了充分的基础，包括千禧年主义[1]的、天启的、世界末日的末世论焦虑，这在《圣经·启示录》中得到了浓墨重彩的描绘。在《亨利六世上篇》中，温彻斯特红衣主教亨利·波福这样评价他同父异母兄弟的儿子亨利五世：

> 他是得到万王之王赐福的国王。
>
> 对于法兰西人来说，
>
> 他的出现比可怕的末日审判还要可怕。
>
> 他为上帝而战。（第一幕第一场）

还有更直接的问题和插曲。作为苏格兰的詹姆斯六世（1567—1625 年在位）和英格兰的詹姆斯一世（1603—1625 年在位）的詹姆斯·斯图亚特（James Stuart）——《麦克白》很可能就是为其宫廷创作的，曾写书反对女巫，且被认为是女巫的恶魔计划——尤其是北贝里克（苏格兰）女巫集会的针对目标。班柯被认为是詹姆斯的祖先，而莎士比亚在《麦克白》中也是这样描述他的。

詹姆斯后来放弃了他的观点，更可能的是，变成了对待女巫的一股温和力量。[6]但巫术信仰在苏格兰、英格兰和欧洲大陆的近代历史中大量存在。1479 年，早前的苏格兰国王詹姆斯三世便指控

---

[1] 千禧年主义：《圣经·启示录》预示的关于基督教将统治地球一千年的教义，或与此教义有关的宗教运动。在这一千年中，正义统治地球的渴望将会实现；在其末期，撒旦将被暂时释放出来，但他终将失败，一切死者将聚合起来接受最后审判。在整个基督纪元，千禧年主义往往在重大社会变革或危机时期再起。

他的一个兄弟——马尔伯爵约翰使用了巫术。不久，马尔在神秘状况下去世。几个女巫曾因融化了詹姆斯三世的蜡像而被判处死刑，并被烧死。

在三十八年前，埃莉诺·科巴姆（Eleanor Cobham）被指控利用女巫诱骗她的丈夫——亨利五世的弟弟葛罗斯特公爵汉弗莱，并雇佣占星师融化汉弗莱侄子亨利六世的蜡像，为的是杀死这位侄子并为汉弗莱夺得王位。在《亨利六世中篇》中，莎士比亚展现了埃莉诺询问算命师——巫婆玛杰利·约丹，并召唤出恶魔阿斯马斯的情形。玛杰利因此被活活烧死。[7] 巫术指控的争议性和话题性与1536年对伊丽莎白女王的母亲安妮·博林的指控有关，尽管她最终没有被指控犯有巫术罪。

巫术是一项可提起诉讼的罪行。它积聚了对正统的威胁，以及人们认为的邪恶的真正本质同内心和公开冲突之间的关系。当时的人对巫术的关注也为后世历史学家提供了一种看待这两种冲突的方式。[8]

在莎士比亚的时代，关于女巫的消息通过学术性论文、小册子、印刷的民谣和版画等相对较新的印刷文化形式传播开来。例如雷金纳德·斯科特的《发现巫术》（*Thee Discoverie of Witchcraft*，1584）——尽管斯科特是一个强烈的怀疑论者，乔治·吉福德的《关于女巫和巫术的对话》（*A Dialogue Concerning Witches and Witchcraftes*，1593）和约翰·科塔的《巫术的审判》（*The Trial of Witchcraft*，1616）。通过印刷品传播的审判报道也很重要，比如《最奇怪和最令人钦佩的发现：沃博伊斯的三个女巫》（*Most Strange and Admirable Discovery of the Three Witches of Warboys*，1593）和《北安普敦郡的女巫》（*The Witches of Northamptonshire*，1612）。最新一篇报道的事件据称发生在威廉·埃弗里和他的妹妹伊丽莎白·贝尔彻身上，伊丽莎白被施了咒，据说是因为她打了一个女巫：

> 他们坐着一辆马车回家，看见一个男人和一个女人共同骑着一匹黑马。埃弗里少爷远远地发现了他们，注意到他们做了许多奇怪的手势，突然……［这一男一女］大声喊道……他们或者他们的马不久就会流产。而且马瞬间就倒地死了。于是埃弗里少爷站起来，赞扬上帝的恩典和仁慈如此有力地拯救了他们，并没有让邪恶的灵魂将最大的祸害强加在按照上帝形象塑造的人身上，而是把他们的愤怒转向了动物。[9]

莎士比亚并不是唯一一个提到女巫并将其搬上舞台的人。在威廉·罗利（William Rowley）、托马斯·德克尔（Thomas Dekker）和约翰·福特（John Ford）的戏剧《埃德蒙顿女巫》（*The Witch of Edmonton*，约1621年）中，一位名叫伊丽莎白·索耶的老妇人在与魔鬼达成协议后成为女巫——这是女巫故事中常见的主题。与此同时，这出戏还刻画了一只魔鬼狗，是一部相当复杂的戏剧，并将伊丽莎白·索耶描绘成一个被充满敌意的社会所强迫而不得不像女巫一样行事的女人。事实上，剧中的几个"当权"人物在动机上明显比她更邪恶，这与约翰·韦伯斯特的《马尔菲公爵夫人》（*The Duchess of Malfi*，1613）颇为相似。

在1563年和1604年，议会通过了反对巫术的法令，第一个法令缘起于所谓天主教与魔法阴谋之间的联系，据称天主教徒试图在1562年伊丽莎白差点死于天花之际召唤神灵，而她的死会将信奉天主教的苏格兰女王玛丽推向继承王位的位置。1604年的法令规定，即使是善意的召唤神灵也是死罪。然而，伊丽莎白一世时期的处决人数尽管比英国历史上除17世纪40年代以外的任何时期都要高，但仍然相对较低，部分原因可能是治安法官（JPs）希望避免激烈的猎巫活动引发和暴露危险的社会分裂。[10]

对女巫的关注在精英和民众、教会和国家之间架起了桥梁。然而，与此同时，法律规定的巫术范畴与不那么明确但仍然有效的传统宗教和民间信仰之间存在一种对比。诅咒在讨论和争议中的频繁出现及其引起的关注集中在直接伤害的实践和关联的巫术力量上。

莎士比亚在《仲夏夜之梦》和《麦克白》中分别以迷人或恶毒的意图、语言和活力来运用这一主题。女巫们向麦克白展示的幻影甚至比女巫本身更令人不安和神秘。相反，在《暴风雨》中，普洛斯帕罗利用"小喽啰们"给予了爱丽儿权力，为费迪南德和米兰达制作了一个迷人的面具（第四幕第一场）。在《第十二夜》中，作为黑色喜剧（甚至是悲喜剧）情节的一部分，被囚禁的马伏里奥被视为被"魔鬼"附身，实际上则是"撒旦"（第四幕第二场）。

相反，雷欧提斯对哈姆莱特的愤怒爆发——"魔鬼抓了你的灵魂去"（第五幕第一场）——捕捉到了伴随着雷欧提斯试图掐死哈姆雷特这一物理行为的真正伤害，这种伤害比对哈姆莱特身体上的伤害更持久、更可怕。在这部剧中，哈姆莱特父亲之死的罪责问题被置于更普遍的寻求救赎的斗争之中。哈姆莱特要杀死他的叔父克劳迪斯——也就是国王，他必须有正当理由，而哈姆莱特在被他叔父的罪行激发之前，曾遭受了不安和不确定性带来的强烈挑战。一开始，哈姆莱特是以一种类似于麦克白怀疑被女巫引入歧途的方式怀疑他父亲的鬼魂，但比之更无能为力。他若有所思地说：

> 我所看见的幽灵也许是魔鬼的化身，
>
> 借着一个美好的形状出现，
>
> 魔鬼是有这一种本领的；
>
> 对于柔弱忧郁的灵魂，
>
> 他最容易发挥他的力量；
>
> 也许他看准了我的柔弱和忧郁，
>
> 才来向我作祟，
>
> 要把我引诱到沉沦的路上。（第二幕第二场）

人们对超自然现象也有一定程度的矛盾心理，这种矛盾心理体现在那些在良善力量支配下活动的灵魂的存在与态度上，尤其是《仲夏夜之梦》中的迫克以及《暴风雨》中更有问题的爱丽儿。他们的力量被证明已大大超过了人类。对于迫克和爱丽儿来说，这不仅仅是速度的问题。此外，迫克是千变万化的，这是他魔法特性的一个关键因素，他同时就能做出好事或坏事。正如他自夸的那样：

> 有时我化作马，有时化作猎犬，
>
> 化作野猪，没头的熊，或是磷火；
>
> 我要学马样嘶，犬样吠，猪样嗥，
>
> 熊一样的咆哮，野火一样燃烧。（第三幕第一场）

在《暴风雨》的最后一幕中，爱丽儿表现出对人类的同情和对普洛斯帕罗一定程度的怜悯，而这是普洛斯帕罗不情愿接受的（第五幕第一场）。对仙女的信仰很普遍，虽然教会传统上将她们视为恶魔，但在流行文化中，仙女受到的待遇要友好得多。[11]

在英格兰，人们对巫术的指控出于很多原因，包括拒绝施舍和私人争吵，但对真正邪恶的恐惧则是巫术指控的核心。它被认为可以通过使用魔法手段对人和财产造成伤害，这么做被视为对社会和基督教的抗拒。人们可以看到恶魔附身在起作用[12]，且相信这一附身是更普遍的存在。

为了从整体上远离这样的命运和诅咒，求助于白魔法是适当甚至是必要的举动。这种魔法的范围很广，包括基督教的教义和实践（而实践又各不相同）和半（或非）基督教化的魔法信仰，这些信仰给许多人带来了意义、安慰和不甚稳固的安全感。尤其是在宗教改革之前，许多人依靠佩戴幸运符和去圣地（比如清泉）旅行，圣井在康沃尔和威尔士尤其多。身戴十字架，画十字的手势（这对当时的社会实践和图像解读都很重要），以及对宗教形象的崇敬、祈祷话语，这些都是充满基督教思想、表达和行动之世界的各种面向。十字符号是用来辟邪的。此外，不识字的人通过画十字来代替签名。

莎士比亚笔下大部分人物的词汇都反映了这一点。无法谈论救赎是麦克白罪恶感的一个明显标志，也是他在杀死邓肯后紧张地重复和忏悔的一个标志：

> 听着他们惊慌的口气，
> 当他们说过了"上帝保佑我们"以后，
> 我想要说"阿门"，却怎么也说不出来。
> ……
> 可是我为什么说不出"阿门"两个字来呢？
> 我才是最需要上帝垂恩的，可是"阿门"两个字却
> 哽在我的喉间。
> （第二幕第二场）

在当时的压力下，他的妻子并没有理解他的想法，但她最终被引向自杀这一虚假忏悔中。相反，在《暴风雨》的结尾，一个想要杀死国土的卡列班意识到了他的愚蠢，并"寻求恩典"——换句话说即是救赎（第五幕第一场）。然而，在同一个场景中，安东尼奥作为另一个准弑君者，作为与卡列班不同的人类，一个受过洗礼的基督徒，则无法面对他的罪过。部分但更具普遍性的原因是，该剧的结局是不确定的、多变的，可以用不同的方式来演绎，例如，在爱丽儿和普洛斯帕罗之间的关系中，又如，可以用不同的方式来演绎安东尼奥的未来，他仍然是一个不满者，因此是一个威胁，也是一种邪恶的手段。

宗教改革的新宗教实践并没有减少人们对于天意直接干预人类事务，以及人类世界与更宽广的善恶领域间的日常互动的信念。相反，仍有空间可以强调和聚焦这些信念。对于业已建立的新教教会——英国国教会而言，天主教是迷信，甚至是一种迷信制度。此外，对许多（但不是全部）新教徒来说，天主教会服务于魔鬼的目标，因此，作为个体的天主教徒可以从这个角度被看待。然而，情况并非总是如此。事实上，家庭、友谊、亲属关系和社群的联系切断了这一划分，尽管有时也会聚焦于此（例如，在遗产继承纠纷中）。

邪恶、恶意和神圣意志不可思议的运作，似乎是解释人类状况突然陷入困境的唯一方式。人们普遍确信，善与恶的势力为获得整个世界的控制权在整个世界范围内争斗。这是一个用奥古斯丁的话说即上帝之城与魔鬼之城间进行斗争的社会，同时也受到更广泛、更古老的焦虑和传统的影响，被各种善或恶的精神所笼罩。人们看到并相信这些神灵经常干预人类的生活，在当时其他文化中也存在这种模式，例如信奉佛教的日本和信奉印度教的印度。

这种信仰汇集了基督教的观念。特别是天命论（Providentialism，相信上帝直接干预个人生活）；神职人员、圣礼、祈祷和信仰的调节作用；天堂、地狱和魔鬼的真实存在——这是一组相关的、重叠的观念、信仰和习俗，只有部分基督教化了。后者也证明了一个精神世界，这个世界既不能完全用基督教神学来解释，也不完全受英国国教的精神影响和教会权威的支配。[13] 这是一个既有精英又有大众的世界，有善有恶，有魔法中的知识和知识中的魔法，有宿命论，有神秘学，也有占星术和炼金术。

在这些实践、趋势、范畴和涉及的个人、社群、经验和看法之间，存在许多重叠、张力和裂痕。在某种程度上，这些重叠、张力和裂痕反映了当时思想的模棱两可和混乱，这些皆可在这一时期的戏剧中看到。此外，连贯或清晰并不是剧作家的任务，至少不是主要任务；这一点在人物个体和戏剧整体上都很明显。

占星术、历书和巫术都是故事背景和情节发展过程的一部分，在其中发挥的作用可能是有益的，也可能是有害的。生命、生育、健康、生计、战争或爱情中的际遇，都作为一种控制和追求知识的形式处于危险之中，这种控制和追求与古代神谕有关。古代的故事，尤其是被莎士比亚广泛借鉴的奥维德的《变形记》，描述了不可预测的变化，但也反映了现象的转变能力，包括形状的变化以及生命的到来、失去和恢复。这些皆是有关"成为"的故事。奥维德是莎士比亚最喜欢的古典作家，莎士比亚对古典神话的引用大部分都与奥维德作品中的故事有关，他既知晓拉丁文版本，也了解1567年的英译本。虽然莎士比亚重新设计了他读过的内容[14]，《变形记》的影响在《仲夏夜之梦》《泰特斯·安德洛尼克斯》和《冬天的故事》中依然强烈，不过这种影响力在其他地方也可以看到，例如《暴风雨》。莎士比亚在斯特拉特福接受的古典教育在其作品中留下了重要的遗产，包括主题、情节、人物塑造、象征和语言。他对《圣经》的引用也是如此。[15]

基于对占星术和历书的参考，黄道十二宫的影响体现在对性格和变化的理解上，同时也限制或解释了可能被视为随机因素的作用和影响。这个关键问题引发了决定论和自由意志之间的争论，这种争论贯穿于莎士比亚的作品中，也贯穿于同时期所有其他剧作家的作品中。这个问题也许是恐怖的，比如施法的女巫引诱麦克白弑君并失去他的灵魂，或者是喜剧的，比如情人们试图说服他们的意中人。莎士比亚的人物经常提到他们出生时的黄道十二宫。因此，在《终成眷属》中，帕洛被告知他一定是武曲星下降时出生的，因为他在打仗时总是后退（第一幕第一场）。

对天空的熟稔将伊丽莎白时代的文艺复兴新知识与中世纪的旧知识结合在一起，这是莎士比亚横跨并借鉴的两个世界。他笔下的人物时常提及占星术。在《无事生非》中，唐·约翰对同为反派的康拉德说："我真不懂像你这样一个自己说是土星照命的人，居然也会用道德的箴言来医治人家致命的沉疴。"（第一幕第三场）这是指出生在这个星座下的人阴沉和"忧郁"的性格，但也接受（人的）自由意志发挥作用。在同部剧中，贝特丽丝——一个更加正面的角色，说道："可是那时候刚巧有一颗星在跳舞，我就在那颗星底下生下来了。"（第二幕第一场）在《辛白林》的开头，绅士甲说：

> 我们的感情
> 不再服从上天的意旨。（第一幕第一场）

在《第十二夜》中，托比·培尔契爵士向安德鲁·艾古契克爵士指出，他们的命宫都是"金牛星"（第一幕第三场），因此应该能够跳舞。在《李尔王》中，作为对目的、道德和因果关系的更普遍质疑的一部分，剧作对占星术和黄道十二宫进行了猛烈抨击。然而，攻击对象却是道德败坏（且是私生子）的恶棍埃德蒙，这样一种安排，即便不能说是失去了效力，那也可算是一种妥协，埃德蒙说道：

> 这真是现世愚蠢的时尚：当我们命运不佳——常常是自己行为产生恶果时，我们就把灾祸归罪于日月星辰，好像我们做恶人是命运注定，做傻瓜是出于上天的旨意，做无赖、盗贼、叛徒，是由于某个天体上升，做酒鬼、骗子、奸夫好妇是由于一颗什么行星在那儿主持操纵，我们无论干什么罪恶行为，全都是因为有一种超自然的力量在驱策我们。明明自己跟人家通奸，却把他好色的天性归咎到一颗星的身上，真是令人吃惊的推诿！我的父亲跟我的母亲在巨龙尾巴底下交媾，我在大熊星座底下出世，所以我就是个粗暴而好色的家伙。呸！即使当我的父母发生婚外关系的时候，有一颗最贞洁的处女星在天空眨眼睛，我也还会是现在这个样子。（第一幕第二场）

占星术既涉及地理学领域，也属于道德领域，是需要被驾驭的。这是一种关于影响命运诸因素的地理学，在实践中将神秘学带入人们的生活，并使其可能性得以被理解。事实上，对地球表面物理空间的测量、呈现和理解，并没有穷尽莎士比亚作品中的地理世界。星星的地理位置似乎比遥远的大陆更可见，部分原因在于黄道十二宫被认为对人们的生活即便不是控制，但也会有影响。黄道十二宫是有序世界的一部分。在《特洛伊罗斯与克瑞西达》中，虽然俄底修斯的论点是针对特定的目的，也反映了他略带狡猾的性格，但他在讲述时也提出了一个被广泛引用的概括描述：

尊卑的等级不分，那么最微贱的人，
也可以和最有才能的人分庭抗礼了。
诸天的星辰，在运行的时候，
谁都恪守着自身的等级和地位，
遵循着各自的不变的轨道，依照着一定的范围、
季候和方式，履行它们经常的职责。
所以灿烂的太阳才能高拱中天、
炯察寰宇、纠正星辰的过失，
揭恶扬善，发挥它的无上威权。
可是众星如果出了常轨，陷入了混乱的状态，
那么多少的灾祸、变异、叛乱、海啸、地震、
风暴、惊骇、恐怖，将要震撼、摧裂、破坏、
毁灭这宇宙间的和谐！
纪律是达到一切雄图的阶梯，
要是纪律发生动摇，啊！
那时候事业的前途也就变得黯淡了。
要是没有纪律，社会上的秩序怎么可以稳定？
学校中的班次怎么会整齐？
城市中的和平怎么可以保持？
各地间的贸易怎么可以畅通？
法律上所规定的与生俱来的特权，
以及尊长、君王、统治者、胜利者
所享有的特殊权利，怎么可以确立不坠？

只要把纪律的琴弦拆去，听吧！
多少刺耳的噪音就会发出来。（第一幕第三场）

因此，世界——不仅是地球，还包括地球被置于的更广阔世界——皆有秩序，因而也有目的，人类需要指引以理解这种秩序及其深层结构。这种指引必须既有精神上的，也有身体上的。黄道十二宫给出了这个结构的关键形式，并解释了它是如何运作的，以及如何最好地理解它。

魔法师是一个伟大的向导，因为魔法师可以超越基督教魔法，唤起邪恶或寻求减少邪恶。与此同时，魔法师——尤其是为了戏剧效果、道德目的和基督教信仰——必须为个人意志和行动留下空间。普洛斯帕罗是莎士比亚笔下的魔法师中最令人印象深刻的一个，但他并不是孤例。《仲夏夜之梦》中的奥布朗作为仙王是另一个例证。例如，根据提泰妮娅的说法，他能够扮作"牧人的样子"——一个神话中的情人，向牧女调情（第二幕第一场）。为了寻求理解和指引，魔法师在很大程度上要依赖于天空，他们可以扫视天空，而且确实通常是这样做的。但魔法师们也研究了一系列预测未来的方法，其中许多方法涉及解读地球上的自然符号：从人类健康到动物或其他类似的东西。

此类指引在莎士比亚时代的伦敦非常著名，这可以从著名数学家和制图师约翰·迪伊（John Dee）（1527—1608年）所享有的巨大声誉中看出。在欧洲大陆上，（神圣罗马帝国）皇帝鲁道夫二世（1576—1612年在位）的宫廷位于波希米亚王国首都布拉格，这里是占星学的主要中心。鲁道夫对精神世界、神秘学和炼金术非常感兴趣。[16]参与其中的人们力求站在天文学、数学和其他学科的前沿；他们并不是"反动"人物。更多不起眼的占星家缺乏这样的资助、设施和教育，但他们受益于著名占星家的声誉以及相关出版物提供的知识和信息。

　　同样地，这个世界被莎士比亚很好地理解并呈现出来。算命是年轻男子之间讨论婚姻前景的闲聊，就像《麦克白》中那样，是对灵魂的一种冒险，或是对国家事务的一种参与。在《亨利四世上篇》中，奥温·葛兰道厄和亨利·珀西就前者出生时所传说的星象而发生了争吵，葛兰道厄是一个虚荣的人物，热衷于宣称并展示其一生的戏剧性。占星术的推测也在阴谋中发挥了作用，如15世纪90年代心怀不满的约克派在珀金·沃贝克（Perkin Warbeck）带领下反抗亨利七世，但以失败告终。[17]

　　对魔鬼的信仰与世界末日的观念有关，这些观念激发了人们对天文学的浓厚兴趣。天文学被认为能够预测星体运动，继而与占星术的论题相一致。此外，彗星和占星预言皆反映了政治。因此，以天文学形式进行的实验被设计用来支持一种既定的、包罗万象的解释模式。人们寻找预兆和征象作为预测的手段。鉴于现代学术观点认为，太阳黑子活动对16世纪和17世纪影响农业、社会稳定和其他许多事情的气候恶化负有责任[18]，这两个世纪中人们对天文学和占星术的兴趣便似乎显得更加合理，尽管在性质、背景、原因和结果上与现代学术方法完全不同。

　　天文学是探讨和理解命运的一个关键因素，而且发展迅速。因此，托马斯·艾迪生（Thomas Addison）的《算术导航》（*Arithmetical Navigation*，1625）提供了有效使用航海图和有关天体的详细知识。尼古拉斯·哥白尼（1473—1543年）的日心说系统认为地球绕着太阳转，并通过印刷术将此知识迅速传播开来。而约翰内斯·开普勒（1571—1630年）的《鲁道夫星历表》（*Rudolphine Tables*，1627）提供了行星位置表，位置的确定基于他发现行星的轨道为椭圆形，并且能够确定行星的速度。开普勒作为《新天文学》(*Astronomia Nova*，1609)的作者，接替了丹麦天文学家第谷·布拉赫(Tycho Brahe)(1546—1601年)的职位，成为鲁道夫二世的御用天文学家。

哥本哈根在弗雷德里克二世(1559—1588年在位)和克里斯蒂安四世(1588—1648年在位)在位期间都是重要的天文学中心，弗雷德里克是詹姆斯一世妻子安妮的父亲，也是第谷·布拉赫的赞助人。克里斯蒂安四世则是安妮的兄弟，这就提供了一种不同于《哈姆莱特》所展示的两个宫廷之间的联系。开普勒的《世界的和谐》(*Harmonice Mundi*，1619)反映了他对行星运动的持续研究以及他的信念，即天文学对于理解宇宙的内在设计和秩序及其良善的能力是必要的。开普勒还认为，音乐对人类情感的影响是宇宙和谐的一个方面。他认为人类在对宇宙神圣秩序的共鸣中振动，也对因不和谐造成的秩序中断做出反应。对开普勒来说，音乐对位类似于行星轨道的环环相扣。

人们对宇宙中存在其他居民的想法颇感兴趣，这有助于解释对月球的关注，因为人们觉得月球上存在这样的居民。在《暴风雨》中，斯蒂番诺告诉卡列班，他曾经是"月中人"，是从月亮里来到这个岛的(第二幕第二场)，而普洛斯帕罗将卡列班的母亲——女巫西考拉克斯描述为：

> 一个很有法力的女巫，
> 能够指挥月亮潮汐。(第五幕第一场)

最后一行显示了她的力量可以引起变化。想象力的预测能力可以在虚构的有关月球之旅的书面记录中看到，比如开普勒1609年的《梦》(*Somnium*)和弗朗西斯·戈德温的《月中人》(或《向月球航行的故事》)(*The Man in the Moone: or A Discourse of a Voyage Thither*，1638）。然而，剧作家们并没有转向月球之旅的话题。

人文学研究激发了人们对关于宇宙及其运作的数学知识的兴趣。这在与莎士比亚同时代的伽利略·伽利雷（1564—1642）的作品中体现得尤其明显，他是帕多瓦大学的数学教授，后来成为托斯卡纳大公科西莫二世（1609—1621年在位）宫廷的数学家。他最早的出版物《几何与军用罗盘的操作》(*Le Operazioni del compass geometrico e militare*，1606）专注于军事工程而不是航海，但强调使用仪器（指南针）和应用数学规则的重要性。随后，伽利略的实证研究集中在新发明的望远镜上。望远镜1608年首次出现在海牙，是一种被伽利略大大改进的仪器。

此外，伽利略的《星际使者》(*Sidereus Nuncius*)（1610年出版）揭示了他用望远镜发现的东西——到1609年底，他的望远镜能放大20倍——显示出月球也像地球一样凹凸不平，有山有谷，这改变了人们对月球的认识。这种相似性挑战了亚里士多德的观点，即地球和天空的自然和物质之间存在本质差异。凭借后者具有的权威性，中世纪基督教世界的思想家们认为月球如同行星一样，在形状和轨道上完美无缺，一成不变，而地球则容易变化和衰败。因此，地球被认为是合适的救赎之地。通过揭示木星拥有四颗卫星，伽利略还指出，月球并没有什么特殊性。1613年，伽利略的天文学思想因与《圣经》内容相悖而遭到攻击，随后启动了针对他的正式诉讼程序。[19]

尽管白魔法和科学之间存在着差异，但它们并不是截然相反的。对同时代的人来说，炼金术、占星术以及对神秘事物的研究，同样是对智慧的追求和科学探索，是探寻分析长期交织在一起的自然与超自然现象之努力的组成部分。[20]相比之下，在那个时代的价值判断中，"魔法"要么是卑微之人（聪明的女人）的把戏，要么是可疑之人（仪式魔法师）的技艺。1456年至1457年，英格兰政府准许探矿者群体继续努力将贱金属转化为金条；但可惜的是，炼金术并不能取代税收。诺森伯兰第九代伯爵亨利·珀西（1564—1632年）对炼金术的狂热使他被称为"巫师伯爵"。他是地理学研究领域重要人物的赞助人，其中包括对托马斯·哈里奥特（Thomas Harriot）的资助（见第十二章）。

这些信念远没被看作奇迹，在当时的术语中，它们具有合理性，这些术语有助于使其成为理解世界的核心方式。在《暴风雨》中，普洛斯帕罗是一个博学的人物，能够直接指挥风暴并利用他的法力行善或作恶。事实上，他已经掌握了死亡，并因此而夸耀道：

> 遵循着我法力无边的命令，
> 坟墓中的长眠者也被惊醒，
> 打开了墓门而出来。（第五幕第一场）

这种能力表明了死亡具有不确定的本质，这是莎士比亚戏剧或语言中反复出现的主题。

然而，就像其他有影响力的人物和实体一样，莎士比亚觉得他需要处理这样一个问题：这种能力在多大程度上剥夺了剧中其他人物的自由意志。若没有自由意志，就不会有罪恶感，不会寻求恩典，不会道歉，也没有救赎。为了达到戏剧效果，戏剧在捕捉神学、心理学和哲学不确定性的同时，也让决定论和自由意志的相互作用在戏剧中反复扮演重要角色。这种相互作用反映了个性的模糊，并与这种个性的模糊性互动，同时也捕捉到了观众的判断与反应中涉及的一些问题。因此，未来的理查三世接受了葛罗斯特"我是奉天命"的谋杀命运（《亨利六世下篇》第五幕第六场），这一选择强调了杀害受膏君主——一个神圣人物——的亵渎性质。

时人对预定论（Predestination）的信仰与天命思想有关，两者都创造了一种决定论的意义。决定论和自由意志的相互作用既可以在个人的反应中看得到，也可以在那些试图控制特定情况的人所面临的困难中看出来。尽管普洛斯帕罗是一个强有力的魔法师，但他依旧不能指引敌人，直到"一个福星"进场（《暴风雨》第一幕第二场）。凯撒试图利用迷信让他的妻子凯尔弗妮娅怀孕，如果他要建立一个王朝（就像庞培所做的那样）的话，这是必不可少的，他指出：

> 不孕的妇人要是被这神圣的竞走中的勇士碰了，
> 就可以解除乏嗣的诅咒。（第一幕第二场）

但当面对预言者先见之明的警告——"留心三月月中日"（3月15日）时，他把此人斥为"一个做梦的人"（第一幕第二场）。这被认为是凯撒傲慢肆心的一种表现，但是（同样，而不是相反）不清楚他有多少自由意志。其他角色也是如此。在这部剧中，阴谋者凯歇斯强烈反对决定论，这是他与同谋勃鲁托斯长时间对话的一部分，通过对话，他们探索了一系列观念：

> 人们有时可以支配他们自己的命运；
> 要是我们受制于人，亲爱的勃鲁托斯，
> 那错处并不在我们的命运，
> 而是在我们自己。（第一幕第二场）

在《李尔王》中，埃德加打败了他同父异母的兄弟——邪恶的埃德蒙，然后告诉他：

> 天神是公正的，
> 他们利用我们的风流罪过惩罚我们。（第五幕第三场）

这是对邪恶的判决，因为埃德蒙恶意利用了他们的父亲葛罗斯特伯爵的过失。这种恶意是内在的，但关键在于它不仅仅是内在的。相反，这种恶意是这个世界上真实存在的邪恶之一部分，一种试图通过在人躯体上发挥作用来阻挠善的真实存在。因此，亚当的堕落，人类最初的罪恶行为，被个人和人类历史所重演。的确，如果善能召唤上帝或诸神，那么恶也可以，就像邪恶的克劳狄斯在基督教世界里闪转腾挪，并对哈姆莱特说，后者的哀伤"是一种逆天悖理的愚行……是对上天的罪戾"（第一幕第二场）。奥瑟罗声称，苔丝狄蒙娜"到地狱的火焰里去了"，只是因为爱米利娅称他为"魔鬼"（第五幕第二场）。奥瑟罗意识到，没有人能控制他或她的命运，但由于他的罪行，他认为自己注定要下地狱，便大声喊道：

> 啊，该死的，该死的奴才！
> 魔鬼啊，把我从这天仙一样美人的面前鞭逐出去吧！
> 让狂风把我吹卷，硫磺把我熏烤，
> 沸汤的深渊把我沉浸！（第五幕第二场）

这是对被诅咒者命运的生动回忆画面。伊阿古被称为"顶着人头的恶魔"，他"陷害"了奥瑟罗的"灵魂和肉体"（第五幕第二场）。未来的理查三世"要在外面散布谣言"，其内容将毁灭他的兄弟克莱伦斯，因此使亨利六世的预言应验：关于理查出生时的不祥预兆（《亨利六世下篇》，第五幕第六场）。

白魔法的一种类型被视为与君主的触摸有关，虽然它并不被视为魔法。在《麦克白》中，人们从英格兰国王忏悔者爱德华（约1042—1066年在位）的事例中观察到，国王用"触摸"来治疗结核性腺炎，这是展现国王威严的一种准魔法标志，在英格兰，这种能力通常会追溯到圣人爱德华。1603年，詹姆斯一世放弃了用手触摸瘰疬的做法（他同样反对做十字手势），直到1605年才被恢复，并在查理一世（1625—1649年在位）、查理二世（1660—1685年在位）和詹姆斯二世（1685—1688年在位）时期变得更加普遍。在威廉三世（1689—1702年在位）废除"触摸"后，安妮女王（1702—1714年在位）又予以恢复，直到乔治一世（1714—1727年在位）才将其永久废弃。

与此截然不同的是，莎士比亚让奥瑟罗引用白魔法来解释他送给苔丝狄蒙娜手帕的意义，这是爱情魔法——用魔法束缚某人的生活——的一个例子：

> **奥瑟罗：**那方手帕是一个埃及女人送给我的母亲的；
> 她是一个能够洞察人心的女巫，她对我的母亲说，
> 当她保存着这方手帕的时候，
> 它可以使她得到我的父亲的欢心，
> 享受专房的爱宠，可是她要是失去了它，
> 或是把它送给旁人，我的父亲就要对她发生憎厌，
> 他的心就要另觅新欢了。
> 她在临死的时候把它传给我，叫我有了妻子以后，
> 就把它交给新妇。

> 我遵照她的吩咐给了你，所以你必须格外小心，
>
> 珍惜它像珍惜你自己宝贵的眼睛一样；
>
> 万一失去了，或是送给别人，
>
> 那就难免遭到一场无比的灾祸。
>
> **苔丝狄蒙娜**：真会有这种事吗？
>
> **奥瑟罗**：真的，这一方小小的手帕，
>
> 却有神奇的魔力织在里面：
>
> 它是一个二百岁的神巫，
>
> 在一阵心血来潮的时候缝就的；
>
> 它那一缕缕的丝线，也不是世间的凡蚕所吐；
>
> 织成以后，它曾经在用处女的心，
>
> 练成的丹液里浸过。
>
> （第三幕第四场）

木乃伊色是一种从防腐尸体中提取出来的物质，据称具有神奇的特性。在这种情况下，染料是由处女的心脏制成的。埃及是著名的神秘源头，"施展魅力者"（charmer）即为女巫。奥瑟罗在剧中被描绘成一个成功的战士，但却是一个单纯的人，因此可能容易轻信。

与神秘事物有关的个体被看作在这个更广阔世界中拥有知识的中介，这些人往往是人之俊杰。此外，在对智力发展的理解中，与神秘事物相关的技能可能居于核心地位。因此，人脉广的约翰·迪伊希望能够从天使那里得到信息，以便获得一个可靠的指引，了解上帝的计划。[21]人们与上帝的关系远非一种完全由教会担当中保且一成不变的关系，仿佛直到基督再临将人类的时间带到审判的高潮才会改变，人们相信，这种关系可以通过其他方式重新建立起来。

的确，迪伊在某些方面是一个普洛斯帕罗式的人物，尽管没有后者的个人威严甚至是王权，更不用说性的自律了。迪伊在他的"天使实验室"中记录了与天使的对话，在那里，实验显然有助于推动真宗教的事业。最终，理解"自然之书"和拯救自然的必要信息取决于天使，但人类的努力可以帮它向前发展。迪伊与天使的对话回顾了中世纪的魔法传统和民间宗教。[22] 迪伊远不是一个孤立的人物，他受到伊丽莎白一世的青睐，但在学习魔法和运用魔法方面有很多对手。

同时代人的思想既复杂又统一。在17世纪早期的英格兰，人们对预言、占星术、炼金术和神秘学的信仰显然特别强烈。占星术本身体现了中世纪思想一种有力的延续性，这种延续性由于试图恢复其认定的古老根源的纯洁性以及与新的天文学与数学知识相结合而变得更加强大，更有活力。因此，占星术不应该被自动归类为一个关于信息和洞察力的冗余系统。事实上，占星术得益于一系列晚近的新发展，尤其是占星历书，这方面的印刷内容不仅是关于占星术和奇怪的神意——例如神灵或恶的代理人的干预，甚或对奇特动物的目击——而且是关乎一种更世俗的生活描述。这并非一种新情况。在中世纪晚期的西方，秘密字母表的数量增加了，有时整个手抄本都是由这些字母表写就。印刷业亦是如此。

秘密的知识，不论就其来源还是形式而言，都是一个重要的概念，它借鉴了新柏拉图主义关于本质形式和真理的理论，并相信真理虽然不是不可理解的，但是却被加密，而且是被属神的行为主体所加密，因而需要占星术和其他智慧来解码。[23] "专心研究法术"（第一幕第二场），《暴风雨》中的普洛斯帕罗便是这种知识的一个有力例证。官方对这类活动的关注由于宗教改革而得到加强，这场改革将异端作为一个问题推到了风口浪尖，从而推动了控制意见表达的企图。

　　显然，基督教美德和救赎的真正道路不仅受到假先知——实际上是伪教会（pseudochurches）——其宣称是耶稣的继承者——的挑战，而且也受到一个由魔鬼统治的邪恶世界的挑战，这个世界可以看做是包括了这些先知，并通过他们来运转。未来的理查三世把自己比作犹大——一个很有效的形象，在《亨利六世下篇》结尾处亲吻了爱德华四世的儿子（第五幕第七场）。

　　如前所述，基督教世界的图景提供了许多令人恐惧的理由，并伴有千禧年主义、天启以及末世论等大量引自《圣经·启示录》的焦虑。这些焦虑在宗教改革之前就已经很强烈了，尤其是在应对诸如流行病肆虐和奥斯曼（土耳其）入侵巴尔干地区等灾祸时，并随着宗教改革的后果和奥斯曼帝国威胁的加剧而变得更加严重；土耳其军队分别于1529年和1565年进攻维也纳和马耳他，尽管皆以失败告终。战争和邪恶势力的崛起被视为千禧年来临的标志。1517年开始的宗教改革引发了千禧年主义焦虑，同样引发焦虑的还有反复出现的政治和环境危机，比如叛乱和流行病的爆发。这些因素加在一起，助长了人们对存在一个强大、雄心勃勃、冷酷无情的魔鬼，一个不断挑战现有秩序的魔鬼的信念。

　　人类事件与自然世界的联系不仅表现在黄道十二宫的影响上，而且还表现在伴随重大事件的自然现象的扰动上，最明显的是《麦克白》中邓肯和《裘利斯·凯撒》中凯撒的被刺杀。列诺克斯作为邓肯派的一名苏格兰贵族，对邓肯被杀发表了评论：

> 昨天晚上刮着很厉害的暴风，
> 我们所住的地方，烟囱都给吹了下来。
> 他们还说空中有哀哭的声音，

有人听见奇怪的死亡的惨叫，

还有人听见一个可怕的声音，

预言着将要有一场绝大的纷争和混乱，

降临在这不幸的时代。

不知名的怪鸟整整地吵了一个漫漫的长夜；

有人说大地都发热而颤抖起来了。（第二幕第三场）

"绝大的纷争"可能指的是1605年的"火药阴谋"。在他被暗杀的前一晚，凯撒写道，"今晚天地都不得安宁"，他的妻子凯尔弗妮娅告诉了他罗马巡夜人看到的景象：

一头母狮在街道上生产；

坟墓裂开了口，放鬼魂出来；

凶猛的骑士在云端里列队交战，

他们的血淋到了圣庙的屋上；

战斗的声音在空中震荡，人们听见马的嘶鸣，

濒死者的呻吟，还有在街道上悲号的鬼魂。

（第二幕第二场）

这让凯撒开始反思自由意志：

凯撒：天意注定的事，难道是人力所能逃避的吗？

凯撒一定要出去；因为这些预兆不是给凯撒一个人看，

是给所有的世人看的。

凯尔弗妮娅：乞丐死了的时候，天上不会有彗星出现；

君王们的凋陨才会上感天象。

> **凯撒：**（前略）在我听到过的一切怪事之中，
> 人们的贪生怕死是一件最奇怪的事情，
> 因为死本来是一个人免不了的结局，
> 它要来的时候谁也不能叫它不来。（第二幕第二场）

奥瑟罗为自己杀害妻子的事哭了起来：

> 我想现在日月应该晦暗不明，
> 受惊的地球看见这种非常的灾变，
> 也要吓得目瞪口呆。（第五幕第二场）

后者意味着世界理应分裂。奥瑟罗也提到了天体的影响，以减轻他的责任：

> 那都是因为月亮走错了轨道，
> 比平常更近地球，
> 所以人们都发起疯来了。（第五幕第二场）

与此同时，焦虑并不总是以天启的方式表达出来。相反，更卑微的角色——尤其是底层人物会有更多的即时反应。因此，《量罪记》中维也纳妓院老板咬弗动太太抱怨道："打仗、瘟疫、绞刑、贫困弄得我没了主顾。"（第一幕第二场）从1593年到1606年，奥地利在与土耳其交战，但对战争的提及可能会引起英格兰观众的共鸣，因为他们与西班牙的长期战争刚刚结束。

科学——或者更确切地说，所有不同的科学，都可以被视为神学的附属，神学本身就是"科学之母"。科学是知识的联合，上帝的事工和意愿反映于整个物质世界。基督教思想家试图更好地理解由基督教上帝创造的宇宙的运作。此外，"有用的知识"不能简单地用现代术语来定义和理解。例如，四种体液的平衡被认为对统治者及其王国的健康很重要，平衡是炼金术预言的典型主题。

有一种假说认为，人类的本性会对机遇和约束做出自然反应，令人同情的克劳狄奥在《量罪记》中说他被捕是因为：

> 太多的自由……
> 过度的饱食有伤胃口，
> 毫无节制的放纵，
> 结果会使人失去了自由。
> 正像饥不择食的饿鼠吞咽毒饵一样，
> 人为了满足他的天性中的欲念，
> 也会饮鸩解渴，送了自己的性命。（第一幕第二场）

教会最初反对任何系统的"科学"研究，理由在于人只意欲了解由教会解释的上帝思想。然而，实践中则有一系列的回应。自然哲学作为现代科学的前身，被看作一门仰望上帝和理解《圣经》以及自然的学科。早期的新教徒也是如此，虽然拒绝教会扮演的中保角色，但相信所有必要的知识都可以在经文中找到，且必须来源于此。宗教议题处于最核心的位置。因此，许多人对炼金术士找寻隐藏的自然力量源泉持谨慎态度，因为这种探求显然具有一种魔法维度。

与此同时，文艺复兴时期的人文主义知识和倾向鼓励了对文献的批判性阅读。此外，如何应对人们对一个突然变得更广阔的世界（尤其是美洲）的探索，极大地验查着既有的知识分类，特别是不为古典作家——尤其是亚里士多德和普林尼（伟大的分类学家）所知的动植物被发现时更是如此。由于新知识的出现，现有解释体系的有效性和权威性受到了质疑。[24] 对于地理学和人类学的早期概念而言也是如此：注释者不得不面对一系列前人所不知道的种族。

在伦敦，人们对物理和自然世界的兴趣在很大程度上是不受约束的。在17世纪，以望远镜和显微镜为代表的新设备进一步帮助完善了已有的观念。[25] 与此同时，宗教改革挑战了天主教会的权威，这种挑战不仅面向今日被视作明晰的宗教术语方面，而且也体现在整个知识领域，特别是在真理判定方面。这一质询与宗教问题并非不能兼容，因为如圣徒遗物的处理等问题是天主教宗教实践的一个重要方面，既涉及宗教，也涉及有关真理的讨论。

因此，宗教改革在科学发展中的作用是间接的，但却是非常重要的。事实上，对天主教会垄断地位的攻击，意味着对其作为真理来源和担保作用的攻击。例如，1582年，教宗格里高利十三世对长期存在的儒略历[1]进行了格里高利改革，这对新教部分的欧洲来说是不可接受的，原因正是它得到了教宗的认可。这种对天主教会地位的攻击，同时也是对大学学术既有性质的攻击，因为它是建立在教会基础上的。[26]

在莎士比亚的许多戏剧中，有关真理的问题被推到了突出位置，如在哈姆莱特、麦克白和配瑞克里斯（他在幻象中看到了狄安娜女神）面前展现的现象的真实本质这一问题，以及在《冬天的故事》和《错误的喜剧》中分别出现的关于身份的问题。当麦克白问他是否看到面前有一把匕首时，他是在问发生了什么事；但他的行为方式强调了现象和观察的不确定性。人类的感知具有不确定性，

---

[1] 一种历法，是格里历的前身，由罗马共和国独裁官凯撒于公元前45年施行。

这一点不是抽象的哲学，而是在善恶之争中个人救赎的问题。这一幕的上演不仅仅是一种吸引人们注意剧场之中"存在"的技巧，同时也是在作为人而存在的"进退两难"的背景中，对人类困境的呈现。

围绕着建立、权威化和保护真理的方法而产生的危机，由于智识上的好奇心和一种挑战传统知识的意愿而变得更加强烈，这种传统知识以教会认可的亚里士多德为代表。在英格兰，弗朗西斯·培根（1561—1626）处理了这个问题。培根是掌玺大臣的儿子，也是罗伯特·塞西尔的堂兄。他在政治上发挥了重要作用，在詹姆斯一世统治下，他于1618年至1621年担任大法官。他主张确证不是取决于组织机构——特别是教会，因为它现在显然只能提供一种有争议的权威，尤其是在英格兰——而是取决于所采用的方法。"实验式学习"被认为提供了一种普遍有效的方法，可以理解自然的过程。事实上，实验——一种积极而非沉思的方法——对威廉·哈维（William Harvey）关于血液循环的研究至关重要。实验、出版和对公共事业的追求都是伦敦科学活力的重要因素。[27]

基于伊丽莎白时代英格兰专业知识（包括数学）的兴起，学者和专家在政府事务中的地位，以及企业计划的作用，培根认为，上帝实际上是想让人类恢复对自然的控制，这种控制是在亚当堕落时失去的：他指出，这是（伴随着宗教改革）为基督再临所做准备的组成部分。这是评论家们经常谈论的话题，至少表面上是他们的目标。因此，对虔诚的新教徒来说，科学探究不仅成为一种合法的追求，而且几乎成了一种宗教义务。经验性认知因而具有客观性，是上帝揭示生命秩序的一种方式；因此，这种形式的研究是必要的。[28]作为经验研究的一个例证，解剖在获取和展示关于身体的信息方面发挥了重要作用。

知识被重新定义为根据观察获得证据而进行的理论创造，而不是在三段论的形式中被构想。作家和画家通过模仿自然来了解自然，提供了一种与收集和展现证据平行的方法。这种通过模仿来认识自然的想法在 17 世纪后期的英格兰知识分子中产生了巨大影响。

然而，剧作家们并不总是倾向于积极地表达掌控自然的观念。相反，他们更愿意看到危险的巫术和自负起作用，就像马洛[1] 在极具感染力和戏剧性的《浮士德博士》（*Doctor Faustus*）（约 1592 年）中所描写的那样，浮士德撤销了他的洗礼并放弃了经文，导致危险被恶魔的力量推到了前台。浮士德与路西法达成协议，他可以使用魔法二十四年且同意最后下地狱。1632 年，一位充满敌意的评论家威廉·普林（William Prynne）声称，在一场演出中，舞台上出现了真正的魔鬼。

除了经验主义，古典知识的作用也一直受到重视。它被认为对现代自然哲学（科学）以及处理历法改革等实际问题具有价值。因此，除了仪器之外，书籍在建立和验证知识方面也发挥了重要作用。新的科学思想往往严重依赖于早期的学习。例如，哈维（1578—1657 年）在他的《论心脏和血液的运动》（*De Motu Cordis*，1628）一书中，利用亚里士多德的观念来反对盖伦[2]（129—210 年）关于血液循环的思想。科学思想和对它们的接受远不是变革性的，而是出于一种对世界的回应，这种回应是由现有环

---

[1] 克里斯托弗·马洛（1564—1593 年），英国文艺复兴时期的著作诗人、剧作家，是莎士比亚之前英国戏剧界最重要的人物。他革新了中世纪戏剧，在舞台上创造了反映时代精神的巨人性格和"雄伟的诗行"，其代表作有《帖木儿大帝》《浮士德博士的悲剧》《马耳他岛的犹太人》等。

[2] 希腊解剖学家、内科医生和作家。解剖学、实验生理学先驱。其医学思想源于希波克拉底，哲学思想源于亚里士多德。盖伦对中世纪医学有决定性影响。

境的特殊性决定。引人注目的是，非经验性证明的观念继续在文本
拥有权威（尤其是《圣经》占据核心地位）的文化中发挥着重要作
用。亚里士多德原理的权威性对很多人来说仍然不可或缺，尤其是
在哲学范畴和知识分类方面，以及在事物的存在和人们对事物的理
解之间不存在障碍的论证中。因此，理性思想的自由意志和怀疑主
义并没有起到真正作用。

　　大多数人并不了解新科学。此外，经验主义并不被认为必然与
传统形式的基督教和神秘知识（例如，奇迹和占星术）不相容，事
实远非如此。[29] 在《错误的喜剧》中，叙拉古的安提福勒斯这样评
论以弗所：

　　　　他们说这地方上多的是骗子，

　　　　有的会玩弄遮眼的戏法，

　　　　有的会用妖法迷惑人心，

　　　　有的会用符咒伤害人的身体，

　　　　还有各式各样化装的骗子，口若悬河的江湖术士，

　　　　到处设下了陷阱。（第一幕第二场）

然而，在实践中，并没有耍把戏的人出现，这可能是对这种信念
的一种评论。无论如何，伦敦人可能觉得以弗所的活力既熟悉又
迷人。

　　如前所述，人们普遍认为：占星学分析和黄道十二宫是了解人
类性格、揭示神意和指引未来的关键；地球之外的力量干预着世间
事务，特别是人类和动物的健康以及作物和天气的状况；每个星座
都掌管着人类的特定部分。

　　许多文学作品都论述了人与神的关系。这不仅体现在虔信、哲

学和伦理主题的作品中，而且也体现在想象文学的世界中。这里有
罪恶、救赎和拯救之旅的经典主题，也有超常力量对包括过去和现
在的人类生活的相应干预。这种干预采取了许多形式，如神的审
判，或者至少是带有目的的神意的影响，以及超常力量以不同的
方式展现自己。这一系列的作品不仅包括历史剧和情节剧，也包
括"不幸恋人"的爱情故事，如《罗密欧与朱丽叶》（序幕），以
及在喜剧中反复出现的身份错误的混乱。鬼魂的出现，即活死人的
存在，一如《哈姆莱特》《裘利斯·凯撒》《麦克白》《辛白林》和
《理查三世》中那样，是连接过去和现在的重要纽带，反映了来自
精神领域的生命在人类世界中的内在存在。这种内在性被推到了前
台，因为宗教改革放弃了将炼狱作为定位和帮助死者的手段。[30]

　　作为这种内在性的一个生动例子，勃鲁托斯被他在谋杀凯撒过
程中扮演的核心角色所压迫，他同时在心理上受到拘役，且真实地
存在着。这是《裘利斯·凯撒》中最情绪化关系（一段涉及蓄意谋
杀的不忠友谊）的高潮。在萨迪斯附近的军营里，凯撒的鬼魂造访
了勃鲁托斯，但勃鲁托斯并不知道白己看到了什么，他问道：

> 这个可怕的鬼怪……
> 你是什么东西？
> 你是神呢，天使呢，还是魔鬼，

他得到的回答是鬼魂是"你的冤魂"（第四幕第三场）。鬼魂告诉勃
鲁托斯，他们将在腓利比再次见面。在那里的战斗高潮中，他的事
业彻底失败了，勃鲁托斯喊道：

> 啊，裘利斯·凯撒！你到死还是有本领的！

> 你的英灵不泯，借着我们自己的刀剑，
>
> 洞穿我们自己的心脏。（第五幕第三场）

因此，莎士比亚提供了一个强有力的有关罪责和报应的描述，并通过鬼魂赋予了这一描述物理形式。莎士比亚还声称，这是凯撒的鬼魂。确实，看到鬼魂使勃鲁托斯得出："我的末日已经到了"（第五幕第五场）的结论并决定自杀。

　　这是对勃鲁托斯所做事情的描述，[31] 他比邓西嫩的麦克白或博斯沃思的理查三世的命运更高贵，也是古典价值观和基督教教义之间差异的产物。凯歇斯、安东尼和克莉奥佩特拉，各有各的荣耀和缺点，他们都做出了自杀举动，而与此相反，生活在基督教时代的麦克白宣称：

> 我为什么要学那些罗马人的傻样子，
>
> 死在我自己的剑上呢？
>
> 我的剑是应该为杀敌而用的。（第五幕第八场）

虽然这不是麦克白的动机，但基督教教义谴责自杀，认为自杀不仅是不光彩的，而且是一种罪恶，因为这是对上帝怜悯能力的蔑视，也是对教会教义的蔑视。作为一名战士，奥瑟罗自杀了，同时这是他作为摩尔人[1] 的一个面向，在心理上是真实的，也是该剧作为一部血腥复仇悲剧的结果，而且，和其他类型的戏剧一样，该剧以意大利为背景，尽管故事发生在塞浦路斯的意大利人中间。相比之下，《仲夏夜之梦》中皮拉摩斯和忒斯比的自杀是喜剧的一部分，

---

[1] 西班牙的穆斯林，为阿拉伯人、西班牙人和柏柏尔人的混血后代。

因为它出现在剧中的喜剧情节里，而与其行为的悲剧色彩拉开了距离，因此同《罗密欧与朱丽叶》中年轻恋人自杀的悲剧形成了对比，后者的悲剧因其不必要而变得更加富有感染力。

尘世与救赎之间的内在联系是一个世界的各个方面，在这个世界上，上帝是在场且活跃的，作为更广泛的精神旅程的一部分，能够并且愿意在这个世界上通过直接的空间采取行动。[32]这种情形将现代世界与古典世界联系在一起，在《辛白林》中，朱庇特在雷电中降临，谴责"你们这一群下界的幽灵……"，因为这些幽灵为了被判死刑的普修默斯向其施压，它们都是普修默斯的家庭成员（第五幕第四场）。

救赎不是一个必须等待死亡的结果。相反，在一个由堕落和天启暂时限定的宇宙中，时间和空间在神的意志和精神救赎方面具有了意义。"听天由命吧！"当船裂开时，贡札罗在《暴风雨》戏剧性的开场中说道（第一幕第一场）。救赎可以在个别人物身上看到，比如李尔王，而使用的语言则经常是宗教性的，就像用来形容李尔王富有功德的女儿科迪利娅的语言，这是可以观察到的：

> 她挥去了她天仙般的眼睛里的圣水，
> 然后哀号为泪水所平息。（第四幕第三场）

李尔王不确定自己的处境，特别是不知道是否身在地狱，他随后醒来，用真正令人难忘的话语告诉科迪利娅：

> 你们不应该把我从坟墓里拖出来。
> 你是一个有福的灵魂；我却缚在火轮上，
> 眼泪像熔铅一样灼痛我自己的脸。

……

你是一个灵魂，我知道。（第四幕第七场）

《李尔王》的背景设定在前基督教时代，确实是英格兰的一部"历史剧"，但就像那些以古典罗马为背景的戏剧一样，基督教主题依然是核心。除了经典思想和参照人物（尤其是俄狄浦斯）外，这些主题在《李尔王》中显得尤为突出——尽管在这里葛罗斯特和李尔王经历了更多的救赎，而并非科迪利娅（她最终成为一个牺牲人物）。她堪称功德无量，因为这个词可以用来形容一个纯粹的道德中心人物。宽恕他人和放弃世间的财富在《李尔王》中被认为是救赎的关键要素，宽恕部分依赖于自我认识，这成了该剧的重要组成部分。然而，对自我的认识本身是无法获得救赎的，这一点在伊阿古和麦克白身上都有所体现。

结　　语

除了关于自由意志和救赎的紧张关系，以及宗教实践与思想的连续性和模糊性之外，宗教改革还造成了深刻的心理危机，这有助于解释那些试图强制执行新宗教解决方案的人，以及那些试图保持魔法元素与基督教一致的人所面临的问题。[33]传统的阐述、信仰和遵循模式受到了极大的压力，在某种程度上已被粉碎。例如，相信为炼狱中死者的灵魂祈祷的必要性，以帮助他们获得救赎，这是隐修制度和教堂捐赠的基础。它的消失，或至少是挫败，代表了代际之间情感和宗教纽带以及尘世与超自然之间关键联结的重大且令人不安的断裂。

在这个新的教会观中，怀疑可能是生与死的一种状态。哈姆莱特抓住了这一状态，这显然与他的优柔寡断有关，而这正是全剧大部分情节所体现的不作为状态的特点。同样的情况也出现在《量罪记》中的克劳狄奥身上。意识到安哲鲁对法律随心所欲且虚伪的解释、受到拒绝仁慈的不公正对待，克劳狄奥意识到自己即将被处决，他说：

> 死是可怕的。
> ……
> 可是死了，到我们不知道的地方去，
> 长眠在阴寒的囚牢里发腐朽烂，
> 让这有知觉有温暖的活跃的生命化为泥土。
> 一个追求着欢乐的灵魂，沐浴在火焰一样的热流里，
> 或者幽禁在寒气砭骨的冰山，无形的飙风把它吞卷，
> 回绕着上下八方肆意狂吹；
> 也许还有比一切无稽的想象所能臆测的更大的惨痛，
> 那太可怕了！只要活在这世上，
> 无论衰老、病痛、穷困和监禁给人怎样的烦恼苦难，
> 比起死的恐怖来，也就像天堂一样幸福了。
>
> （第三幕第一场）

怀疑可与以下这一观念联系在一起，即"莎士比亚的标识是模棱两可。如果戏剧有任何社会价值，那一定是因为对话中包含的意见冲突使观众能够思考以前无法想象的事情"。[34] 用现代的术语来说或许是这样，但在莎士比亚的有生之年中，这种情况要少得多。

除了怀疑之外，莎士比亚作品中反复出现对价值和价值观的

肯定，包括在《量罪记》中被挫败的恶棍安吉洛。最有感染力的是，在最后的战斗中，麦克白意识到他被女巫带来的第二个幽灵所误导。在他形而上的绝望的高潮，麦克白就像自言自语一样对观众说道：

> 愿这些欺人的魔鬼再也不要被人相信，
> 他们用模棱两可的话愚弄我们，
> 虽然句句应验，
> 却完全和我们原来的期望相反。（第五幕第八场）

他的降服者麦克德夫携麦克白的首级，宣称"无道的虐政从此推翻了"（第五幕第九场）。现代导演有时会在结尾处暗示麦克德夫将试图推翻新国王马尔康，但这并不是莎士比亚的剧本，就像他并未把《亨利五世》呈现为一部反战剧一样。相反，这是在《麦克白》中得到肯定的道德秩序，人们在马尔康避难的忏悔者爱德华宫廷中已经看到了这种秩序。国王通过他的触摸治愈了瘰疬，这是霍林斯赫德编年史著作中讨论的一种礼物，而马尔康用基督教的语言，肯定了这种美德，并宣告了美德的延续性与魔鬼的失败：

> 最光明的那位天使也许会堕落，
> 可是天使们总是光明的；
> 罪恶虽然可以遮蔽美德，
> 美德仍然会露出它的光辉来。（第四幕第三场）

人类中的恶魔麦克白，被麦克德夫称为"地狱猎犬"，曾经让邓肯充满信赖，现在被打败了，跟他一道失败的还有魔鬼。

注释

1. 希腊的一条河。在希腊神话中，灵魂被引渡过冥河进入地狱。

2. C. Kolslofsky, *Evening's Empire: A History of the Night in Early-Modern Europe* (Cambridge, 2011).

3. Paul Brown, "'This Thing of Darkness I Acknowledge Mine,' *The Tempest* and the Discourse of Colonialism," in *Political Shakespeare: New Essays in Cultural Materialism*, ed. Jonathan Dollimore and Alan Sinfield (Manchester, 1985), 48–71.

4. D. G. Denery, *The Devil Wins: A History of Lying from the Garden of Eden to the Enlightenment* (Princeton, NJ, 2015).

5. S. Clark, *Thinking with Demons* (Oxford, 1997); M. Harmes and V. Bladen, eds., *Supernatural and Secular Power in Early-Modern England* (Farnham, UK, 2015); M. Gibson and J. Esra, *Shakespeare's Demonology: A Dictionary* (London, 2017).

6. G. Wills, *Witches and Jesuits* (Oxford, 1995); B. P. Levack, *Witch-Hunting in Scotland: Law, Politics and Religion* (London, 2008).

7. N. Levine, *Women's Matters: Politics, Gender and the Nation in Shakespeare's Early History Plays* (Newark, DE, 1998); L. Manley, "From Strange's Men to Pembroke's Men: *2 Henry VI* and *The First Part of the Contention*," *Shakespeare Quarterly* 54 (2003): 253–87.

8. P. Elmer, *Witchcraft, Witch-Hunting and Politics in Early Modern England* (Oxford, 2016).

9. M. Gibson, "Devilish Sin and Desperate Death: Northamptonshire Witches in Print and Manuscript," *Northamptonshire Past and Present* 51 (1998): 15–21.

10. M. Stoyle, "'It Is But an Olde Wytche Gonne': Prosecution and Execution for Witchcraft in Exeter, 1558–1610," *History* 96 (2011): 151; and *Witchcraft in Exeter, 1558–1600* (Exeter, 2017).

11. R. F. Green, ed., *Elf Queens and Holy Friars: Fairy Beliefs and the Medieval Church* (Philadelphia, 2016).

12. A. French, *Children of Wrath: Possession, Prophecy and the Young in Early Modern England* (Farnham, UK, 2015).

13. F. W. Brownlow, *Shakespeare, Harsnett, and the Devils of Denham* (Newark, DE, 1993).

14. J. Kerrigan, *Shakespeare's Originality* (Oxford, 2018).

15. N. Shaheen, *Biblical References in Shakespeare's Plays* (Newark, NJ, 1999).

16. R. J. W. Evans, *Rudolf II and His World: A Study in Intellectual History, 1576–1612*

(Oxford, 1973).

17. I. Arthurson, *The Perkin Warbeck Conspiracy, 1491–1499* (Stroud, UK, 1994).

18. G. Parker, *Global Crisis: War, Climate Change and Catastrophe in the Seventeenth Century* (New Haven, CT, 2013).

19. T. Mayer, ed., *The Roman Inquisition: Trying Galileo* (Philadelphia, 2015).

20. R. Bartlett, *The Natural and the Supernatural in the Middle Ages* (Cambridge, 2008).

21. G. Parry, *The Arch-Conjuror of England: John Dee* (New Haven, CT, 2012).

22. D. E. Harkness, *John Dee's Conversations with Angels: Cabala, Alchemy, and the End of Nature* (Cambridge, 1999).

23. P. Curry, *Prophecy and Power: Astrology in Early Modern England* (Cambridge, 1989); W. Eamon, *Science and the Secrets of Nature: Books of Secrets in Medieval and Early Modern Culture* (Princeton, NJ, 1994); A. Geneva, *Astrology and the Seventeenth Century Mind: William Lilly and the Language of the Stars* (Manchester, 1995).

24. A. Barrera-Osorio, *Experiencing Nature: The Spanish American Empire and the Early Scientific Revolution* (Austin, TX, 2006).

25. D. Harkness, *The Jewel House: Elizabethan London and the Scientific Revolution* (New Haven, CT, 2008).

26. A. Weeks, *Paracelsus: Speculative Theory and the Crisis of the Early Reformation* (Albany, NY, 1997).

27. Harkness, *Jewel House*.

28. J. Solomon, *Objectivity in the Making: Francis Bacon and the Politics of Inquiry* (Baltimore, 1998); E. Ash, *Knowledge and Expertise in Elizabe-than England* (Baltimore, 2004).

29. J. Seitz, *Witchcraft and Inquisition in Early Modern Venice* (Cambridge, 2011).

30. S. Greenblatt, *Hamlet in Purgatory* (Princeton, NJ, 2001); P. Schwyzer, *Literature, Nationalism and Memory in Early Modern England and Wales* (Cambridge, 2004).

31. K. Tempest, *Brutus: The Noble Conspirator* (New Haven, CT, 2017).

32. T. Rist, *Shakespeare's Romances and the Politics of Counter- Reformation* (Lewiston, UK, 1999).

33. S. Clark, *Thinking with Demons: The Idea of Witchcraft in Early Modern Europe* (Oxford, 1997); L. Sangha, *Angels and Belief in England, 1480–1700* (London, 2012).

34. 匿名评论者的评论，印第安纳大学出版社于2017年11月7日提供给我。从报告来看，这位评论家是一位文学学者，而非历史学者。

二 戏剧的世界

　　正如前一章所指出的那样，黑暗展现出一种物理上的在场，在当时和现在的露天戏剧表演中，即使点上灯，光线也会减弱，让这种存在尤其明显。在黄昏和夜晚，空间缩小至闪烁的灯光照亮的昏暗处，室内剧院有幕间休息时间，部分原因是为了修剪蜡烛，必要时可以更换蜡烛。今天，当我们参观那个时期的房屋或其他建筑时，很难理解黑暗的影响，而只有当房间里没有电灯、保持黑暗以保护公开展示的挂毯和绘画时，才最容易理解它。即便如此，我们也无法感受到烛光及其投下的阴影所带来的效果，这些阴影被清晰的时刻所点缀——无论是真实的还是误导的。这样的背景使得伊阿古的诡计和哈姆莱特的疑虑可以理解。对于附近的穷人来说，这些大房子是黄昏后唯一能真正看到光的地方。夜晚的视野是富人的特权，因为蜡烛很贵，英格兰可谓是一个黑暗的国度，偶尔会有一些微光。当你凝视火焰时，你的眼睛会感觉到周围变得更黑了。

　　月亮或因变暗或被云遮蔽而无法发出光亮的时候，夜晚变得极为黑暗。不出所料，这对莎士比亚来说既是一种道德上的，也是一种物理上的形象和隐喻。黑暗掩盖了罪恶，无论是麦克白还是《无事生非》中的唐·约翰，坏人及其他人都提到了这一联系。就像在《罗密欧与朱丽叶》中那样，伪装是黑暗的一个面向，也借由黑暗而变得更容易。然而，上下文才是一切。喜剧中的伪装一如《第十二夜》中的借口，可以为幽默提供机会。灯光对当时人可能比现代观众更有意义。光与温暖联系在一起，是受到黑暗、潮湿和寒冷压迫着的人类世界的中心。光也与能看见并因而能理解有关。

黑暗引起了人们对动物的担忧。能置人于死地的动物——熊和狼——尽管在英格兰已经灭绝了，但在欧洲其他地方仍然存在，这一点强调了后者的异域性。本土棕熊可能于10世纪便在英格兰销声匿迹了。用于逗熊游戏的熊则是进口的。最初的野猪可能在13世纪即已灭绝，尽管出于狩猎目的，詹姆斯一世于1608年将它们放归温莎公园。狼被认为在亨利七世统治时期（1485—1509年）在英格兰已经灭绝，苏格兰所知的最后一匹狼于1680年被杀。

在莎士比亚的戏剧中可以看到熊和狼的影子，这反映出它们所蕴含的威胁感的持续效力。在《冬天的故事》中，一只熊把安提贡纳斯赶下了舞台，这衍生出著名的舞台指引文字"出口，被一只熊追赶"（Exit, pursued by a bear）。小丑接着描述了熊扯下安提贡纳斯的肩骨并吃掉他的情形："这种畜生只在肚子饿的时候才要发坏脾气。"（第三幕第三场）在伦敦萨瑟克举行的恶毒的逗熊游戏中，笼中的熊已经准备好了展示，这也是剧院的一个布景。在《仲夏夜之梦》中，一只"无头的熊"是迫克用来让除波顿以外的众小丑逃跑的伪装之一（第三幕第一场）。《两个高贵的亲戚》中看守长的女儿想象巴拉蒙被狼吃掉了（第三幕第二场），而在《皆大欢喜》中，奥兰多杀死了威胁要杀死奥列佛的"饥饿的母狮"（第四幕第三场）。其实英格兰并没有狮子。《冬天的故事》中老牧人担心"狼"会找到他丢失的两只羊（第三幕第三场），而在《亨利六世下篇》中，伦敦塔的卫队长离开了葛罗斯特公爵理查——也就是未来的理查三世，让公爵与他的受害者亨利六世单独在一起，亨利六世说："漠不关心的牧羊人看见狼来就跑啦。"（第五幕第六场）《圣经》里有很多关于狼和牧羊人的记载。

观众应该能理解这些动物发出的声音。在《暴风雨》中，普洛斯帕罗这样描述被囚禁的爱丽儿：

> 你的呻吟使得豺狼长嗥，
> 哀鸣刺透了怒熊的心胸。（第一幕第二场）

还有其他野生动物在英格兰自由自在的生活：狐狸突袭农场建筑以攻击农场动物，尤其是鸡；老鼠泛滥成灾；人们对外部可能存在的生物的恐惧迅速涌上心头。家畜也带来了问题：狂犬病在狗群中是一大祸患。

黑暗的另一个面向，包括令人不安的阴影，则是由林地区域提供的。林地在当时的英格兰的面积比现代更大，尽管林地在今天的高地地区仍然很重要，但在低地地区则明显不同。正如理查德·莱恩（Richard Lyne）在1574年绘制的剑桥地图所显示的那样，林地有许多经济用途，尤其是作为木材和猪觅食的来源。

林地对于狩猎也很有价值，无论是在实践上还是在社会意义上皆是如此，而后者是权利和享有特权的一种体现。一种特定的狩猎文化与猎人这种职业都牵涉其中。在莎士比亚作品中，无论是在字面上还是在象征意义上都经常提到狩猎，尤其是在求爱中，但又不限于此。在《暴风雨》中，爱丽儿召唤精灵充当猎犬，以赶走那些打算谋杀普洛斯帕罗的阴谋家，它们冲上舞台遵循了她的旨意。普洛斯帕罗说："让他们痛痛快快地被追赶一阵子。"（第四幕第一场）在《两个高贵的亲戚》中，忒修斯和他的同伴在五月的一个早晨去森林里打猎（第三幕第一场）。在《亨利六世下篇》中，爱德华四世在打猎"取乐"时被释放（第四幕第五场）。此外，其他形式的狩猎也有所提及。在《无事生非》中有一种比喻，将猎鸟行为与诱骗贝特丽丝和培尼狄克坠入爱河相提并论（第二幕第三场）。

　　然而，林地也代表着不确定忄、危险和损失。莎士比亚笔下的人物在森林中迷路的频率令人吃惊。的确，在这方面，森林相当于黑暗。在某种程度上，这是一个喜剧和/或爱情故事的问题，就像《仲夏夜之梦》和《皆大欢喜》一样。在前者中，这对恋人在树林中迷路，为滑稽好笑的错误提供了机会，包括在魔法和偶然力量作用下，波顿被自己的想象所诱惑。森林是一个非结构化的世界，充满了伪装和惊喜。

　　然而，危险或悲剧也会出现。林地为强盗提供了避难所，尤其是拦路强盗。在《维洛那二绅士》中，森林里藏匿着犯下谋杀和绑架等罪行的歹徒。在这一点上，莎士比亚借鉴了有关侠盗故事的悠久文学传统，此类作品基于侠盗行为的各种特质而被创作。[1]

　　除了法外之徒，森林也是狩猎冲突的场景，与上面提到的相反，当地人寻求收入，而土地所有者则想要保护自己的权力和地位，从而陷入争端。[2]若对比不同的森林，《皆大欢喜》的宜人场景应是位于斯特拉特福附近沃里克郡的亚登森林，尽管低地国家（现在的比利时和荷兰）可能也有更广阔的亚登森林。然而，潜在的威胁可以从奥兰多"拔剑"索要食物中看出来（第二幕第七场）。拔剑通常是有地位之人的一个特征，可能会造成混乱，莎士比亚经常表现出并不喜欢这种行为的态度，比如在《第十二夜》中，他嘲笑了拔剑行为。

　　莎士比亚的许多戏剧都关注或提到宫廷的欺骗，尤其是在《哈姆莱特》中，还有廷臣的欺骗，比如在《量罪记》中，此外，在某种程度上还包括《裘利斯·凯撒》和《奥瑟罗》。两相对比，乡村则可以提供更真诚的田园风格的环境，如《皆大欢喜》《终成眷属》《冬天的故事》以及某种程度上的《仲夏夜之梦》。宫廷等级制度在进入这些不同的环境中时会受到挑战或颠覆。这个过程也可在《暴风雨》中看得到，当船只失事后，又在普洛斯帕罗的岛上被重新发现和营救。

另一种形式的不确定性在戏剧中反复出现，即各种类型的旅行，包括日间的旅行。艰苦、焦虑和地形极大地夸大了距离的影响和困难。许多情况使旅程变得不可预测和危险，包括盗窃和暴力，还有设备故障——车轮和方向舵失灵，车轴和桅杆断裂，船只漏水，马匹失控——以及由于糟糕和不可靠的路面或船只在河流中倾覆而引起的事故。

道路受到雨水的严重影响，特别是在重黏土土壤上。例如，在埃塞克斯郡南部、中部地区和格洛斯特郡的伯克利谷地，车轮把泥浆搅成无法通行的泥潭；在肯特郡、萨里郡和苏塞克斯郡的绿砂原野中也是如此；以及德义郡的埃克山谷里。在湿地区，如东部沼泽区（Fens）和萨默塞特平原区，道路建设和维护的效果有限，每个地区都很广阔，没有真正的道路。在萨默塞特平原区，小贩们把一箱箱货物运到马车甚至驮马都无法到达的村庄。此外，乌斯河、塞文河、特伦特河和泰晤士河的谷地容易发生洪水，而且它们的土壤通常极为泥泞，很难穿越。所以，大多数陆地路线都是沿着山脊而行，那里的土壤更为干燥。其中的许多路线可以追溯到中世纪，甚至前罗马时代。

"为什么需要比洪水更宽的桥呢？"（《无事生非》第一幕第一场）是一个听众能理解的问题，"洪水"在这句话中的意思是河流的水流量，而不是洪水泛滥的程度。在陆地上，春天的解冻和秋天的洪水可能会带来问题。这些情况的特别之处是让河流泛滥，这使得涉水变得危险，甚至不可能，而涉水是渡过许多河流的标准手段。解冻和大雨会淹没低洼地区，如萨默塞特平原区和沼泽区以及大多数河流沿岸区域。沼泽区一直被洪水淹没，人们以捕鳗鱼或收割芦苇为生。洪水在莎士比亚的故事情节中扮演了重要角色，如在《理查三世》中亨利（白金汉公爵二世）在1483年发起的那场失败叛乱。这次叛乱确实彻底失败了，部分原因是塞文河的洪水泛滥。"白金汉的部队受到暴雨和猛然卷来的洪水袭击，已经被冲得七零八落。"（第四幕第四场）莎士比亚写道。然而，更重要的是，这场洪水使叛军无法汇合。由于当时大多数河流还没有像19世纪那样被改造成运河，因此，河流都比现代河流浅，而河道更宽，河岸也更低，因此更难架桥（尽管也不能涉水），也更容易发生洪水。当时并没有真正的防洪计划。

更普遍地说，在19世纪晚期被烈性炸药改变样貌之前，河流和山脉在人们对地形的感觉和意识中具有强烈的特征。我们或许觉得这难于理解。奇尔特恩斯山是莎士比亚每次从沃里克郡前往伦敦途中必须翻越的一系列山丘，对于一个可以轻易在峭壁上炸出一个洞的时代来说，它意味着什么？就像斯托肯彻奇（Stokenchurch）的M40高速公路一样具有戏剧性吗？同样的情况也发生在一些不太显眼的地方，比如现在被克利夫登以东的M5公路点缀的菲亚兰德山脊（the Failand ridge）。现在，人们可以在河流上架桥，可以排干沼泽地的水。

当时的道路维护标准很低。维护主要是当地教区的责任，教区既是一个民事实体，也是一个宗教实体，它缺乏对问题做出迅速有效反应的资源，也缺乏组织和意愿。中世纪的商人是糟糕道路的主要受害者之一，所以一点也不奇怪，他们会在遗嘱中留下用于维修道路的钱。换个角度看，政府的需求和资源是平衡的：在当时的技术、组织和资源有限的背景下，信息发送的速度和可预期性并没有得到足够重视，因此英格兰统治者并没有强烈要求当地精英来改善道路。

尽管莎士比亚作为斯特拉特福的一名市民，曾为推动议会通过一项有关道路维修的法案捐款，但在他的有生之年，情况并未改善。马还是老样子，船还是用木头制作并由风力驱动（在地中海和波罗的海，有时也划桨），大多数道路仍然是土路，天气的影响也没有改变。本地的市场和供应比今天重要得多。这也就不难理解为什么邮递员和信使的行为细节，他们过于频繁的不幸遭遇以及相关的不确定性会经常出现在那段时期的信件、日记和莎士比亚戏剧里。它们对后者的情节尤为重要，特别是在《罗密欧与朱丽叶》中。

直到17世纪——特别是在后来的几十年里，英格兰才形成一个定期可靠的长途马车服务网络。第一条收费道路可以追溯到17世纪60年代，直到18世纪中叶，这种路网在全国范围内才开始发挥作用。与英国形成对比，在17世纪早期的德川幕府统治下，日本便有了主要的道路计划，特别是从首都江户（东京）到京都漫长的东海道（及其53个中继站）的建设，以确保政府权力可以随时西进。

陆路运输的缓慢——像谷物和煤炭这样的大宗货物在陆地上运输的困难，以及英国的岛屿特征，都表明通过河流、海洋而非陆地进行贸易和旅行远比今天重要得多。除了路况不佳和桥梁相对较少之外，陆路运输还需要喂养拉车所需的牲畜，这些都导致人们转而倚重水运。在跨越河流方面，船只比桥梁更重要，尤其是在渡过英格兰蜿蜒海岸线上的众多河口，如亨伯河、泰恩河、默西河、迪河、达特河、埃克塞河和泰晤士河时。横渡索伦特海峡或布里斯托尔海峡等水域的渡船——后者是从卡迪夫附近的萨利（Sully）到萨默塞特郡的阿普希尔（Uphill），再从比奇利（Beachley）到奥斯特（Aust）——意义重大。

河流的重要性使人们把注意力集中在那些现存的桥梁上。桥接点（Bridging points），如埃克斯河上的埃克塞特和泰晤士河上的牛津，在交通体系中发挥了如同渡船那样的核心作用。一座中世纪的七拱形石桥横跨在纽卡斯尔的泰恩河上，是这座城市在本地、区域和国家地位的重要特征。格洛斯特郡和塞文河也是如此。伦敦桥一直是泰晤士河上高度最低的交会位置，而甘尼斯莱克河下游的塔玛河则没有跨河道路。

频繁提到河流的流动，意味着听众非常熟悉在水上的经历，比如在《维洛那二绅士》中，裘丽亚告诉她的仆人露瑟塔，她将跟随普洛丢斯去米兰。她把真爱比作自然流淌的溪流：

> 汩汩的轻流如果遭遇障碍就会激成怒湍；
> 可是它的行程如果顺流无阻，
> 就会在光润的石子上弹奏柔和的音乐，
> 轻轻地亲吻每一根在它巡礼途中赶上的芦苇，
> 用这样游戏的心情，
> 经过许多曲折的回弯，
> 而达到狂野的海洋。（第二幕第七场）

《哈姆莱特》中奥菲利娅之死也是如此。格特露解释说，奥菲利娅在精神错乱的时候掉进了一条"呜咽的溪水里"，最终被她湿衣服的重量拉了下去：

> 她的衣服给水浸得重起来了，
> 这可怜的人儿……
> 就已经沉到了泥里。（第四幕第七场）

虽然语境和目的非常不同，但这两段文字在诗意的描述中产生了共鸣，裘丽亚的河流与对奥菲利娅收集植物所在河畔的描述相互匹配。

许多定居点和乡村宅邸，例如位于康沃尔的安东尼庄园以及汉普顿宫，都是靠水路到达的。更普遍来说，水——包括海洋和内陆水道——对人们生活的影响远比今天大。许多今天没有码头和港区的城镇，在当时都是港口，要么是海港，要么是由于内河船只的转运而与海上贸易相联系。许多港口从事对外贸易，这与19世纪（及之后）形成鲜明对比，19世纪及之后的商船的规模更大，导致长途贸易集中在少数港口，这些港口拥有必要的设施来停靠大型船只。16世纪的沿海港口包括巴恩斯特迪尔、比珀福德、达特茅斯和德文郡的托普瑟姆。[3]内陆港口包括萨默塞特的兰波特、布里斯托尔、埃克塞特、格洛斯特、林肯、诺维奇、斯特拉特福和约克。

莎士比亚在戏剧中经常提到追赶潮流（《维洛那二绅士》第二幕第三场）。勃鲁托斯敦促凯歇斯必须继续前进，在腓立比迎战他们的敌人，他宣称：

> 我们在全盛的顶点上，却有日趋衰落的危险。
> 世事的起伏本来是波浪式的，
> 人们要是能够趁着高潮一往直前，
> 一定可以功成名就；

要是不能把握时机，就要终身蹭蹬，一事无成。
我们现在正在满潮的海上飘浮，
倘不能顺水行舟，
我们的事业就会一败涂地。
（《裘利斯·凯撒》，第四幕第三场）

就像光明和黑暗一样，潮汐是莎士比亚的隐喻。在《亨利六世下篇》中，爱德华四世被"造王者"华列克俘获后说道：

人必须听命于命运，
抗拒风浪是没有用的。（第四幕第三场）

由此看出莎翁也会提到风。在《错误的喜剧》中，想必十分焦急的叙拉古的安提福勒斯让德洛米奥到码头上去（地中海岸边的以弗所），并且说：

要是风势顺的话，
我今晚不能再在这城里耽搁下去了。（第三幕第二场）

但对于旅行者来说，海上的情况比陆路更糟糕。海难和风暴带来的问题，或者相反——风平浪静（风过大或过小）的旅行，激发了那个时代的想象力，这一过程被《圣经》故事和探险故事所激发。大风把船只吹到岩石海岸是一个特别大的威胁。无论是莎士比亚的《暴风雨》《威尼斯商人》《第十二夜》《冬天的故事》《泰尔亲王配瑞克里斯》和《错误的喜剧》，还是其他剧作家的作品，暴风雨和海难都在许多戏剧中扮演了重要角色。在《威尼斯商人》中，引人注目的沉船事故是导致行动的原因，因为它们破坏了安东尼奥预期的盈利，因此使他的债务到期。风险破坏了信用，而夏洛克利用了这一情形。当安东尼奥面临失去生命的前景时，贸易的不稳定性便得到了充分证明。

　　一场可怕的风暴对《奥瑟罗》的情节也很重要，因为准备入侵塞浦路斯的土耳其舰队被摧毁，使被派去保卫该岛的威尼斯人得以自由地追逐由伊阿古建构的那种萦绕心头的嫉妒。如果奥瑟罗作为将军如他之前那样不得不与土耳其人作战，那么情节就会大不相同，他的好战性格将会凸显出来。在第二幕的开头，威尼斯派驻塞浦路斯的总督蒙太诺凝视着大海，而军官甲除了"很高的波浪"或汹涌的大海以外什么也看不见。蒙太诺生动描述了木船的脆弱性：

> **蒙太诺：** 风在陆地上吹得也很厉害，
> 从来不曾有这么大的暴风打击过我们的雉堞。
> 要是它在海上也是这么猖狂，
> 哪一艘橡树造成的船身
> 支持得住山一样的巨涛迎头倒下？
> 这场风暴会给我们带来什么消息呢？
> **军官乙：** 土耳其舰队一定被风浪冲散了。
> 你只要站在白沫飞溅的海岸上，
> 就可以看见咆哮的汹涛高击云霄，
> 被狂风卷起的怒浪奔腾山立，
> 好像要把海水浇向光明的大熊星上，
> 熄灭那照耀北极的永古不移的斗宿一样。
> 我从来没有见过这样可怕的惊涛骇浪。
> **蒙太诺：** 要是土耳其舰队没有避进港里，

它们一定沉没了；这样的风浪是抵御不了的。

军官丙：报告消息！小伙子们！

咱们的战事已经结束了。

土耳其人遭受这场暴风浪的突击，

不得不放弃他们进攻的计划。

一艘从威尼斯来的大船，

一路上看见他们的船只或沉或破，

大部分零落不堪。（第二幕第一场）

因此，报道的语言必须构成表演的戏剧性。风暴和海难对情节设置、戏剧性场景，以及生动且经常是令人痛心的演讲而言都很重要，甚至是至关重要和具有决定性意义的。在《第十二夜》的第二场戏中，船长说：

我们的船撞破了之后，

您和那几个跟您一同脱险的人

紧攀在我们那只给风涛所颠摇的小船上。

（第一幕第二场）

之后，安东尼奥提到了"汹涌的怒海的吞噬"（第五幕第一场）。《暴风雨》以暴风雨和海难开始，米兰达站在岸边，看着"一只壮丽的船……撞得粉碎"（第一幕第二场）。在《冬天的故事》中，小丑从陆地上观察到暴风雨中的一艘沉船：

唉！那些苦人儿们的凄惨的呼声！

有时候望得见他们，有时候望不见他们。

一会儿船上的大桅顶着月亮，

顷刻间就在泡沫里卷沉下去了，

正像你把一块软木塞丢在一个大桶里一样。

……

让我先把那只船的事情讲完了。

瞧，海水怎样把它一口吞下，

可是我们先说那些苦人儿们怎样喊着喊着，

海水又怎样拿他们开心。（第三幕第三场）

在布里斯托尔海峡附近萨默塞特郡的邓斯特城堡，有一幅汉斯·埃沃斯（Hans Eworth）创作于1550年的城堡主人约翰·勒特雷尔爵士（Sir John Luttrell）的寓意画，画中他半裸着从暴风雨中浮出水面，背景是水手们抛弃一艘下沉的船。当时很少有人会游泳，船上也缺乏安全设备。这一时期的荷兰绘画，例如雅各布·范勒伊斯达尔（Jacob van Ruisdael）（约1628—1682年）的作品，包含船只在风暴中沉没或濒临沉没的悲惨场景。

冬季航行是最艰苦、最危险的。这种说法不仅适用于长途旅行，也适用于对贸易和运输非常重要的许多短途旅行，例如布里斯托尔海峡的短途旅行。更普遍的是，在夏天可以进行的海上和陆地旅行，在冬天或许是不能成行的，在某种程度上来说，这在今天并不成立。

令情况更加困难的是，沿海岸线的海图常常不完整或根本不存在，灯塔也处于缺失或不够用的状态。若没有后来发展起来的仪器，精确的计时和导航也是非常困难的。因此，知识是待定的，也就是说，它不能轻易地与可能存在的地图联系起来。在年长船员形成的观点看来，经验是懂得如何应对环境的关键因素。

　　除了寻求切实可行的解决办法外，人们还相信女巫可以指挥风。这种信念在《麦克白》中就有体现，一名水手从伦敦前往叙利亚的阿勒颇，由于他妻子的粗鲁，一名女巫发誓要报复他。在《暴风雨》中，普洛斯帕罗确实能召唤出一场风暴。

　　海难是一个经常被提及的话题，甚至在背景设置与入海相距甚远的戏剧中也是如此，比如《维洛那二绅士》：

> 去你的吧，船上有了你，
> 可以保证不会中途沉没，
> 因为你是命定要在岸上吊死的。（第一幕第一场）

在接下来的场景中，裘丽亚提到了"波涛汹涌的海"（第一幕第二场），正如她后来又提到"狂野的海洋"（第二幕第七场）。在《两个高贵的亲戚》中，看守长的女儿发疯了，想象着一场海难（第三幕第四场）。在以内陆城市维也纳为背景的《量罪记》中，安哲鲁对玛利安娜的遗弃是用一场海难来解释的，在这场海难中，玛利安娜的哥哥淹死了，同时她的嫁奁也同归于尽了（第三幕第一场）。这一解释抓住了许多角色的脆弱性，尤其是存在于女性身上的脆弱性。出身名门的人运气最差，许多戏剧都证明了这一点。

　　在《理查三世》中，克莱伦斯做了一个梦（在这部戏里大海并不是很重要），这是他在伦敦塔的一个酒桶里被淹死前不久做的梦，克莱伦斯被从船上推到了海里：

> 主啊，我仿佛觉得那就是淹死的痛苦！
> 我耳里的波涛声多么可怕！
> 我眼里的死亡景象多么狰狞！

　　　　我好像看到了成千条凄凉的沉船，
　　　　上千个被鱼群咬食的尸体。（第一幕第四场）

在《亨利六世中篇》中，大海也不是一个特别重要的元素，玛格莱特王后描述了一场风暴，包括"汪洋大海"和"坚硬的大石"（第三幕第二场）。在《亨利六世下篇》中，她被比喻为一艘暴风里的船（第五幕第四场）。

　　海上不确定性的另一个面向是海盗行为，这是一种可以彻底颠覆日常生活的残酷行为，比拦路抢劫更具威胁性。与许多其他情节元素一样，海上抢劫远离莎士比亚本人的经历，但在他对意大利素材的重新塑造中表现得是很明显的。海盗在许多情节中都扮演了重要角色，比如《安东尼和克莉奥佩特拉》，以及《错误的喜剧》和《泰尔亲王配瑞克里斯》的更多情节中，这些情节都强调了暴力的临近，以及暴力所代表和可能引发的不确定性。在《安东尼和克莉奥佩特拉》中，针对地中海三大海盗塞克斯特斯·庞培（裘利斯·凯撒的对手庞培大帝幸存的儿子）、茂尼克拉提斯和茂那斯的战役对后三头[1]之间的裂痕颇为重要，因为安东尼不赞成另外两人破坏与塞克斯特斯·庞培的休战，倒让小庞培表现得更为可敬。

　　在《泰尔亲王配瑞克里斯》中，玛琳娜在襁褓中侥幸逃过一场海难，后来又躲过了谋杀，却被海盗抓住并卖给了米提林的一家妓院。事实上，米提林正是16世纪奥斯曼（土耳其）海军将领、著名的阿尔及利亚私掠者巴巴罗萨（Barbarossa）的出生地。在他的袭击中，确实有基督徒被抓去当了奴隶。在《量罪记》中，拉戈静

---

[1] 公元前43年，安东尼、屋大维和雷必达结成同盟，旨在粉碎对凯撒遇害负有责任的贵族集团，史称后三头同盟。

作为"一个最臭名昭著的海盗"（第四幕第三场），在维也纳（远离大海）的监狱里因发烧而死，使得他的头可以顶替克劳迪奥的头。在一个关键的情节发展中，哈姆莱特从丹麦到英格兰的航行因遭遇北海海盗袭击而意外中断，这确保他可以回到丹麦（第四幕第六场）。罗森格兰兹和吉尔登斯吞成功坐船去了英格兰，他们的命运截然不同。

海盗在当时是一个非常严重的问题，例如，16世纪90年代初期，西班牙海盗船常在英吉利海峡出没。当时阿尔及利亚海盗的袭击，包括了英格兰沿海水域及其南部海岸，使海盗行为成为一个特别紧迫的问题。1621年，作为回应，英格兰人袭击了这些阿尔及尔人，但最终失败。西考拉克斯作为《暴风雨》中"万恶的女巫"（第一幕第二场），是普洛斯帕罗的对手，就出生在阿尔及尔。在英格兰海域里也有本地海盗出没，比如1585年从威勒尔出发的海盗，妇女在其中从事贩卖赃物的营生。[4]

从旅行遇到的问题来看，距离意味着差异和困难。威廉·卡克斯顿（William Caxton）（约1422—1491年）在他的《埃涅阿斯纪》（*Eneydos*，1490）——根据一部法语版《埃涅阿斯纪》翻译而成——序言中，讲述了一个有关伦敦商人前往泽兰（Zeeland）的故事，他们在肯特郡附近停了下来，因为肯特方言口音太重，他们无法使别人明白自己的意思。一位农夫的妻子认为他们是法国人，因为他们的语言太不一样了。莎士比亚经常把方言作为一种幽默的手段，它通常与旅行、距离以及陌生人的聚集联系在一起，并能够表明距离的存在。由于伦敦方言以东盎格利亚语为基础，并且是在14世纪和15世纪大量人口从东盎格利亚移居伦敦后形成的，因此，在16世纪它仍是一个相当不成熟的标准。正如莎士比亚所观察到的那样，英语口语的区域性和地方性差异比今天要大得多，无论是口音还是用词皆是如此。此外，由于印刷术延续了大量中世纪方言，所以印刷语言的标准化出现得很慢，尽管依然意义重大。

寒来暑往，秋收冬藏，世界不仅看起来很不一样，而且实际上也的确非常不同。这不仅是旅行者的看法，也是从事劳动者的看法。季节性的农业循环设定了一种节奏，创造了一个与现代世界——其工作是由人工的时间表设定的——截然不同的世界。在莎士比亚的时代，收获的过程和成功对农村生活至关重要，人类的局限性在农业生产中被无情地暴露出来。莎士比亚的语言里经常提到收获的条件；在这种情况下，季节的顺序具有重要意义。对动物的照顾也是一个经常被提及的话题。在《维洛那二绅士》中，史比特作为伐伦泰因的仆人，曾讨论过仆人是否应该像绵羊（第二幕第一场）。

莎士比亚的家人非常了解农业状况。在某种程度上，这是因为他的祖父和岳父的背景，就好比安妮·海瑟薇的父亲理查德是一位自耕农。还有一个原因是，如同其他大多数城镇一样，他成长的小镇斯特拉特福深受内陆农村发展的影响。这些情况对于包括伦敦人在内的大多数人来说都是真实的，因为许多人是从农村和/或内陆移居到伦敦的。

农业受到一系列问题的影响。动物疾病在这一时期带来了毁灭性打击，尤其是兽医学在此时尚刚具雏形。动物分娩出差错的频率比现在要高，对幼崽和母体都可能造成更为有害的后果。不同于上述情形：曾于1592年在牛津郡迪奇利以主人身份接待过伊丽莎白一世的亨利·李爵士，在1570年的大风暴中损失了3000只羊。

农民们住在离他们牲畜很近的地方，通常就住在同一个屋檐下，像在布雷特福顿，即伊夫舍姆附近（离斯特拉特福不远）现存的一家名曰羊毛客栈的15世纪建筑那样，其最初是一个长屋，属于一种早期类型的农舍。此外，在一些偏远的屠宰场，对动物的捕杀并没有经过"消毒"。人们应该熟悉动物被宰杀的景象、声音和气味，以及在管理动物方面相应的困难。那时看到动物血和人血的频率比今天要高得多。即将被未来的理查三世谋杀的亨利六世说道：

> 所以无害的羊首先交出它的羊毛，
> 其次，它把脖子伸向屠夫的刀口。
> （《亨利六世》下篇，第五幕第六场）

耕作农业也困难重重，且难以预测，自从引进有效的机械辅助设备以来，这两种耕种方式都需要更多的人力。植被种子尚未经过科学改良，以抵抗疾病和恶劣天气条件并提高产量。诸如耕作、播种、除草和收割等工作要受到天气的极大影响。土壤类型也是影响耕作难度的一个重要因素。土壤排水是有限的，而灌溉并不可行。经济对自然季节规律的依赖在《仲夏夜之梦》中被生动地体现，当提泰妮娅对奥布朗谈起他们争吵的影响时说道：

> 风因为我们不理会他的吹奏，生了气，
> 便从海中吸起了毒雾。
> 毒雾化成瘴雨下降地上，
> 使每一条小小的溪河都耀武扬威地泛滥到岸上：
> 因此牛儿白白牵着轭，农夫枉费了他的血汗，
> 青青的嫩禾还没有长上芒须，便朽烂了。
> 空了的羊栏露出在一片汪洋的田中，
> 乌鸦饱啖着瘟死了的羊群的尸体。（第二幕第一场）

工业也受到时节的很大影响，使得就业和工作的性质都具有季节性。冰冻的水道和夏季的干旱使水磨无法运转；风箱和铁锤也需要水力带动，比如威尔登铁厂里的情形，而该铁厂是铁制品的主要来源地。在以"小冰期（Little Ice Age）"[1]为特征的这一时期，与该世纪初普遍存在的更高温度相比，气候开始恶化，缩短了陆地上的生长和工作季节，影响了交通联系以及生活的细节、景象和声音。因此，在1564年的一场大霜冻中，流经切斯特的迪河被冻住了，于是人们在河上举行了足球比赛。泰晤士河也受到了冬季严寒的影响，人们在河上滑冰，并举办冰上集市。冬天确实比过去的经历和传说要更加寒冷和漫长。

莎士比亚笔下的人物经常把天气和农业联系在一起，比如在《无事生非》中，康拉德告诉唐·约翰，他需要创造"好天气"才能和他的哥哥共处："您有必要为自己的收获设定季节。"（第一幕第三场）最终的结果是人们对收成和食物供应的持续担忧。人们采取预测和提前准备的方式来应对此事。下一次丰收的可能性很快便成为上一次收获后的话题。在《泰尔亲王配瑞克里斯》中，亲王给塔色斯带来了安慰，他为这座城市提供了面包，在这里，饥饿使母亲们准备好"吃下她们所钟爱的小宝贝"，并让夫妇们"抽签决定谁先去死，好让另一人多活几天"（第一幕第四场）。

食物供应状况导致了《科利奥兰纳斯》第一个场景中出现对抗，一群暴动的市民涌上古罗马的街道。市民甲在抱怨富有的贵族时，将人们的注意力集中在饥饿对身体的影响上，他的语言和形象让他的威胁深入人心：

---

[1] 指从16世纪中叶到19世纪中叶，欧洲和北美洲等地区气温显著下降的一个时期。

　　我们的痛苦饥寒，我们的枯瘦憔悴，就像是列载着他们的富裕的一张清单；我们的受难就是他们的享福。让我们举起我们的武器来复仇，趁着我们还没有瘦得只剩下几根骨头。天神知道我说这样的话，只是迫于没有面包的饥饿，不是因为渴望于复仇。

　　米尼涅斯·阿格立巴是精英中的一员，他试图转移人们的愤怒："因为这次饥荒是天神的意旨，不是贵族们造成的。你们应该屈膝哀求，不该举手反抗，才会对你们有好处。"然而，这并不能说服市民（第一幕第一场）。在莎士比亚时代的英格兰，对此类事件的恐惧是富人产生焦虑的一个关键因素，也是出台社会政策，尤其是接连通过《济贫法》的核心要素。

　　季节性状况——特别是冬季结冰、春季洪水泛滥和夏季的低水位，会影响对经济非常重要的河流交通，且经常导致河流完全阻塞，如此种种都可能会影响食物供应和其他许多事情。河流汇集形成了覆盖英格兰大部分地区的贸易体系。例如，在莎士比亚的故乡西米德兰兹，塞文河上的船只可航行至内陆的比尤德利——靠近基德明斯特，流经斯特拉特福的埃文河的船只几乎可以行至沃里克，瓦伊河的船只可航行到赫里福德，而拉格河的船只则可行至莱明斯特。所有这些水路结合在一起，强化了塞文河水系的重要性，因此也增强了河港——如斯特拉特福、图克斯伯里和格洛斯特以及附近的主要海港布里斯托尔的重要性。泰晤士河、特伦特河和其他主要河流也是如此。其中一些河流可以容纳大船，但许多可通航的河流只适用于小船。这些小船也更为合适，因为河岸尚未建设，这样的船最容易绑在一起。

　　市场，甚至是集市，也带有很强的季节性节奏。这些场合对货物和人员的流动至关重要，因而对经济活动也很重要。工业生产常常以静态的厂房和流程来展现，这往往是一种扭曲，因为大多数制造业都涉及一定程度的外工和装配，或者至少涉及原材料的运送。因此，纺织品通常是在不同于它们开始生产时的作坊里完成的。这当然也适用于染色工艺。

此外，牲畜的季节性迁移放牧——动物（尤其是羊和牛）迁徙到夏季和冬季牧场——将高地和低地地区联系在一起，例如苏塞克斯郡的南唐斯丘陵和罗姆尼沼泽，或德文郡的达特穆尔和埃克塞山谷，这是一种地方性、区域性以至国家性的模式。莎士比亚在《无事生非》（第二幕第一场）中提到了驱赶动物的行为。更普遍地说，在经济、物质和社会存在差别的领域间有着紧密的相互依存关系。无论是整体经济还是区域和地方经济，皆是如此。例如，在德文郡，达特穆尔和埃克斯穆尔的沼地与附近的低地教区有着重要的商业联系。以耕作为主的教区采取一种集中定居的模式，人们居住在村落之中；而以畜牧为主的教区，特别是在高地，则聚落分散，以孤立的农庄为主。

这种描述无论是在背景、情节、人物塑造还是语言方面，似乎与戏剧相去甚远，但事实并非如此，如果说戏剧捕捉了生活的戏剧性，那么戏剧也是社会的一个侧面，不管曾面临多少困难，这一社会都是从14世纪的残酷痛苦中恢复的：最明显的是1348年至1351年的大瘟疫——黑死病，当时大约三分之一的人口被任意且痛苦的方式杀害。这种经验不应该被人口"下降"的说法所遮蔽。

相比之下，在16世纪，伴随瘟疫和其他致命疾病的持续袭击，人口规模和经济活动却都有明显的增长，这是被同时代人所注意到的。这种增长在很大程度上影响了物质世界和文化成果。

的确，伊丽莎白时代的英格兰是一个相比前代拥有更多财富的社会，这一结果可以从都铎王朝房屋——无论是大厅还是厨房——的装潢中看得到。普通家庭房屋拥有的物品比现代住宅少，这在很大程度上是由平均收入低，没有大规模生产，以及可变成物品的产品范围有限等因素综合造成。然而，16世纪保存下来的物品要比15世纪多，其中一些物品的形式新颖，比如印刷书籍。因此，莎士比亚的观众有了一个更大的参照系来解读他的戏剧。⁵财产的其他证据，如遗嘱清单、法律记录和文字材料，也表现出一种人们拥有更多财富的明显趋势。在《无事生非》中，贝特丽丝提到培尼狄克戴着"他的信仰，就像他帽子的式样一般，时时刻刻会随着范型（block）起变化的"（第一幕第一场），范型即是制作帽子的模具。

不断增长的物质消费也招致了道德家的谴责，一些人认为这是导致犯罪率大幅上升的原因。葛雷米奥是《驯悍记》中比恩卡的追求者，他非常富有，说道：

> 我在城里有一所房子，
> 陈设着许多金银的器皿，
> 金盆玉壶用来洗她纤纤的嫩手；
> 室内的帷幕都是提尔港的红挂毯；
> 象牙的箱子里满藏着金币，
> 杉木的橱里堆叠着锦单绣被、美衣华服、
> 土耳其珍珠镶嵌的绒垫、金线织成的流苏，
> 以及铜锡家具、一切应用的东西。（第二幕第一场）

正如在莎士比亚的其他戏剧中那样，葛雷米奥也像其他追求者一样被拒绝了，因为他们关注的是自己的财富和财产，而不是他们的性格和个人品质。然而，物质世界产生了重要的文化影响。在许

多商品的制造中，手工艺蓬勃发展。乐器（如鲁特琴）数量的增加，或许确保了器乐开始发挥更突出的作用，尤其是在上流社会。歌曲是要配上音乐的，必须假定人们可以很容易地进行演奏。国内音乐制作是相当普遍的，而宽幅民谣（Broadside Ballads）的兴起则见证了流行音乐的一种新形式。[6] 在《暴风雨》中，作为一种类型极为不同的音乐，游客和观众对普洛斯帕罗所在岛屿的感受被神奇的声音所丰富。

　　书籍是这个新世界的重要组成部分。第一本在英格兰印刷的书籍是 1475 年由卡克斯顿出版的《特洛伊历史故事集》（*The Recuyell [collection] of the Histories of Troy*），莎士比亚的《特洛伊罗斯和克瑞西达》取材于此。与后来的书籍及其他印刷品生产和消费的持续增长相比，早期的开端显得并不太重要。书籍的普及有助于提高识字率，而印刷术在商业上也变得愈发具有吸引力，这是由于在 15 世纪形成了对书籍的强烈需求，同时印刷术用于制作告示等昙花一现的东西——这对政府来说非常重要。印刷术具有重要的宗教和政治意义，尤其是作为宗教改革的一个重要面向，用英语出版《圣经》也为文化生产注入了活力。印刷术最重要的是它的集体功能，尤其是当在教堂里使用《圣经》和《公祷书》的时候。印刷术还提供了一种形成比炫耀性消费和公共仪式展示更加私密和个性化文化的可能性。所有形式的文学都可以很容易地通过印刷物获得，诗歌、戏剧、布道和地图也可以更容易地得到传播。[7]

　　游记作品亦是如此。1579 年马可·波罗游记的一个译本在英格兰出版。这部书被描述为"各种各样的人，尤其是旅行者的必需品"，它提供了很多关于东方的信息：威尼斯人波罗在 13 世纪晚期去过东方，特别是中国。来自拉尔夫·费奇（Ralph Fitch）（1550—1611 年）的叙述则更加丰富。1583 年，这位旅行者到达了葡萄牙人在印度的主要基地果阿；入狱后又被释放；曾前往勃固（缅甸）、马六甲（马来西亚）和科伦坡（斯里兰卡）；1591 年回到英格兰；并在 1599 年出版了他的故事。莎士比亚想必是读过它，因为费奇在 1583 年从伦敦到阿勒颇坐的船是"猛虎"号，而在《麦克白》中，一个女巫给一个水手招来了麻烦："她的丈夫是猛虎号的船长，到阿勒颇去了。"（第一幕第三场）[8] 1598 年，曾住在果阿的荷兰人扬·哈伊根·范·林斯霍滕（Jan Huygen van Linschoten）的《旅行记》（*Itinerario*，1596）被翻译成英文，以《他关于东印度群岛与西印度群岛的航行指南》（*His Discours of Voyages into ye Easte and West Indies*）为标题提供了更多信息。从 1580 年到 1640 年，果阿间接处于西班牙国王的统治之下，因为在通过征服得到继承权之后，西班牙国王在此期间也是葡萄牙的国王。

莎士比亚的戏剧里经常涉及读书的人物。在《无事生非》中，培尼狄克对仆人说："我房间的窗户上有一本书；把它带到果园里给我。"（第三幕第二场）在《第十二夜》中，当走向上层社会的马伏里奥认为奥丽维娅给他的建议是推进"国家大事"时，他决定"阅读政治作家的作品"（第二幕第五场）。作为对出版内容范围的提示，普洛斯帕罗与众不同的知识也被封装在书中。销毁普洛斯帕罗的书既是实际发生的，也象征着其秘密知识的终结：卡列班寻求这种破坏，但遭受了挫败，只有到普洛斯帕罗自己在返回那不勒斯之前才将书淹没。此外，也有其他作家在剧本中提到书籍和阅读，比如弗朗西斯·博蒙特（Francis Beaumont）滑稽的《烧火杆的骑士》（*The Knight of the Burning Pestle*，1607）。[9]

戏剧的发展是那个时代的亮点之一。随着大卫·林赛爵士（David Lyndsay）（约 1490—1555 年）和其他人的作品问世，戏剧在苏格兰发展了起来，但是，其本质上仍是宫廷中的置景。相比之下，在英格兰，公共赞助以及商业市场发展的迫切性和机遇则非常重要。由于巡回剧团的存在，当时以伦敦为中心，整个英格兰皆可观看到戏剧。[10]剧团第一次造访埃文河畔的斯特拉特福是在 1568年，那一年，莎士比亚的父亲担任镇地方长官。在 16 世纪 70 年代和 16 世纪 80 年代初，该地也经常有剧团造访。

在伦敦，专门建造的演出设施补充了在同业工会、旅馆、私人住宅和其他临时场所表演的模式，并借鉴了如文法学校的舞台表演传统——这是学校中人文主义教育的一部分。[11]有一家剧院是自罗马时代以来英格兰第一个专门建造的大型公共剧场，其坐落于伦敦市管辖范围之外的肖尔迪奇区，于 1576 年开业，在租约出现问题后于 1599 年重新组建为环球剧场，可惜其后在 1613 年被烧毁。张伯伦勋爵剧团，后来更名为国王剧团，在这家剧院的两个不同时期都登台演出。成立于 1594 年，这家巡回剧团被证明是一个非常有凝聚力的团体，部分原因是它把剧作家和演员聚拢在一起，其中包括莎士比亚。[12]这便是这位剧作家取得成就的背景。

戏剧在对公众开放的剧院上演，但伦敦地区作为宫廷所在地也很重要，莎士比亚的戏剧经常在宫廷上演——这并不奇怪，因为他是张伯伦勋爵剧团（后来是国王剧团）的主要剧作家。包括《暴风雨》在内的几部戏被认为是在宫廷里首次演出。这一阶段可能包括修改，特别是延长他的剧本；这有助于解释幸存的版本为何长短不一，尤其是通常使用的文本长度与初始剧本的较短版本颇为不同。人们倾向于把莎士比亚看作面向民众的作家和演员，这导致低估了他作为宫廷剧作家的重要性，而这一点在《哈姆莱特》和《仲夏夜之梦》的戏中戏中屡见不鲜，前者将宫廷表演作为宫廷政治的一个面向。[13]宫廷的存在强调了伦敦的各种活力及其在国内的多重角色。

注释

1. J. C. Appleby and P. Dalton (eds.), *Outlaws In Medieval and Early Modern England: Crime, Government and Society, c. 1066-c. 1600* (Farnham, UK, 2009).

2. D. C. Beaver, *Hunting and the Politics of Violence before the English Civil War* (Cambridge, 2008).

3. T. Gray, ed., *The Lost Chronicle of Barnstaple, 1586−1611* (Exeter, 1998).

4. C. Jowitt (ed.), *Pirates? The Politics of Plunder, 1550−1650* (Basingstoke, UK, 2006); J. C. Appleby, *Women and English Piracy, 1540−1720: Partners and Victims of Crime* (Woodbridge, UK, 2013).

5. S. Clegg, *Shakespeare's Reading Audiences: Early Modern Books and Audience Interpretation* (Cambridge, 2017).

6. C. Marsh, " 'The Woman to the Plow; and the Man to the HenRoost' : Wives, Husbands and Best-Selling Ballads in Seventeenth-Century England," *Transactions of the Royal Historical Society* 28 (2018): 65−88.

7. H. B. Hackel, *Reading Material in Early Modern England:Print, Gender, and Literacy* (Cambridge, 2005).

8. M. Edwardes, *Ralph Fitch: Elizabethan in the Indies* (London, 1972).

9. C. Scott, *Shakespeare and the Idea of the Book* (Oxford, 2007).

10. A. Gurr, *The Shakespearian Playing Companies* (Oxford, 1996).

11. A. Lancashire, *London Civic Theatre: City Drama and Pageantry from Roman Times to 1558* (Cambridge, 2002).

12. A. Gurr, *The Shakespeare Company, 1594−1642* (Cambridge, 2004).

13. R. Dutton, *Shakespeare, Court Dramatist* (Oxford, 2016).

三 充满活力的国家

都铎时代（1485—1603年）是英格兰在地理上发生剧烈变化之前的最后一段时期。北美大西洋沿岸的殖民以及由此带来的大西洋经济的重大发展，为英格兰西海岸港口提供了至关重要的机会。尤其是布里斯托尔，英格兰人对北美的探索即是始自于此，后来又转移到了利物浦。[1]

不过，到那时为止，伦敦的地位尚未受到挑战。相反，它在14世纪和15世纪，特别是从1470年开始，在英格兰变得愈加重要，以至于到1500年，作为英格兰关键出口物的羊毛布料有70%都要由这座城市经手。不出所料，布料在伦敦的贸易数据中占据了显著地位。事实证明，所谓的新式织物———一种高质量的轻质精纺布料———在世界市场上的迅速扩张，尤其是向地中海国家的出口尤其为显著。[2]布料出口占据伦敦繁忙码头出口总量的四分之三，这些码头并没有像20世纪后期蒂尔伯里的情况那样被驱赶到下游。事实上，登船是莎士比亚戏剧中经常提到的一个动作。尽管他出生在远离大海的地方，但由于住在伦敦，所以对海上生活的体验非常熟悉。

都铎时代，几乎所有的羊毛贸易和大部分呢绒贸易都掌握在英格兰商人手中——尽管北德意志地区的汉萨商人仍占30%左右，意大利人占15%左右。长期以来，外国势力的介入引发了紧张局势，这种紧张局势在一定程度上反映并加剧了仇外心理（Xenophobia）。1517年，伦敦发生了针对外国居民的可怕的"五一"骚乱。这曾导致外国人逃离英格兰。莎士比亚可能在《托马斯·莫尔爵士》（Sir Thomas More）一剧中扮演过一个角色，该剧描绘了这些骚乱，其中提到了外国难民，"他们将孩子背在背上"，主角谴责暴徒的残忍行为，并警告说，这些暴徒可能会"攻击你"。尽管在布里斯托尔和伦敦肯定居住有一些犹太人，但英格兰官方并没有关于这些人的记录。此外，伦敦也有黑人。《葛莱历史》（Gesta Grayorum）中的忏悔节假面戏是1594年在格雷律师学院（Gray's Inn）上演的圣诞节娱乐节目，以歌颂伊丽莎白和英格兰为那些在国外受到宗教压迫的人提供了庇护，这些人指的是新教徒。

布料的生产和贸易将城市与乡村联系在一起，这是一个长期共享的经营方式，对二者的繁荣都很重要。在莎士比亚的戏剧中，存在着城市与乡村之间的紧张关系，农村的人物通常被认为是粗鲁、粗俗的，但与其他许多国家的情况相比，这种紧张关系并不那么突出。这在很大程度上反映了某种共同利益以及（乡村）与精英阶层的联系，而这是令其他地方所无法企及的。事实上，莎士比亚家族在斯特拉特福和沃里克郡的乡村中都有共同的利益，莎士比亚的父亲在皮革贸易中便获有可观的收入。

在更普遍的意义上，长子继承制（由最年长的儿子继承）是英格兰有产家庭的一种制度模式，它鼓励年幼的儿子从事其他职业，到城镇去寻觅和利用其他机会。此外，土地所有者和城镇精英之间有着长期的婚姻联合，尤其是前者试图从后者的财富中获利。土地所有者的儿子与商人带着嫁妆嫁出女儿的婚姻是长期存在的，并且是一个受到鼓励的过程，因为它在一定程度上使前者没有丧失社会地位，要知道（英格兰）对等级的态度远比欧洲大陆自由。[3]

城镇和乡村之间的差别还没有19世纪那么大。虽然城镇是制造业和贸易的中心，但两者也在农村得到了广泛发展，就像在城镇的围墙内依然有很多园艺市场一样。[4]另外还有城市果园和牧场，后者的牛奶生产特别有价值，因为牛奶不能冷藏、处理或保存，所以很快就会变质。

在莎士比亚的有生之年，英格兰的活力特别反映在人口增长上，这种增长在伦敦及其更广大的地区表现显著。英格兰人口在14世纪明显下降，15世纪停滞不前，但这并非是受玫瑰战争的影响。随后，人口在16世纪大幅增长。在某种程度上，这种增长在英格兰有其特殊性，但更普遍来看，整个世界都是如此。在1801年第一次全国人口普查之前，所有的数字都是近似值，但英格兰和威尔士的人口似乎从1500年的不足250万，增加到1603年的400多万，到1651年增加到约500万。这一变化的影响在因黑死病（1348—1351年）肆虐导致人口急剧减少[5]的一段停滞期之后而显得更加突出，紧随其后的则是另一段停滞期，一直持续到18世纪40年代。16世纪人口的增长主要是由于死亡率的下降，但由于女性平均结婚年龄的小幅下降而导致的生育率上升可能也很重要。莎士比亚和马洛都是婴儿潮一代。

经济增长包括数量（产量增加）和质量（新方法和运输路线）两方面。这两种类型同样重要。一个更加一体化的经济反映了不断增长的人口和城镇市场的需求，以及对内部关税（关税壁垒）的废除，这是英格兰具有的一个显著特征，与法国和西班牙的情况极为不同。在英格兰境内，贸易日益将遥远的地区联系起来。随着国内市场的发展，交通纽带和资本利用率的重要性上升。与此同时，运输——特别是陆路运输的成本和困难，鼓励了货物在目标市场附近进行生产，而大规模生产的缺乏进一步加剧了这种情况，同时削弱了经济一体化。农产品加工——谷物、肉类、羊毛、木材、兽皮、啤酒花——是整个英格兰工业的核心。因此，英格兰的乡村遍布着啤酒厂（以及饮酒的啤酒屋）和磨坊。

随着农业和工业生产的发展，消费也随之增加，但同时，社会压力和相关的焦虑也在一定程度上加剧，这在一种极为不同的背景下预示了英格兰更为晚近的一些生活元素。社会张力在莎士比亚戏剧中得到了强烈呼应，其不仅在理论上属于同时代的，而且在英格兰历史剧和罗马历史剧对社会紧张局势的描述中也有体现，比如《科利奥兰纳斯》。莎士比亚时代的英格兰见证过农民起义以及贵族阴谋，并且时常焦虑不安甚或处于焦虑的边缘。

农　业

在全国范围内，农业的发展表现出了明显活力，既养活了不断增长的人口，又为工业提供了原材料，特别是羊毛。莎士比亚的戏剧表现出对农业生活的熟稔。在《维洛那二绅士》中，普洛丢斯和史比特在第一幕里的文字游戏提到绿帽子，比如有角的羊（绿帽子的象征），但也提到了羊有走失的倾向和它们对饲料的需求："羊为了吃草跟随牧羊人。"其后，裴丽亚讽刺地说狐狸成为"羊的牧羊人"（第四幕第四场）。

农业的发展既带来了繁荣，也带来了就业，实际上两者都有显著提升，但是，正如第八章将要讨论的那样，它们带来的利益几乎没有被平均分配。更多的消费鼓励了价格上涨，但这并没有带来相应的工资上涨，由于人口增长，更多的潜在工人竞争现有的工作。此外，失业和就业不足使工资率保持在较低水平，这一情况由于缺乏集体谈判机制而加剧，更遑论会有最低工资的概念了。食品价格的上涨使土地所有者能够提高租金，但不拥有土地的劳动者却没有得到相应的好处。畜牧农业需要的劳动力比耕作农业少，因此，人们经常抱怨牧羊业：人们常说羊吃人，因为羊剥夺了人的工作。

圈地加剧了利益的悬殊对比，它将土地所有权重组为不同的私人所有，实际上是用个人取代了集体。尽管托马斯·莫尔爵士在其《乌托邦》（1516年）中批评这种做法具有社会破坏性，并对盗窃等问题负有责任，但地主和富裕的农民群体助推了圈地及其影响，后者促进了自耕农[1]（yeomanry）在财富和社会地位上的崛起。圈地通常导致公地的减少或终结，公共农田（特别是在大片开阔土地上）为无地者提供了一个为个人收益而耕种的地方，或者饲养动物。作为社会、经济和政治分化的产物和面向，这片土地的丧失影响了他们的生活水平，并导致了许多怨恨。圈地既是一个社会过程，也是一个经济过程。它反映了家长制的式微和对利润的追求，这对穷人造成了打击，特别是如果这种重组的设计——就像它经常做的那样——进一步将耕地转为畜牧农业（特别是养羊），从而减少对劳动力的需求，将人们从土地上赶走。

土地调查是地主控制和主导变革的一个方面，这种所谓"改进"与习俗相冲突，随着农村经济的改变，农村社会也随之被重塑。在康沃尔公爵领土地调查员、活跃的地图绘制者约翰·诺顿（John Norden）的《调查员对话录》（*The Surveyor's Dialogue*，

---

[1] 英国农村资本主义确立前的中坚社会阶层，是15世纪封建土地所有制解体过程中形成的享有人身自由、拥有并耕种自己土地的农民。

1618）中，调查员对经济变化提出了包容性的观点——"调查对领主和佃户都是必要的，而且是有利可图的"，但却遇到了农民的声讨，"你经常是人们失去土地的原因"。调查员反驳道："做了亏心事的人才见不得光……不做亏心事不怕鬼叫门。"——这句话几乎没人相信。与调查相反，"估计英亩数"（the estimated acre）这个概念，也就是民间的测量，通常是教区老人的专利，因为他们还记得从前的土地分配方式。这种差异强调了口头（庶民）传统和文字（精英）传统之间的紧张关系，凸显了经济变革的压力。[7]另一位调查员爱德华·沃索普（Edward Worsop）在《土地调查中的各种错误》（*Sundry Errors Committed by Land Meters*，1582）中指出："在对他们的土地进行调查时，大多数普通人都非常害怕。"这种情况反映了人们对经济变化的不安，尤其是对将耕地转变为养羊的牧场的不安，这是追求利润的一个关键例子，就像声称羊吃人一样，作为一个整体也被谴责。[8]

圈地暴乱频发，尤其是在16世纪90年代至17世纪的英格兰中部地区，比如牛津郡。在1607年的米德兰起义中，北安普敦郡、莱斯特郡和沃里克郡的一千多名暴徒被当地贵族镇压，五十多名暴徒被杀，包括头目。其中为首的一个叫"口袋船长"，即修补匠约翰·雷诺兹，他声称自己拥有上帝和国王赋予的权力，可以摧毁圈地，在他的口袋里有保护其追随者免受伤害的手段。米德兰是一个经常因圈地发生骚乱的地区，但其他地方也存在此类骚乱。1624年，在多塞特郡的奥斯明顿，新扎的树篱被拆除，地主的雕像被推倒，这表明骚乱者不愿处于社会从属地位。经济压力消解了顺从和家长制。《李尔王》和《科利奥兰纳斯》呼应了圈地运动引发的一些问题。

在英格兰社会，随着人们对利益的推崇与捍卫，使得除了暴力之外，诉讼也变得更为普遍。诉讼的焦点是债务和合同，这是信贷大规模扩张的体现，而信贷扩张对经济增长是非常必要的。两者的实践和语言在莎士比亚戏剧中反复出现，就像它们在那个时期的通信中一样。[9] 对誓言和承诺的强调反映了契约的重要性。

法律并不总是支持最有权势的人。例如，1621 年，地主对坎布里亚郡传统佃户权利的侵犯引发了一场重要的公众集会，会议决定抵制这种侵犯。1622 年，詹姆斯一世写信给卡莱尔主教，抱怨"骚动和邪恶的人，非法集会……还有煽动性诽谤"。一群坎布里亚领主在星室法庭[1] 起诉了佃户，但最终，组织有序、领导得力的佃户的合法抵抗削弱了来自领主的攻击，法官判决支持传统权利。如果治安法官（大多是地主）在实践中不重视公平正义，无视法律，他们可能会在巡回审判或在枢密院中麻烦缠身。同时，穷人要获得这些机构的关注殊为不易，而最容易让治安法官秉持公平正义的方法是让其他精英成员批评他们，这一过程受到派系或宗教紧张局势的推动。

虽然精英阶层害怕食物和圈地骚乱，莎士比亚的作品也反映了这种恐惧，但伊丽莎白治下并没有发生像 1549 年爱德华六世统治时期那样的社会大动荡。穷人没有发起任何革命，相反，是官方和社会对弱势群体施加了持续的压力。这些约束反映并维持了社会规范和权力分配，包括禁止未婚先孕和非婚生子的措施，坚持（与民间习俗相反）正式的教堂婚礼是有效婚姻的唯一来源，以及在一些教区试图阻止穷人结婚和生育。非婚生子在道德上被认为是不可接受的，而且很可能给富裕教区居民支付的济贫税带来负担。教会执

---

[1] 拥有较大刑事和民事审判权的英国特权法庭。其特征是没有陪审团在场，采用询问制审判。因以前设在威斯敏斯特宫内一屋顶上有星座装饰图案的房间内而得名。

事向教会法庭提交各种各样的道德犯罪行为（正式报告），包括通奸和在教堂做礼拜时卖酒；然而，都铎王朝将一些"道德"罪行（特别是鸡奸）从教会法庭转入刑法之中。平信徒对宗教的奉行被视为道德的核心。

强制执行教会惩罚措施凸显了社会权力的性质和基督教惩罚的公共性质。这种强制执行反映了一种意识，即宗教和道德不是彼此分开的，也都不是与世俗生活相分离的，更不是个人自由意志可以发挥作用的领域。16世纪90年代，在多塞特郡的温伯恩明斯特小镇（现在是一个令人愉快的地方），一份诉状中出现了"寡妇桑德斯"，因为她把"一个年轻人留在家里"（违反了公共礼仪），还有两个男人明显无视宗教信仰的要求：威廉·卢卡斯"在侍奉上帝的时候拉小提琴"，克里斯托弗·塞勒"在布道的时候坐在火炉旁，当我们问他是否会去教堂时，他说他愿意（喜欢）就去"。在《李尔王》中，"可恶的教吏"鞭打妓女（第四幕第六场）。

治安法官与警官（constables）维持着与教会法庭平行的司法权，这种司法权是通过体罚来强制执行的。各个教区都有自己的拘留处（通过公开的、露天的拘留来惩罚）和鞭笞柱。在实践中，大多数犯罪是小偷小摸，而大多数小偷小摸是穷人（人数最多的群体）从穷人那里偷东西。当然，也有对富人的盗窃，尤其是以偷猎的形式。这是一种广泛存在的做法，反映了社会主从关系的局限性以及存在于社会中的低等级上的暴力程度，偷猎同时也可能发生于贵族派别之争以及年轻人的成人礼。据说，年少的莎士比亚因偷猎而被带到托马斯·路西爵士（Thomas Lucy）（1553—1600年）位于沃里克郡查莱克特的厅堂里，在爵士面前接受审讯。后来，他在《亨利四世下篇》中通过法官"狭陋"一角讽刺路西，在《温莎的风流娘儿们》中的讽刺意味则更加明显。没有现存的法律记录可证明或反驳莎士比亚偷猎的故事，这个故事最早记录于17世纪晚期——许多关于莎士比亚的故事都是在这个时期开始流传下来的。据说，莎士比亚是在路西的命令下被鞭打的。1572年，伊丽莎白一世曾造访过查莱克特，当时路西还是下议院议员。他是一名活跃的新教徒，在16世纪80年代早期，他在沃里克郡逮捕过天主教徒，其中包括与莎士比亚有亲戚关系的阿登家族成员。

　　1485年和1604年的《狩猎法案》对司法程序而言极其重要，通过该法案，狩猎在法律上得到了界定，并在社会层面上被隔离。[10]偷猎的反面是富人的合法狩猎，正如前一章所提到的，莎士比亚在戏剧中经常提到狩猎。在偷猎问题上，正如在其他问题上一样，法律的实施对富人非常有利。如同莎士比亚在《李尔王》中生动有力地展示的那样，穷人很少有机会获得正义，而且也不会被特殊对待：

> 褴褛的衣衫遮不住小小的过失；
>
> 披上锦袍裘服，便可以隐匿一切。
>
> 给罪恶贴了金，法律的枪就无效而断；
>
> 把它用破布裹起来，一根侏儒的稻草就可以戳破它。
>
> （第四幕第六场）

　　同样，剧作家托马斯·德克尔在其明晰的小册子《为军械制造师工作》（*Work for Armourers*，1609）中，谴责了圈地和对待穷人的方式。事实上，破布，便是穷人的衣服。

　　与此形成鲜明对比的是，地主的财富在这一时期的新宅邸中留下了大量遗产，这些宅邸为旅行者亲眼所见，其中许多在今天仍可看到。[11]它们不像从前那样附带城堡或护城河，因为防御工事已无必要，而且也不受欢迎。从15世纪70年代开始，一些城堡便被废弃，自1485年都铎王朝建立后，有更多城堡被弃之不用。由于数十年来缺乏维护，邓斯坦伯勒堡的大部在1538年已被毁，邓斯特城堡在1542年亦是如此。一项调查发现，1597年，墨尔本城堡被用作圈养擅自闯入的牛群的场所。在17世纪头十年，该城堡也同早前因宗教改革而被拆毁的修道院一样被拆卸，石料另作他用。约翰·斯皮德（John Speed）在1610年这样描述北安普敦城堡："裂缝每天都对城墙构成威胁。"1617年，当詹姆斯一世造访沃克沃斯城堡时，他在大多数房间里发现了绵羊和山羊。曾经是霍华德家族在苏塞克斯的一大据点的布兰伯城堡，也已成为一片废墟。16世纪英格兰建造的重要堡垒旨在用于边境防御，尤其是贝里克和南海岸的堡垒，而不是用来发动或抵抗叛乱的。

16世纪30年代和40年代早期，随着修道院的解散，土地市场迅速扩张，在莎士比亚可能设计策划并参与部分写作的《法弗舍姆的阿登》（1592年）中，位于法弗舍姆的修道院土地被非法圈占是情节的关键特征，这是根据1551年肯特郡发生的一起谋杀案改编的。解散修道院也为建筑业提供了重要契机——不仅仅提供了场地，可对修道院建筑予以改造，而且还提供了石头和石板等建筑材料。人们对地位的追求是一个核心驱动力，莎士比亚在喜剧和悲剧中都反复提到这一点。1611年，詹姆斯一世利用了这一渴望，以每人1095英镑的价格，授予200位身世良好的绅士"从男爵"（baronet）头衔，作为筹集资金的一种方式。这是唯一一个不属于贵族头衔的世袭荣誉。德比郡的哈德威克宫是这一时期最辉煌的新宅邸之一，被同时代人形容为"玻璃比墙多"。它建于1590—1597年，是为哈德威克的贝丝（约1527—1608年）建造的，她的四次婚姻使其社会地位得以提升，并于1568年成为什鲁斯伯里伯爵夫人，几乎可以肯定的是，该建筑由罗伯特·史密森（Robert Smythson）设计。作为一名杰出的建筑师，他在很大程度负责了朗利特庄园，并可能参与了查斯尔顿庄园的建造。如哈德威克宫这样的"广厦"，是着眼于王室巡游而建造的，正如《无事生非》中唐·彼德罗的宅邸那样，并且在布局上反映了来访宫廷人士的需要。具有讽刺意味的是，伊丽莎白一世自己并没有兴建任何重要的建筑物，不过许多英国君主也是如此，包括乔治三世（1760—1820年在位）。[12]

　　萨默塞特郡的蒙塔库特庄园是保存最完好的伊丽莎白时代的宅邸之一，如果一个人的知识储备足够丰富，便可从该建筑中体味出许多历史况味。它的历史更具普遍性地反映了社会变革及其与政府和政治的关系。这座宅邸建于16世纪90年代，是为爱德华·菲利普斯爵士建造的，此人是一位成功的律师和下议会议员，房子就建在附近修道院解散后由国王出售的土地上。这是更广泛的社会阶层向上流动过程的一部分，其主体是乡绅、自耕农和商人，[13]菲利普斯一家可谓是"新贵"。爱德华·菲利普斯的第一个可确认的祖先是他的曾祖父托马斯，他于15世纪60年代为布鲁克家族服务，从自耕农跃升为乡绅。托马斯的儿子理查成为王室官员和下议会议员，曾担任格雷家族的土地总调查师，并在任中幸免于敲诈勒索和压迫格雷家族佃户的指控。然而，理查发现，他作为普尔港海关承租人的账目很难让财政部满意。理查的儿子托马斯曾卷入过一次越狱，但此后他作为公职人员和下议会议员却走上了仕途。

　　能力、不正当的手段以及社会关系对菲利普斯家族而言都是至关重要的。通过这些手段，他们像其他在政府、商业或法律界取得成功的家族一样，寻求建立一种向上跃迁的地位。这些人并不是靠羊背上的（赚来的）钱来建造他们的大房子，这与同一时期的其他新兴家族一样，譬如北安普敦郡奥尔索普的斯宾塞家族，或是沃尔特·琼斯，此人是一个成功的羊毛商人，他买下了查斯尔顿庄园，并在1610—1612年间建造了查斯尔顿宅邸。这些宅邸的富丽堂皇一再显示着主人的地位。在蒙塔库特，纹章图案的彩绘玻璃、精美的屏风和橡木镶板装饰着大厅，而纹章图案的玻璃、华丽的石膏饰带和天花板装饰着内庭。

除了新建的豪宅之外，还有对宅邸的扩建。例如，肯特郡的诺尔（Knole）本已富丽堂皇，又在17世纪由第一代多塞特伯爵托马斯·萨克维尔（Thomas Sackville）（1536—1608年）予以大力扩建。他在16世纪60年代曾是一位诗人和剧作家。在担任财政大臣（1599—1608年）期间（公职通常是私人巨额收入的来源），他通过出售木材制作木炭，为重要的威尔登制铁厂提供燃料，并向房屋建筑商和造船商出售木材来赚钱。肯特的木材对满足伦敦的需求甚为重要。

此外，从那个时期至今，还有一些朴素但仍令人印象深刻的乡村别墅幸存下来。比如萨福克郡的梅尔福德庄园、本索尔庄园和什罗普郡的怀尔德霍普庄园（我停留在那里时，那里是一个冰冷的青年旅舍，没有主电线，也没有排污系统），以及现在被东伦敦一个住宅区包围的伊斯特伯里庄园。这些房屋反映出这一时期乡绅数量的增加。乡绅得益于他们接受教育的机会和其被低估的税收，以及他们在法律和当时农业和工业扩张中的核心作用。

很多这类型的都铎式房屋都是木制结构，用紧密的铆钉组织起来。其室内布局反映了"私人"和"公共"空间之间日益明显的分隔。这种划分在莎士比亚的戏剧中极为常见，它们皆利用了舞台后面的凹室。这个凹室可用窗帘隔开，从而提供在舞台上躲藏和监视的机会，因此而呈现出可能对情节发展至为重要的"发现"。凹室也可被当作一间卧室。木结构建筑在城镇和农村皆为常有之物。环球剧院本身便是半木结构建筑。

除了富有的土地拥有者的宅邸外，还有越来越多自耕农、商人、已婚神职人员和律师的房子。烟囱和窗户上的玻璃都使房屋发生了巨大改变，而玻璃窗有助于人们进行阅读。财产清单显示，大量的锡镴制品和家具是财富甚或奢侈品更广泛传播的明证。[14] 在《暴风雨》中，出于卡列班的合理想法，他的盟友斯蒂番诺和屈林鸠罗，试图攻击普洛斯帕罗，却被他们试穿的普洛斯帕罗的衣服分散了注意力（第四幕第一场）。在《错误的喜剧》中，以弗所的安提福勒斯从金匠安杰洛那里为他的妻子阿德里安娜订购了一条金链，这条金链在情节中起了关键作用：安提福勒斯被锁在房子外面，决定把它交给妓女，结果安杰洛错误地把它交给了锡拉库扎的安提福勒斯。这条金链是舞台财产的一个例证，对戏剧而言甚为重要，它与普遍"光秃秃的"的舞台形成了对比。

工　业

湍急的河流提供了水力，而磨坊里的水车利用了水力，水力的重要性使得许多工厂都设在农村。例如，大约在1584年，皇家矿业公司在南威尔士的内斯附近建造了第一座铜冶炼厂，依靠的便是阿伯杜莱斯瀑布产生的动力。来自康沃尔的铜被运往南威尔士，从而形成了布里斯托尔海峡综合性海洋经济的一个面向。1494年以来的水力鼓风炉和17世纪20年代以来的滚切机使炼铁变得更加容易。在伦敦南部的威尔德地区，包括卢德肖特和肖特米尔一带，仍然可以看到16世纪的锤击池——即人造的、为锤击锻铁提供水力的泉水池。在《暴风雨》中，普洛斯帕罗把爱丽儿称为"像水车轮拍水那样急速地、不断地发出你的呻吟来"（第一幕第二场）——
换句话说，即是入水。

乡村远不是一首田园牧歌，特别是基于圈地和通货膨胀带来的
压力，就更无此说了。事实上，这样的描写是很多莎士比亚戏剧浪
漫特性的一部分，比如《仲夏夜之梦》。更现实的情况是，英格兰
全国各地的磨坊都很看重水力和风力提供动力。当然也有特定的集
中供力的场所。旺德尔河（Wandle）便是泰晤士河在伦敦附近的一
条支流，是为城市服务的水力磨谷中心。

木材和煤炭是另外几种主要的能源，后者在开采和使用方面的
显著增长，导致人们将这一时期视作"长工业革命"的一部分，即
在18和19世纪更著名的工业革命大发展之前，人类的生产能力无
论在质量抑或数量发展方面很长的一段序曲。[15]煤炭产量在16世
纪有所上升，在17世纪则更加显著。其主要产区是英格兰东北部。
至1625年，从泰恩河——尤其是纽卡斯尔——运出的煤炭数量上
升到40万吨。当苏格兰人在1644年攻入英格兰时，他们的目标之
一是占领东北部，从而确保他们在伦敦的议会盟友的煤炭供应。家
用供暖是煤炭的主要用途，尤其是在伦敦，但制造业对煤炭的使用
也在增加。例如，到1700年，煤是制糖、酿造、煮盐、制皂和制
砖的主要燃料。得益于当地的煤炭供应，纽卡斯尔生产了17世纪
全英格兰40%的玻璃。

兰开夏郡、威尔士和苏格兰中部的煤炭产量也有所增加，不过
这些地区的煤炭无法运往伦敦和东盎格利亚。地主们追寻着利润。
为了寻找煤炭，第六代德比伯爵威廉于1602年下令调查他在诺斯
利公园的兰开斯特家族地产，理查德·莫利纽克斯爵士则于1610
年也在附近采取了类似措施。

虽然煤炭减少了对木材的依赖，但到那时为止，木材仍然比煤

炭重要得多。莎士比亚戏剧频繁提到火，人们可以从中看出木材的重要性。在《暴风雨》中，卡列班和费迪南德——这位成为"辛苦的运木的工人"的王子（第三幕第一场），都必须为普洛斯帕罗带来木材，而这是一项繁重的任务。不断增长的人口和不断扩大的工业对木材的使用，使得包括木柴在内的木材价格高于通货膨胀。与此同时，政府还担心造船所需的木材供应，尤其是海军所需的木材供应。1543 年的《森林法》(Statute of Woods) 在 1570 年得到加强，目的便在于保护木材供应。此外，炼铁对木材的需求也是一个问题，1558 年通过了一项法案，"禁止砍伐木材以制造烧铁用的煤"。1581 年，一项"涉及伦敦城和泰晤士河附近铁厂的法案"又强化了这一点。这种关注导致阿瑟·斯坦迪什（ Arthur Standish ）写出了《解决普遍抱怨的木材和木柴种植问题的新方向》(*New Directions of Experience to the Commons Complaint for the Planting of Timber and Firewood*)。这本书于 1613 年出版，1615 年又出了第二版，其中的序言包括詹姆斯一世的一份王室文告，表明他是种植和栽培树木的支持者。斯坦迪什家住剑桥郡或南林肯郡。

詹姆斯一世出现在本书的很多地方（如在第一章关于巫术的部分中），这提醒我们，每个人都有一系列的角色和不同的观点。例如，伊丽莎白可以统治者的身份出现，她通过重新铸币来表明自己对货币改革的赞同，并在 1561 年造访了王室铸币厂，[16] 且做过许多诸如此类的举动。这提供了一种适切的方式来思考莎士比亚和他的世界。环境的诸多方面——包括人类的和自然的——也是如此。因此，这里讨论的对林地的反应与第一章的考虑是不同的，在第一章中，林地是黑暗的来源，是神秘、不安和强盗的掩护。

同样地，经济的活力也带来了一系列后果。个人对总体趋势的体验千差万别，而且人生不同阶段之间的差异也会使体验产生进一步的变化，莎士比亚也注意到了这种差异。他和其他剧作家捕捉到了这些现实，就像捕捉到经济增长带来的普遍喧嚣一样。

注释

1. J. Black, *Geographies of an Imperial Power: The British World, 1688–1815* (Bloomington, IN, 2018).

2. N. Harte, *The New Draperies in the Low Countries and England, 1300–1800* (Oxford, 1997).

3. L. Stone and J. C. F. Stone, *An Open Elite? England, 1540–1880* (Oxford, 1984)

4. P. Clark and P. Slack, *English Towns in Transition, 1500–1700* (London, 1976); P. Clark, ed., *Cambridge Urban History of Britain, vol. 2, 1540–1840* (Cambridge, 2000).

5. B. M. S. Campbell, *The Great Transition: Climate, Disease and Society in the Late Medieval World* (Cambridge, 2016).

6. P. Clark, *The English Alehouse: A Social History* (London, 1983); M. Hailwood, *Alehouses and Good Fellowship in Early Modern England* (Woodbridge, UK, 2016).

7. J. Norden, *The Surveyor's Dialogue*, ed. Mark Netzloff (Abingdon, UK 2010).

8. R. Hoyle, ed., *Custom, Improvement and the Landscape in Early Modern Britain* (Farnham, UK, 2011); M. A. R. Cooper, "Edward Worsop; from The Black Art and *Sundrie Errours* to *True Geometricall Demonstration*," http://dx.doi.org/10.1179/sre.1993.32.248.67.

9. G. West, "A Glossary to the Language of Debt at the Climax of 1 Henry IV," *Notes and Queries* 234 (1989): 323–24.

10. R. B. Manning, *Hunters and Poachers: A Cultural and Social History of Unlawful Hunting in England, 1485–1640* (Oxford, 1993).

11. C. Platt, *The Great Rebuilding of Tudor and Stuart England: Revolutions in Architectural Taste* (London, 1994).

12. G. W. Bernard, *Power and Politics in Tudor England* (Aldershot, UK, 2000), 175–90.

13. A. T. Brown, *Rural Society and Economic Change in County Durham: Recession and Recovery, c. 1400–1640* (Woodbridge, UK, 2015).

14. L. L. Peck, *Consuming Splendor: Society and Culture in Seventeenth Century England* (Cambridge, 2005).

15. A. Green and B. Crosbie, *Economy and Culture in North-East England,* 1500–1800 (Woodbridge, UK, 2017).

16. J. Bishop, "Currency, Conversation, and Control: Politics Discourse and the Coinage in Mid-Tudor England," *English Historical Review* 131 (2016): 791.

四　伦敦

吾王陛下，

您就像四面被海洋包围的这个岛屿，

或由仙女们簇拥着的月神，

在伦敦安居、等我们回来吧。

——华列克伯爵，"造王者"理查德，承诺亨利六世

会安然无恙，《亨利六世下篇》（第四幕第八场）

无论15、16世纪的政治和宗教危机如何变幻，伦敦始终保持并强化了其作为英格兰主要城市的地位。这种领导地位涉及治理、政治与经济等领域，且事关每个领域的诸多方面。权力和贸易都集中在伦敦，它们以一种共生关系发展起来，将资本与国家联系在一起。

正如1559年的匿名"铜版地图"（Copperplate map）所清楚显示的，乡村起始于伦敦外围。该图描绘了城墙外的建筑，包括沿着主教门街向北直线延伸的地带，但总体印象是迅速转向了乡村活动，并伴有对田野和动物的描绘。城墙外的其他活动还包括晾晒或漂白布料，市民们练习射箭——这是保护国家和城市的公民义务之一部分。然而，在伦敦和其他地方，围墙外的许多住宅实际都是棚

屋，约翰·斯托（John Stow）曾批评过这种"简陋的小屋"；这些通常为临时性的住所往往不会被展现，因为它们被认为无关紧要，不值得示人。这是地图既能起到再现也能发挥误导作用的一种体现。在郊外，可以发现被视为污染的工业生产过程，如制砖、酿造和制革，以及如屠宰这类的食品加工程序。

伦敦对其腹地的影响是英格兰日益一体化的一个面向，[1]它在允许区域专业发展的同时，也鼓励劳动力流动，而其消极面则是流浪。莎士比亚本人是一个来自农村的移居者，在他后来的职业生涯中，他住在一个胡格诺派（法国新教）家庭，这是来自国外移民人口的一部分。伦敦的影响力在一定程度上是由为城市及其居民提供支持的需求特点所展现。[2]新鲜食品的易腐性与交通问题相互叠加，使得园艺市场就集中在伦敦附近，例如在伦敦西部的圣马丁菲尔德（St. Martin's Field）。牧场也位于城市附近，以提供牛奶，并为沿着车道被赶到伦敦屠宰的动物提供饲养地。这通常是长距离的运输，例如，从诺福克运来火鸡，从西部乡村和威尔士运来牛。17世纪在考文特花园（Covent Garden）修建的广场就建在"大牧场"上，动物们经过长途跋涉后在这里被养肥，继而被宰杀。

位于伦敦东南地区的市场尤为重要。谷物从肯特、桑威奇（通过陆路和海路）以及东盎格利亚被运到伦敦。结果，在16世纪90年代的歉收时期，为供应伦敦而导致了其他地方的食物短缺，这加剧了社会不满。然而，这种不满情绪在伦敦以外的政治意义远不及在伦敦内部。增强经济一体化的后果不仅包括这种粮食流动，而且还包括采取措施放宽贸易和旅行，例如建立许多客栈——特别是在集镇和交通枢纽上。[3]

与莎翁之前的世纪相比，我们可以更容易、更清楚地看出莎士比亚时代伦敦的社会面貌。[4]幸存下来的无论是私人还是国家的记录都更为丰富。这要归功于印刷术以及识字率和人口的显著增长，同时还包括更广泛的治理活动，以及亨利八世（1509—1547年在位）主导下的亨利改革（Henrician Reformation）对教会的有效国有化。教区登记簿和教会执事的账目有助于提供人口数据。与15世纪相比，那一时期保留下来的建筑更多，既包括教堂，也包括更多如学校这类的世俗建筑。

在这座城市的生活和面貌中，贸易居于核心位置。伦敦商人冒险家公司（Company of Merchant Adventures of London）在英格兰商业扩张中扮演了非常重要的角色，它发展了贸易，继而垄断了呢绒的出口，这种垄断一直到了1689年，并用所得资金购买了大量进口物品。亚麻布、铁、大麻和蜡等产品都是大宗进口商品，并辅以一系列令人眼花缭乱的轻工业产品，尤其是来自低地国家（现代比利时和荷兰）的产品，包括铁锅、书籍、眼镜和制布工具。欧洲大陆的工厂和工人在伦敦找到了现成的市场。伦敦的经济增长带来了极大的繁荣，增加了富裕市民的数量，从而深刻影响了当地市场的性质。财富保证了伦敦在支出和信贷方面的主导地位，这些支出和信贷对伦敦戏剧界的经营也很重要。5

伦敦在国民经济中日益增强的作用，得益于其与安特卫普开展贸易的绝佳位置，从伦敦很容易通过北海南部的海路到达那里。现在位于比利时的安特卫普，当时是低地国家的主要港口，实际上也是北欧的主要港口，是北欧和西欧开展贸易和金融活动的关键站点。然而，安特卫普的命运受到16世纪60年代在低地国家爆发的宗教战争（即尼德兰起义[1]）的极大影响，尤其是受到1585年西班

---

[1] 指16世纪末到17世纪初，尼德兰地区反抗西班牙哈布斯堡王朝统治的一系列冲突，最终导致荷兰共和国建立。

牙人发动的漫长且最终成功的围攻的打击。

就短期而言，安特卫普的经济困境有利于阿姆斯特丹的崛起，这座城市地处北海南部，从伦敦的角度来看，其贸易位置亦属上佳。而伦敦是长期的受益者，它的人口在1550年尚且落后于安特卫普，但到1600年则已超越之。在伊丽莎白统治时期，许多来到伦敦的外国移民来自低地国家讲法语的瓦隆省，例如根特和布鲁日等城市。他们因在尼德兰起义中受到镇压而移居，这预示着17世纪后期法国胡格诺派（新教徒）的大规模移民，而胡格诺派早在16世纪后期面对法国宗教战争做出了移民的选择。来自欧洲大陆的移民在奢侈品贸易中尤为活跃，特别是在法国移民所擅长的丝织业。[6]

就对外贸易而言，伦敦的地理位置也颇为不错，可以与斯堪的纳维亚半岛、伊比利亚半岛（西班牙和葡萄牙）、地中海进行贸易，地中海的主要港口包括意大利的威尼斯、热那亚、里窝那/利沃诺、那不勒斯和墨西拿，小亚细亚的士麦那（但不包括以弗所）以及更广阔的世界。此外，考虑到商业涉及转运的程度，即货物从一个贸易区域转移到另一个贸易区域（利润便来自这种中介角色），伦敦也受益于它在服务南北贸易（波罗的海和地中海）方面发挥重要作用的能力。随着伦敦在英格兰国际贸易中业已强大的主导地位的增强，它变得极为繁荣，贡献了1541—1542年间增加的津贴（税收）总额的24%，这一地位可与17世纪荷兰共和国的阿姆斯特丹相媲美。

人口的持续增长为英格兰经济提供了更多的生产者和消费者。伦敦作为经济活动组织中心的角色也是如此：经济增长为商业企业提供的机会，使伦敦对整个英格兰的经济至为重要，其地位愈发显著。1567年托马斯·格雷沙姆爵士（Thomas Gresham）仿效安特卫普交易所（Antwerp's Exchange），开设了皇家交易所（Royal Exchange），以彰显贸易的主导地位。此举受到托马斯·海伍德（Thomas Heywood）的戏剧《如果你不认识我，你就不认识任何人》（*If You Know Not Me You Know Nobody*，1605）的称赞。凭借其办公场所、柱廊、庭院和商店，这个交易所成为企业的中心，它的成功导致罗伯特·塞西尔（Robert Cecil）——1605年成为索尔兹伯里伯爵和首席大臣，1596年至1612年出任国务大臣，1598年至1612年担任掌玺大臣，1608年至1612年担任财政大臣——于1609年在斯特兰开设了与之竞争的新交易所。该建筑是由伊尼戈·琼斯操刀设计的。

在商业增长和发展的背景下，人们对贸易的强调与无所不包的物质主义有关，这一点在对伦敦和其他城市商人与商业相关人士的描述中尤为突出，当然，他们在市政治理和慈善事业中也发挥了关键作用。此外，贸易和利润也可以被搬上舞台，莎士比亚的《威尼斯商人》是最有力的例证。[7]这部剧与法律有关，使得"the pound of flesh"（一磅肉）成为英语中一个经久不衰的习语，人们在许多作品中都能看到，比如2016年的美国电影《会计师》（*The Accountant*），尽管它的名字如此，但却是一部惊悚片。

商业纠纷对伦敦作为英格兰法律中心的地位而言也至关重要。这在很大程度上以普通法形式提供了一种国家例外论，莎士比亚戏剧的一部分观众就是由律师群体组成。事实上，伦敦律师学院有着悠久的戏剧表演传统，包括1594年在格雷律师学院大厅上演过《错误的喜剧》。学院是重要的教育中心，对于土地精英的儿子来说更是如此，年长的儿子都意识到他们未来的角色是地主和治安法官，而年幼的儿子则要寻求法律职业。许多观众也可能是诉讼当事人或受到诉讼的威胁。在《哈姆莱特》中，律师遭受了来自不同方面的批评，而在《亨利六世中篇》中，尽管对危险的、实际上是凶残的煽动家杰克·凯德的批评大大削弱了其效力，但律师确实遭到了更多批评。

法律在莎士比亚的戏剧中非常重要（在其他剧作家的戏剧中亦是如此），同时，法律语言在莎士比亚的戏剧和十四行诗中都意义重大。[8]法律程序在众多戏剧中发挥了作用，尤其是《威尼斯商人》和《量罪记》。在这两个案例中，剧作家将情节设定在国外，确保了即使戏剧主要聚焦了法律和正义问题，也无须遵循英格兰的法律程序。在《奥瑟罗》等其他戏剧中，尽管奥瑟罗通过自杀逃脱了法律的审判，但法律仍然作为结果的一部分发挥了作用，这在对伊阿古的处理上也得到了体现。非正式的法律程序在其他戏剧中也扮演了角色，尤其是在《哈姆莱特》《奥瑟罗》《冬天的故事》和《亨利八世》中。此外，从某种意义上说，许多戏剧都是对人物角色的审判，尤其是《麦克白》和《哈姆莱特》中的克劳狄斯（以及在不同意义上，哈姆莱特）。这些角色审判将宗教主题和法律语言结合在一起，而所展示的法律程序则可能涉及宗教语言。

莎士比亚对修辞学的兴趣在于，他的剧中人物需要陈述案例。修辞学属于技巧范畴，它借鉴了古典模式，是在律师学院发展起来的，人们在那里进行口头练习进而形成一种具有戏剧特征的结构化语言。[9]戏剧在一定程度上可说是行动的修辞。

除了商业之外，莎士比亚笔下的伦敦还是一个重要的制造业中心，这种情形一直延续至20世纪后期，但现在已经不复原来光景。城市的景观、声音和气味都反映出这种制造业景象；而且观众对特定的行业及其活动、特征（例如所谓裁缝的好色）、等级制度和存在的问题都非常熟悉。这些产品的主要市场是城市本身庞大且不断增长的人口，因为伦敦是英格兰最大的服装、鞋子和其他商品的市场。当然，伦敦制造的商品也在英格兰各地及国外流通。

这是一个不断争取新机会的过程，是一种着眼于当下的趋势。1580年，荷兰工程师彼得·莫里斯（Peter Morice）设计的水泵（或称"强力器"）的动力和效率给市政当局留下了深刻印象，因而获准在伦敦桥北部的一个拱门下安装一部卜射式水车。它被用来将淡水泵入伦敦肉类市场的管道，这项任务反映出供水对这座不断发展的城市是多么不可或缺。在后来数年间，人们又安装了更多的转轮装置，其中一个被用来磨玉米——这是另一项关键任务。可惜这些设施在1666年大火中无一幸免，而莫里斯的水车是最早被波及的设施之一。不过，水车仍然在伦敦桥下被继续使用，直到约翰·雷尼在19世纪20年代建成新桥方才终止。

火灾是困扰伦敦和其他城市的一个致命问题，这在很大程度上要归因于建筑物的密集性，建筑材料为易燃物（特别是木头和茅草）和内装物（包括用来铺床和烧火的稻草），明火在取暖、照明、烹饪和制造中的作用，以及后来被认为的基本安全程序，尤其是防火和消防的缺失。因此，在1564年的切斯特，有33栋房屋在一场大火中被摧毁殆尽。在诺福克郡的怀蒙德姆，1615年的一场大火吞噬了大半个城镇。由于消防通道的简陋，伤亡人数不断增加。

人口数据固然颇不准确，但伦敦人口从1520年确已开始增长，与整个国家和欧洲的人口增长相一致。尽管伦敦算得上是当时不列颠岛城市中之翘楚，但在1500年，伦敦尚且称不上是欧洲最重要的城市，更遑论世界范围内最主要的城市了，因为彼时它只有5万到6万居民。当时，基督教欧洲的主要城市当属巴黎，约有22.5万人，其次是那不勒斯（12.5万人）、米兰（10万人）、威尼斯（10万人）、格拉纳达（7万人）、布拉格（7万人）和里斯本（6.5万人）。在5万至6万人范围内的城市包括热那亚、博洛尼亚、安特卫普和维洛那。

不过，伦敦很快就呈现出明显的上升趋势。伦敦人口实现了快速增长，1558年为12万，1575年达到18万，1600年为20万，1650年达到37.5—40万，增长速度远远超过15世纪。相比之下，1600年英格兰第二大城市诺维奇（一个莎士比亚戏剧中没有出现过的城市），大约有1.5万居民。其他主要城市包括布里斯托尔、埃克塞特、纽卡斯尔和约克，这些城市在戏剧中都不怎么显眼。考虑到人口的高死亡率，特别是婴儿和儿童的高死亡率，那么伦敦的增长便更加令人印象深刻，因为人在人口密集的城市里生活特别容易被传染，而当时的传染病又是致命的，很难应对。人口增加导致了更严重的拥挤，也给卫生设施带来了进一步的压力。

高死亡率被迁往伦敦的移民所抵消，这可被视为一种长期存在的模式。这种移徙在人口方面所起的作用与今天和过去两个世纪的情形有所不同，当时的移民基本上是对本地人口增长的补充。移民大多来自英格兰其他地方，这意味着伦敦的大部分人口都出生在城市以外，而且移民也有助于使人口平均年龄保持在相对较低的水平上。[10]

伦敦的人口数量给住房和就业带来了巨大压力，同时也给这座城市赋予了更大的活力。来自国内外的移民提供了非熟练和熟练的劳动力，国外的移民则为新的贸易和新产品开发做出了贡献，例如，制造玻璃和酿造啤酒，后者是由荷兰人在15世纪引入的。这一发展反映了为满足不断增长的人口所必需的大规模扩张。

每个移居者——无论来自国内还是国外，都代表了一种个体的决定，那就是在伦敦生活可能会更加美好。对许多人来说，这种希望被证明是虚幻的，因为在现实中，农村的贫困往往会转化为城市的贫困。此外，由于缺乏像农村教区那样来自社会和社区的更普遍支持，在城市中过一种堕落生活是更具毁灭性的，当然，农村的情形也远非一成不变。

然而，伦敦作为城市也有重要优势，其社会体系更易变，机会更充裕，社会流动性更大，社会控制也更为宽松，以上每一点都可在戏剧世界中找到例证。这种与英格兰乡村和小镇的对比，在一定程度上帮助塑造了伦敦持久的特色。城市中存在着尖锐的社会分化，但这种分化并不像英格兰乡村那样以传统的顺从来表现。当然，莎士比亚为伦敦观众描绘了乡村的样貌及其价值。由于财富在伦敦的流动性更大，所以那里的等级制度和遵从的基础以及人们对其的理解也有所不同。

在实践中，伦敦给人的机遇感超越了它的现实情形。然而，这种机遇感在很大程度上促成了一种活力四射和不断变化的感觉，就像莎士比亚在《亨利四世上篇》中对福斯塔夫经常光顾的伊斯特奇普野猪头酒馆的描述一样。与此同时，伦敦市民的强烈自豪感可以与一个非常不同的世界相匹配，比如，伦敦人喜欢阅读和观看骑士罗曼司。[11] 剧作家（如莎士比亚）和其他创作特定体裁的作家都有能力捕捉观众的这种矛盾感受。[12] 同样，剧作家也可以写出不止一种类型的作品，像德克尔就写过关于伦敦生活的小册子。[13]

不断增长的人口导致了伦敦在体量上的扩张（特别是向西扩张），同时从教会手中夺取更多财产。23个宗教团体曾在伦敦城内或附近拥有地产，亨利八世在解散修道院过程中（1536—1540年）将其没收，为城市的扩张提供了充足机会。就这样，宗教改革给伦敦及其郊区的结构带来了重大变化，莎士比亚的观众正是生活在这样的环境下。解散后，修道院建筑被用于不同的目的，或被拆除，以提供石头和铅、木材等其他建筑材料。黑衣修士修道院变成了一座剧场。[14]另有一些地方被夷为平地，再没有建起其他建筑。圣玛丽医院的小修道院成了军事演习的场地。[15]

在不断扩张的同时，伦敦仍然保留着紧凑和密集的建筑，因此，不断增长的人口使它显得十分拥挤，实际上比过去更加拥挤。瑞士游客托马斯·普拉特在1599年观察到，"伦敦这座城市不仅充满了好奇的人，而且非常受欢迎，以至于让人根本无法在人群里挪动"。普拉特在一间用茅草盖的大堂里看到了"首位皇帝裘利斯的悲剧"——很可能是《裘利斯·凯撒》，这或许是他对新环球剧院的描述。随后，他在另一家无法确定名字的剧院观看了另一场未确定名字的演出。[16]

与欧洲其他主要城市的桥梁一样，伦敦桥上的人群尤其密集，伦敦桥既是一条大道，又因其众多的建筑而成为居住和购物的中心。尽管城市人口显著增加，地域范围也在扩大，但直到18世纪中叶威斯敏斯特桥建成之前，伦敦桥一直是伦敦地区横跨泰晤士河的唯一桥梁。伦敦桥在伦敦所发生的意义重大的历史事件中占有重要地位，例如1450年的凯德叛乱，莎士比亚在《亨利六世中篇》中对其进行过广泛而生动的描述。

由于只有一座桥，而且城市在不断扩展之中，人们被鼓励大规模利用渡船跨越泰晤士河。对渡船的使用让这条河更加拥挤，这在很大程度上是由于海运与内河航运的结合，因为伦敦对两者来说皆是最重要的地点，且两者相互依赖。涨潮时，这条河几乎有半英里[1]宽。河上来来往往的客流加剧了混乱。泰晤士河的船工——连同他们传统的鳞状搭造的"渡船"——得到了城市的许可，可以经营河上出租服务。1514年，议会通过法案规定了票价，1555年引

---

[1] 一英里等于1609.34米。

入学徒制，以帮助提高安全性和服务标准。渡船凸出的船首让乘客可以很容易进出（岸边铺设的）数百组海河道台阶。此外，沿着河岸的所有河畔宅邸都有自己的水门，以方便利用这种重要的交通方式。伦敦塔也是如此，那里有"叛徒之门"，人们从那里被带入城堡，接受审问以及不可避免的处决。亨利八世的两任妻子安妮·博林和凯瑟琳·霍华德即是如此。把看戏的人从伦敦城带到泰晤士河南岸的萨瑟克对船工来说是一笔极好的生意。

伦敦作为一个整体，成了巨大的建筑工地，人们对地位的关注乃是重建的关键驱动力。这种对地位的关注在很大程度上是为了展示权力和优雅，并确保新贵族得到尊重，这些贵族从亨利八世的慷慨赠予中受益匪浅。的确，伦敦提供了一个理想的展示场所，有助于将王室和精英联系起来，并为剧院的发展提供了某种环境，市政委员会试图通过颁发许可证达到控制剧院发展的目的。与此同时，自我展示、炫耀性消费[17]和虚荣浅薄，包括剧院，都受到清教徒和其他道德主义者的严厉批评。

这些特点也受到一些剧作家的嘲讽，比如乔治·查普曼（George Chapman）、本·琼森和约翰·马斯顿（John Marston）在1605年创作的《向东去！》（Eastward Ho）中刻画的彼得罗内尔·费什爵士和他的妻子格特鲁德。以《错误的喜剧》中以弗所的安提福勒斯委托制作的金链为代表的炫耀性消费就是一个攻击对象。虚荣浅薄被证明是一个特别的笑柄，就像《第十二夜》中的马伏里奥一样。

相比之下，值得赞扬的商人在许多戏剧中受到赞扬，包括《威尼斯商人》中的安东尼奥、托马斯·海伍德的《爱德华四世》（1592年）和《如果你不认识我，你就不认识任何人》（1605年），以及托马斯·德洛尼（Thomas Deloney）（其本身是一名丝绸织工）

的《纽伯里的杰克》（*Jack of Newbury*，1597）和《钓鱼》（*The Gentle Craft*，1597）。

在唐纳德·勒普顿（Donald Lupton）的《被分割成几种角色的伦敦与乡村》（*London and the Country Carbonadoed and Quartered into Several Characters*，1632）一书中，他称伦敦为"一个伟大的世界"，"在她里面还有多重世界"，这是当代人对伦敦的描述，即一个乡村之城。莎士比亚的观众很明了这种多样性特点，这也影响了他们对其他城市的看法。早在约翰·诺登（John Norden）1593年的地图中，伦敦和威斯敏斯特之间的建成区就已经沿着舰队街和河岸街连接起来了，这片区域相对富裕，主要是政府、法律人士和绅士活动的地点，而非城市的商业区或像造船业所在的东区这样的工业区。河岸街是名副其实的重建重点区域，因为那里原先有众多的主教座堂。

随着河岸街的发展或至少是变化，作为原先的一个独立城市，威斯敏斯特逐渐变成了伦敦西区。它的重要性反映了宫廷和议会的崛起。那些为王室政府服务的人就住在威斯敏斯特，而议会议员在会议期间也会宿于此地。[18]莎士比亚对宫廷的描写重述了许多伦敦人对威斯敏斯特和白厅的怀疑与蔑视，但也复刻了宫廷的富裕带来的魅力，这与17和18世纪作家们形成了鲜明对比。莎士比亚的大部分作品都是在剧院的私密空间里捕捉宫廷的私密空间，这一过程在《哈姆莱特》中得到了再现，用戏中戏的方式来进一步推进和评论这一过程。朝臣们在权力和表演的危险游戏中思考和行动，这种游戏既有内在的戏剧性，也有展示性，这是剧作家最擅长的。

泰晤士河以南地区也在扩张。1550年，这座城市从国王手中购买了"萨瑟克的自由权"，这样，这个已经人口众多的教区——被称为"自治市镇"，以区别于"城市"——便受到了后者的管辖。

然而，事实证明该地难于控制，萨瑟克当时仍是萨里郡的一部分，因此，在城市之外变成了"不羁的南部"——几乎不受任何法律或法规的约束。国王未能对郊区实施综合统治，这使得对伦敦——更具体地说是伦敦郊区的治理变得更加支离破碎。[19]

拥有大量低档住房的萨瑟克，其土地的可得性和廉价性使得它对企业家具有吸引力。萨瑟克和邻近的伯蒙德西成为皮革工业的主要中心，皮革工业利用泰晤士河的支流河水至少可冲走一部分污垢。萨瑟克已然是一个妓院聚集之地，该地区的一部分被称为"烟花柳巷"，萨瑟克此时首先成了套牛和逗熊游戏的场所，继而又成了剧院的所在地。"希望"（Hope）是第一个将剧场和戏耍圆形场地结合在一起的建筑，建于1614年。[20]就像其他很多东西一样，戏剧将许多流程带到了前台，并从它们的相互作用中受益。具体而言，观众会理解麦克白宿命般的话：

> 他们已经缚住我的手脚；我不能逃走，
> 可是我必须像熊一样挣扎到底。（第五幕第七场）

最后一句是指被锁链锁着的熊和有攻击性的狗之间的恶斗。

伦敦（和其他城市）的体量扩张与分化，无论于多大程度上是在经济相互依存的背景下发生的[21]，实际上都与变化有关——无论是总体的变化还是具体的变化，特别是在宗教改革过程中，改革在城镇景观与慈善事业的影响方面尤为显著。特别是郊区的扩张给被看作城市（city）的伦敦带来了极大的动荡。

另外还存在一种强烈的市区认同感。虽然受到宗教改革的影响，但这种感觉存在于城市机构及其同业公会中，也存在于对历史作品的积极回应中。斯托的《伦敦考察记》（*Survey of London*）广受欢迎，但这并不是孤例，理查德·格拉夫顿（Richard Grafton）的作品与他不相上下。[22]莎士比亚的观众可能比他的现代后人更了解伦敦的历史。

伦敦地图在16世纪发生了巨大变化，这主要还得仰赖地图数量的增加。同时，它们也与之前的地图有所差别。圣奥尔本修道院修道士马修·帕里斯（Matthew Paris）在1250年左右对伦敦的描绘本质上是一幅象形图。它是作为众所周知的前往耶路撒冷朝圣"路线图"之一部分被绘制的，不过，实际上很少有人会在旅途中随身携带它，而通常是将它作为虔诚沉思的祈祷工具在家中使用。旅程从伦敦开始，在那里，朝圣者可以参观威斯敏斯特大教堂内所展示的忏悔者爱德华的神龛。在这幅图中，有着独特尖顶的圣保罗教堂位于中央。同样地，威廉·卡克斯顿在1480年出版的《英格兰编年史》（Chronicle of England）中也插入了一幅伦敦的木刻图像，上面绘有屋顶、教堂尖塔和城墙。

相比之下，所谓"铜版地图"大约出现于1559年，即莎士比亚出生前五年，是已知第一张印刷版伦敦地图。这张地图与上面提到的图像迥然有别。它提供了一个密集的图片组合，包括中世纪晚期的木结构建筑、狭窄的街道和庭院，以及河上的船只。另一幅伦敦地图出版于1572年，但调查测绘的时间可能是在20年之前，或许是更大体量的原创性"铜版地图"的单张版本，这幅地图被收录在一部重要的德语地图集《寰宇大观》（Civitas Orbis Terrarum）中。在这幅图中，前景中的人物提供了全景的视觉，三维的船只和建筑物也丰富了这一效果。然而，它本质上是一个示意图。带有城墙的罗马和中世纪城市的基本制式并无改变，只有相对较小的城郊向东、向北远至查特豪斯区域有一定发展。萨瑟克的规模也不大。沿霍尔本，特别是查令十字街和白厅之间的河岸区一线、位于伦敦城与威斯敏斯特之间的弗利特河以西的大片土地显得更为显眼。伦敦地界早已冲出城墙，这便增加了在地图上描绘它的难度。在当时的欧洲城市中，城墙提供了划分和塑形城市的主要方式，但大规模的向外拓展结束了这一过程，并催生了对城市的新式描绘。

　　1591年的阿加斯地图反映了伦敦的进一步发展，包括在河上举行的大型活动。位于白厅的王宫被跨越公共道路上（国王街）的两个拱门所连接，通往圣詹姆斯的狩猎场，以及用于马上比武的骑士比武场。两年后，科尔（Pieter van den Keere）绘制了一幅地图，人们通常以其出版商约翰·诺登的名字来称呼它。地图周围的盾形纹章属于12家伦敦大型同业公会。地图中的萨瑟克显示有"剧院"和"逗熊场"。一幅1542年左右的、现存于英国国家档案馆萨瑟克手绘地图绘制得更为详尽。它展示了那里的许多旅馆和教堂，以及庄园宅邸、颈手枷栏、货栈和斗牛场。在伦敦，有关印刷地图和地图册专门贸易的出现是一个缓慢的过程。不过，由于所有类型的出版都集中在伦敦，所以正是在那里，观念得以形成，图像得以制作。伦敦的形象更多地是由街头和河上的盛景所创造和再现的，而不是地图。这是一座充满活力的城市，不断发展壮大的戏剧界便是这种活力的组成部分。

注释

1. J. Oldland, "The Wealth of the Trades in Early Tudor London," *London Journal* 31 (2006): 143.

2. B. M. S. Campbell, J. A. Galloway, D. Keene, and M. Murphy, *A Medieval Capital and Its Grain Supply* (London, 1993).

3. J. Hare, "Inns, Innkeepers and the Society of Later Medieval England, 1350–1600," *Journal of Medieval History* 39 (2013): 477–97.

4. L. Manley, ed., *London in the Age of Shakespeare: An Anthology* (London, 1986); D. Bergeron, *Shakespeare's London, 1613* (Manchester, 2018).

5. F. J. Fisher, *London and the English Economy, 1500–1700* (London, 1990).

6. L. B. Luu, *Immigrants and the Industries of London, 1500–1700* (Aldershot, UK, 2005).

7. D. Bruster, *Drama and the Market in the Age of Shakespeare* (Cambridge, 1992).

8. B. J. and M. Sokol, *Shakespeare's Legal Language: A Dictionary* (London, 2000).

9. P. Raffield, *Images and Cultures of Law in Early Modern England: Justice and Political Power, 1558–1660* (Cambridge, 2004); Q. Skinner, *Forensic Shakespeare* (Oxford, 2014).

10. R. Finlay, *Population and Metropolis: The Demography of London, 1580–1650* (Cambridge, 1981).

11. A. Davis, *Chivalry and Romance in the English Renaissance* (Cambridge, 2003).

12. For another example, T. Hill, *Anthony Munday and Civic Culture: Theatre, History and Power in Early Modern London, 1580–1633* (Manchester, 2004).

13. A. Bayman, *Thomas Dekker and the Culture of Pamphleteering in Early Modern London* (Farnham, UK, 2011).

14. S. Dustagheer, *Shakespeare's Two Playhouses: Repertory and Theatre Space at the Globe and the Blackfriars, 1599–1613* (Cambridge, 2017).

15. S. Brigden, *London and the Reformation* (Oxford, 1989).

16. E. Schanzer, "Thomas Platter's Observations of the Elizabethan Stage," *Notes and Queries 201 (1956)*: 465–67.

17. I. Archer, "Conspicuous Consumption Revisited: City and Court in the Reign of Elizabeth I," in *London and the Kingdom*, ed. M. Davies and A. Prescott (Donnington, UK, 2008), 38–57.

18. J. F. Merritt, *The Social World of Early Modern Westminster: Abbey, Court and Community, 1525–1640* (Manchester, 2005).

19. I. Archer, "Government in Early Modern London: The Challenge of the Suburbs," *Proceedings of the British Academy* 107 (2001): 139.

20. S. Mullaney, *The Place of the Stage: License, Play and Power in Renaissance England*

(Ann Arbor, MI, 1988); J. Dillon, *Theatre, Court and City, 1595–1610: Drama and Social Space in London* (Cambridge, 2000).

21. I. Archer, "City and Court Connected: The Material Dimensions of Royal Ceremonial, ca. 1480–1625," *Huntington Library Quarterly* 71 (2008): 157–79.

22. I. Archer, "The Nostalgia of John Stow," in *The Theatrical City: Culture, Theatre and Politics in London, 1576–1649*, ed. D. L. Smith, R. Strier, and D. Bevington (Cambridge, 1995), 17–34; and "John Stow, Citizen and Historian," in *John Stow (1525–1605) and the Making of the English Past: Studies in Early Modern Culture and the History of the Book*, ed. I. A. Gadd and A. Gillespie (London, 2004), 13–26.

五 叙述过去：历史剧

请假想在剧场的围墙之内
圈住了两个强大的王国，
它们那高耸而紧邻的疆界
只被一条狭窄而险急的海水隔开。
请用你们的假想来弥补我们的不足。

——《亨利五世》"开场白"

莎士比亚对同时代人以及后世人的重要性，在于他作为国家历史编年史家的角色。这是他与其他剧作家共同扮演的角色，不过在他的作品中这种特色得到强烈的彰显。此外，莎士比亚的长期声望，确保了其对英格兰历史的看法具有持久的重要性，尤其是他对亨利五世和理查三世的描摹。反过来，他对这二人的呈现（尤其是后者），至今仍不乏争议。

在当时，将历史原原本本搬上舞台的任务远非易事。在某种程度上，这是由于历史在政治上极具争议性，但也存在如何调和与呈现有关过去的相互矛盾叙述的问题。此外，就像莎士比亚利用火药武器和地图一样，过去和现在都存在时代误置（anachronism）的问题。时代误置的存在是一个错误，也可能会起到展现戏剧性幻觉不一致性的作用。历史本质上是戏剧化的，但将历史搬上舞台也并非没有问题，[1]直到今日情况依然如此，甚至可能更甚。

剧院并不是描绘英格兰历史的唯一所在，过去在各种媒介上随处可见。都铎王朝时期，有关国家历史的著作开始崭露头角。他们强调过去的荣耀，比如约翰·利兰（John Leland）在1544年为杰弗里的蒙茅斯所著《不列颠诸王史》（*History of the Kings of Britain*，约1136年）中有关亚瑟王的描述辩护。利兰忙于积累有关英格兰历史的信息，据说，他在1533年被任命为"国王的古物收集官"，四处旅行，并写有很多篇章著述，比如《论名人》（*De Viris Illustribus*），不过他发表的东西倒很少。莎士比亚对历史的兴趣在一定程度上与这些新发现的信息有关，这些信息使他能够根据爱德华·霍尔（Edward Hall）的《编年史》（*Chronicle*）和拉斐尔·霍林斯赫德（Raphael Holinshed）的《编年史》（*Chronicles*）（1587年出的第二版，为加长版）为自己的历史剧勾勒情节。

这些作品——无论是编年史还是莎士比亚的历史剧——提供的不仅仅是对特定情节和人物的描述。它们还提供了一种解释模式和阐释手段，尤其是涉及金雀花王朝的命运——在1485年的博斯沃思战役中，理查三世被杀，正式宣告了金雀花王朝的灭亡。这种模式使得戏剧不仅仅是一系列的情节，而且是将其作为一个整体联系在一起，同时，作为单独的作品，基于这种根本的一致性，它们能够采取选择性方式对其中一些部分予以遮蔽。在某种程度上，这些戏剧是一个警世故事，甚或是一个道德故事，讲述了一个业已分裂的王国中的危险以及继承危机中的邪恶。在个人和社会、教会和国家的层面上，政治并没有被视为与道德分离。因此，福克斯的《殉道者之书》（*Book of Martyrs*，1563）有力地描述了宗教斗争，并生动叙述了神意庇护的国家。

　　除了编年史之外，还有诗歌和历史传奇。事实上，可供阅读的历史材料是现成的。[2] 从1586年开始，一群志趣相投的人在伦敦定期聚会，互相传阅有关古物的文章。虽然不是一个正式的古物协会，但这确实构成了一个圈子。作为描写英格兰过往的剧作家，莎士比亚并不孤单。乔治·皮尔（George Peele）写于1590年左右的爱国主义作品《爱德华一世》，至少从演出数量来看似乎大受欢迎，这是一种不错的迹象。马洛完成了《英格兰国王爱德华二世的混乱统治与悲惨结局》（*The Troublesome Reign and Lamentable Death of Edward the Second King of England*）（1307—1327年在位），这是一部颇具影响力的戏剧，于1594年付梓出版，而在前一年，迈克尔·德雷顿（Michael Drayton）创作了一首关于爱德华最青睐的皮尔斯·加韦斯顿（Piers Gaveston）的诗作，皮尔斯·加韦斯顿是被爱德华的堂兄、兰开斯特公爵托马斯下令杀害的。海伍德在《爱德华四世》（第一部和第二部，1599年）中描述了爱德华四世在位时期的故事，这部广受欢迎的作品在1605年、1613年、1619年和1626年再版，取材于霍林斯赫德的《编年史》，主要讲述了爱德华的情妇简·肖尔以及她与国王的关系。该剧的第一部分还包含一首关于阿金库尔战役（Agincourt）的歌曲。

　　然而，就所提供的作品范围和体量而言，莎士比亚无人能及。英格兰历史在《李尔王》和《辛白林》中有所展现，但从理查二世统治时期（1377—1399年）开始（尽管只涵盖了其统治的最后阶段），直到1485年亨利七世即位为止，对历史的呈现都是按次序排列的。《亨利八世》的结尾甚至只叙述了他统治时期的一部分（1509—1547年），以未来的伊丽莎白一世在1533年接受洗礼而告终。此外，《爱德华三世》（主人公为理查二世的祖父，但直接传位给其孙理查二世），一部在1595年被列入书商公会登记簿的戏剧，也全部或部分归功于莎士比亚。莎士比亚的《约翰王》大概写于1596年，涵盖了更早的统治时期，但是关于其写作时间尚存在很大分歧。爱德华三世于1327年至1377年在位，他的曾曾祖父约翰的在位时间则为1199年至1216年。

莎士比亚也写过不列颠历史中的其他部分，但它们要么是虚构的，比如《李尔王》（这是一出质疑神意的悲剧），要么是发生在遥远的时间之幕上，比如《麦克白》，尽管这部剧的部分情节发生在英格兰国王忏悔者爱德华（Edward the Confessor, 1042—1066年）宫廷里，但主要故事发生在11世纪的苏格兰。《理查二世》《亨利四世上篇》《亨利四世下篇》《亨利五世》《亨利六世上篇》《亨利六世中篇》《亨利六世下篇》《理查三世》等八部剧作，在连贯强度与叙事力量上都是无与伦比的，令人印象深刻。[3] 而有关罗马历史的戏剧并没有形成一个可资比较的整体，因为只有两部在内容上是按时间顺序相连的，即《裘利斯·凯撒》和《安东尼与克莉奥佩特拉》，而《科利奥兰纳斯》和《泰特斯·安德洛尼克斯》则是分开的，按时间顺序一部较早，另一部较晚。实际上《科利奥兰纳斯》很可能取材于罗马共和时期，然而，与大多数以罗马时期为背景的戏剧一样，它的主题也在于个人的肆心。

英格兰历史剧的重要性和复杂性[4]就在于此，这些剧作提供了一种对戏剧所涵盖的连贯性时段的叙述，使不同戏剧之间可以进行比较，或至少有助于对其进行解读。这种叙述是必要的，尤其是因为这些年月是当时英格兰民众复原的记忆中的重要组成部分（然而，如今人们复原的记忆则较弱），而具有讽刺意味的是，这种记忆在很大程度上要依赖于莎士比亚。与此同时，关键是要认识到莎士比亚的观点在一定程度上不一定是他笔下人物[5]或所有同时代人所表达的观点。

理查二世与亨利四世

　　理查二世（1377—1399年在位）在1381年农民起义时担任国王，对今人而言是那一时期最著名的人物。但在莎士比亚同时代人看来，在理查二世统治下，旧的政治秩序随着金雀花王朝直系血脉的终结而瓦解。这是莎士比亚关注的焦点。事实上，农民起义并不是莎士比亚所关注的问题。这次起义非常具有戏剧性，但与他试图涵盖的该统治时期的其他事件是分开的，而且，由于莎士比亚的生活年代常年存在农民叛乱的威胁，涉及此类事件可能在政治上出现问题，尽管这并没有阻止他涉及1450年的杰克·凯德叛乱。

　　王朝合法性问题[6]是莎士比亚历史剧和都铎王朝时期英格兰的一个核心主题。莎士比亚的直接资料来源是都铎时期出自丹尼尔、霍林斯赫德以及霍尔的历史著述。此外还包括中世纪的编年史。以理查为例，莎士比亚所依赖的编年史在解释上是相互矛盾的，沃尔辛厄姆的托马斯对理查持批评态度，而克雷顿和《理查二世的背叛与死亡》（*Traïson et Mort*）的佚名作者讨论了废黜，对理查心生同情。从戏剧第一部分对沃尔辛厄姆著述的依赖，到后来对其他两部著述的倚重，这有助于解释戏剧发展成一种耶稣受难式的叙事形式，在理查身上呼应了耶稣的命运。此外，鉴于这种转变，观众有机会决定他们更心仪的解释，从而可以自己评价对与错。

　　理查在农民起义中幸存了下来，从很多方面来说，农民起义的目的在于迫使他改变政策，以符合农民关于好国王的观念。理查与其贵族对手之间的对抗更加严重和持久。从1397年起，这种对抗导致国王陷入暴力和不稳定的政治局势中，而他的独裁倾向又加剧了这种政治局势，莎士比亚没有忽视对这种倾向的描绘。1397 年，理查的贵族对手——上诉贵族（Appellants）被判叛国罪，受到严厉甚至残忍的处置，而国王则向那些被他的柴郡侍卫[1]恐吓的民众勒索强制借款和发放空头特许状。

此外，由于同法国的战争失败而严重丧失了威望，理查统治下的权力名不副实。这是莎士比亚戏剧中一个经久不衰的主题。在《约翰王》里，法国人利用英格兰人的分裂和背叛，大举入侵英格兰，但在《爱德华三世》中，国王率军至法国挞伐四方。然而，他的成就在理查统治期间荡然无存。

莎士比亚恰当地诠释了理查的傲慢和失败这一主题。一个君主若有其中之一点尚可被接受，如若两者皆有，则令人无法容忍。理查被描绘成一个傲慢的人——"朕天生是不会求人，只会下令的"（第一幕第一场）——他的叔叔兰开斯特公爵冈特的约翰（1340—1399 年），即爱德华三世的第三个儿子，谴责他未能反抗法国，这后来也成了对亨利六世的指控，莎士比亚这样写道：

> 英格兰……现在却为耻辱所包围，
> 为几张墨迹斑斑的臭羊皮纸所桎梏；
> 往日习惯于征服异国的英格兰
> 现在却可耻地被自己征服。（第二幕第一场）

莎士比亚的戏剧巧妙地捕捉到了理查的自恋，这种自恋使他变得任性、不可预测、无法接受批评、脱离现实。他具有缺陷的个性

---

[1] 柴郡是英格兰西北部的一个郡，历史上以出军人著名，中世纪以来英格兰王室近卫团中来自柴郡的军官和士兵数量可观。

与仿效了法国君主制模式的政策相匹配，后者注重对权威王权的服从。在某些方面，这种立场预示着对亨利八世的看法，[7]尽管理查也可以表现出某种任性的冷酷无情，但他显然缺乏亨利八世的能力、动力和好运。

1399年，理查陷入了绝境，他被一个反叛的堂兄——冈特的约翰之子亨利·博林布鲁克（Henry Bolingbroke）擒获并被迫退位。理查被剥夺了继承权，并遭到流放。亨利成为亨利四世（1399—1413年在位），即兰开斯特王朝的第一位国王，该王朝一直持续到亨利六世。当理查远征爱尔兰时（他并没有成功对反对派予以镇压），亨利从法国流亡归来，在约克郡的拉文斯珀登陆。理查的不得人心以及政治上的愚蠢使他的权力基础过于薄弱，这种情况预示了理查三世在1485年——也就是博斯沃思战役那年的情形。愿意维护理查二世政权的人太少，而有意终结它的人太多。此外（不像理查三世和未来的亨利七世之间的差别），理查被认为没有未来的亨利四世那么具有男子气概，后者曾出任十字军——这一点在阿伦德尔大主教于1399年9月的一次布道中曾说过，当时他把理查描绘成一个男孩（puer），而把博林布鲁克描绘成一个男人（vir）。1399年，理查从爱尔兰归来，但正如莎士比亚所展示的，他玩忽职守，败下阵来。经过第一代诺森伯兰伯爵亨利·珀西的谈判，理查在弗林特城堡向博林布鲁克投降，并允诺倘使饶他一命，他就退位。博林布鲁克不战而胜，而约克公爵理查（1460年失败）、爱德华四世（1461年和1471年成功）和亨利七世（1485年成功）都未曾做到。10月1日，理查在议会被正式废黜，10月13日，亨利加冕为亨利四世。[8]

在剧中，卡莱尔主教托马斯·默克（或默克斯）抗议亨利的即位，预言了一个被诅咒的国家，这一预言导致他以叛国罪被捕：

> 它将使这个和平常驻的国度战乱频仍
>
> 兵连祸结，兄弟阋墙，同类相残
>
> 混乱、恐怖、畏怯、叛乱将长期在此盘据，
>
> 这个国家将被人叫做
>
> 各各他或髑髅地。（第四幕第一场）

因此，主教预料到基督教的和平奉献和道德经济将被颠覆，基督教正是因有上述美德而比其他宗教更好。提到各各他，就引出了《圣经》的故事。在《亨利六世下篇》中，这一预言的准确性在对1471年陶顿战役的描述中得以体现，在一个具有震撼力的场景中，一个无意中杀死自己父亲的儿子，拖着他父亲的尸体；而另一个父亲对他儿子也做了同样的事情。这一切都被亨利六世看在眼里（第二幕第五场）。

这场政变反映了爱德华三世众多后代之间因敌对所造成的旷日持久的王朝与政治问题。孩子太多和太少都可能造成同样严重的问题。像奥斯曼（土耳其）处决兄弟姐妹的做法，如1512年"冷酷者"塞利姆一世所做的那样，对英王而言是不切实际的。兰开斯特公爵和约克公爵是金雀花王朝的主要继承人，亨利是冈特的约翰的儿子，冈特是爱德华三世的第三个儿子。埋查二世是爱德华三世的长子"黑太子"爱德华的儿子，"黑太子"曾于1356年在普瓦捷击败法国人，后于1376年去世，比他长寿的父亲先走一步。

1400年2月，理查在庞蒂弗拉克特城堡被杀，他曾被囚禁于此，杀害他是为了消除反对新国王的号召力。他的支持者早先曾试图在温莎城堡谋杀亨利。莎士比亚对理查惨死的描写既生动又富有令人不安的气氛，比马洛的《爱德华二世》中对国王的谋杀更有效果。[9] 理查的确切死亡方式尚不清楚。他很可能是被饿死的。

反过来，同样严重的是，亨利不得不面对强大的珀西家族的叛乱。珀西家族是一个颇具实力的寡头家族，在英格兰北部拥有强大的力量。正如莎士比亚所表现的那样，该家族曾帮助亨利废黜理查，挫败了1400年的阴谋。诺森伯兰曾在亨利早期颁发特许状的人员中位列第三。[10] 然而，推翻理查二世的阴谋家们闹翻了，在《亨利六世》中，后来的"造王者"华列克伯爵理查与他的堂兄约克公爵理查及其长子爱德华四世曾结为同盟，后却与爱德华分道扬镳。此外，《理查三世》中的第二代白金汉公爵亨利与他的前盟友也不欢而散。

珀西的阴谋赋予《亨利四世》以政治内容，并导致剧中亨利推迟了前往耶路撒冷朝圣的承诺。虽然亨利远不是莎士比亚戏剧中的主导人物，但他挺过了一连串的危机。1403年，亨利在什鲁斯伯里战役（Battle of Shrewsbury）中击败并杀死珀西家族继承人——"烈火骑士"亨利·珀西爵士，这是莎士比亚在描述其统治方面的一个重要事件。亨利的继承人，即未来的亨利五世，被描述为救了其父的生命，并将"烈火骑士"置于死地。

《亨利四世下篇》描述了"烈火骑士"的父亲、第一代诺森伯兰伯爵亨利在1405年和1408年的叛乱。1408年，他在布拉默姆荒原被击败并杀害。这场战争给兰开斯特王朝蒙上了阴影，但换个角度观之，它代表了新登大位的兰开斯特家族的一种巩固，尽管远不如1485年至1487年都铎王朝或1603年斯图亚特王朝做的那般容易，但却比1460年至1471年的约克王朝显得轻松些。得益于法国和苏格兰的虚弱，包括法国主要贵族之间的冲突，亨利四世在外交政策上也非常幸运，并极为娴熟。[11] 当然，这在戏剧性上远不如亨利与其继承人之间关系的长篇叙述有趣。在这种关系中，父亲是一个遥远的、基本缺席的人物。事实上，在某些方面，莎士比亚所写的剧本并不是重合的，而是可被看成《亨利五世》的三个部分。亨利四世的成功[12]促进了其长子亨利五世（1413—1422年在位）统治时期英格兰国内的稳定。1414年，亨利粉碎了一场由罗拉德派的约翰·奥尔德卡斯尔（John Oldcastle）爵士组织的阴谋。在《亨利四世上篇》中，福斯塔夫的名字最初即为奥尔德卡斯尔，这源自莎士比亚原先的一个叫法，但由于奥尔德卡斯尔后代的压力，莎士比亚对这一名字做了改动。

对 法 战 争

1415年，亨利在攻打法国前夕，意欲挫败一场以剑桥伯爵理查为首的阴谋。理查是爱德华三世的第四子——约克公爵爱德蒙的儿子，莎士比亚谴责这些罪犯罪有应得的死亡，并借亨利之口责骂他们收受法国人的贿赂，出卖人民，从而被引入歧途：

> 使得他的臣民受到压迫和凌辱，
> 使得他的整个王国化为废墟。
> （《亨利五世》，第二幕第二场）

这其实也是对观众的警告，因为当时英格兰正与西班牙交战。

考虑到16世纪发生的重大变化，人们很容易将15世纪的英格兰历史匆匆略过。这是一个经济萧条、国际交往衰退、政治严重分裂、宗教停滞不前的时期，有着比之后都铎时代所经历的经济、宗教与政治制度更小的变革幅度。事实上，15世纪的重要之处即在于它的失败。这其中也包括亨利死后的（负面）形象，然而，莎士比亚和其他大多数人都不是如此描述他的。亨利是一位骁勇善战的王子，后来成为国王，他试图重拾曾祖父爱德华三世对法国王位继承权的宣称。亨利认同对圣乔治的崇拜，在莎士比亚戏剧《亨利五世》（1599年）中，他基本上是英格兰特性的维护者，因此与马洛的《帖木儿》形成鲜明对比。

然而，亨利并没有意识到英吉利海峡应该成为他权力的边界。步"征服者"威廉一世（约1066—1087年在位）以来所有国王之后尘，亨利设想了一个横跨英吉利海峡的王国。诺曼底相较于亨利在不列颠群岛边缘地带的领地，似乎更接近他在英格兰南部的权力中心，而且对作战和扩张来说也更具有吸引力。

声望至关重要。在对法征战中，存在一种维护伟大传统，获取无上荣光的感觉，一种展示战士美德、国王特质和男子气概的方式。莎士比亚把亨利描绘成一个具有吸引力且平易近人的人，其实这是一种误导，因为国王并不像他所描绘的那样容易被臣民接近。[13]与此同时，国王能够而且应该如此这般的予以展示却也是意味深长的。莎士比亚并没有在君主形象中捕捉太多教化的内容，因为这实际没有发生，而是设想了一个骑士社会中的角色，并将其概念化，以涵盖整个军队。

1415年10月25日，亨利在阿金库尔战役中取得了巨大胜利，这是一场混乱、胶着的战斗，在这场战斗中，士气高昂、指挥得力的英格兰和威尔士弓箭手给规模更大的法军造成了重大伤亡。由于后者犯下的错误，英军的优势得以发挥到极致。[14]在《亨利五世》中，莎士比亚，有理有据地，把法国指挥官描绘得过于自信与自大，指挥官告诉亨利他"势必要惨遭灭顶之灾"（第四幕第三场）。虽然没有多少具体的细节，但莎士比亚对这场战斗还是做了详尽的描述。这种描述是一种更普遍的文化参与的一个方面，既是对战争的讨论，也是对正式的国家叙事做正面讨论的一种尝试，战争在其中提供了一种正处于发展中的民族主义的观点。[15]

莎士比亚关于战斗的描述较之马洛的《帖木儿》更为正面，尤其是在解释亨利屠杀法国囚犯时，莎士比亚让亨利反复感谢上帝。通过这样做，莎士比亚笔下的亨利将天意与国家的成功联系起来。这与1588年英格兰战胜西班牙无敌舰队后的反应如出一辙：

> 啊，上帝，您在这儿显示了威力！
> 这一切，靠的不是我们自己，
> 而要归功于您的神威！
> 什么时候见过未用任何巧计，
> 只凭着公开的战斗和平等的交手，
> 就使得一方损失如此巨大，
> 而另一方损失却如此微小？
> 接受吧，上帝，这光荣完全是属于您的！
> ……
> 凡夸耀这次胜利或将上帝之功居[1]为己有者，
> 一律处死。
> ……
> 是上帝帮我们打的仗。（第四幕第八场）

这种不将成功归因于自身的做法，是亨利自制、克己的一种体现，是他展现真正男子气概和适度王权的标志。[16]阿金库尔也是迈克尔·德雷顿的英雄诗体之作"阿金库尔民谣"（Ballad of Agincourt）的主题，这首民谣首次刊印在其《抒情诗与田园诗》（*Poems Lyric and Pastoral*，1605）中。一些评论家认为，亨利是一

---

[1] 原文如此。

个令人厌恶的战争贩子。另一些人则发现，在讨论是否存在正义战争这类事情时，模棱两可的态度显得很重要。

　　阿金库尔战役两年后，英格兰人开始了对诺曼底的征服。其首府鲁昂于1419年落入亨利之手。由于贵族的不满而受到削弱，特别是在1407年勃艮第派人谋杀奥尔良的路易后，勃艮第公爵与阿马尼亚克（Armagnac）派系之间的裂痕加深（出于报复，勃艮第的"无畏者"约翰公爵又在1419年被谋杀），使得身体孱弱、患有精神疾病并且战败的法国查理六世将他的女儿凯瑟琳许配给了亨利。实际上，1419年至1420年的查理俨然像是15世纪50年代的亨利六世。

　　根据1420年的《特鲁瓦条约》，查理承认亨利五世（及其继任者）是查理在英法联合王国（Union of Crowns）的继承人。[17]这样的联合在当时是很常见的，如在卡尔马联合体（1397—1523年）中的丹麦、瑞典和挪威王国的联合，以及阿拉贡和卡斯蒂利亚、波兰和立陶宛、英格兰和苏格兰的联合中都可以看到。考虑到英格兰军队被伊丽莎白一世派往法国参与那里的宗教战争，莎士比亚的读者最欢迎的是对过往胜利的英雄式描述。莎士比亚笔下的查理六世希望婚姻会导致法国和英格兰"结束彼此的仇恨"（第五幕第二场）。

　　尽管控制整个法国是一项艰巨的任务，但假如令人印象深刻的亨利能活得久一些的话，他或许会创建一个新的英—法政治体。[18]只可惜亨利于1422年英年早逝，或许死于痢疾这一当时的致命疾病，留下了一个不到一岁的继承人，即亨利六世（1422—1461年和1470—1471年在位）。在他的统治下，英格兰人最终被赶出了除加来和海峡群岛以外的所有法国领土。14世纪20年代末，一位女性宗教异象得见者——圣女贞德，代表查理六世的儿子查理七世（凯瑟琳的兄弟）团结法国人进行抵抗，尤其是在1429年打破了英格兰人对奥尔良的围攻。随后，尽管被捕的贞德被指控施行巫术，并于1431年被当作异教徒烧死，但英格兰人的行动也失去了动力。继而，勃艮第公爵"好人"菲利普（1419年被杀的约翰公爵的儿子和继承人）作为英格兰在法国行动的主要支持者，在1435年抛弃了亨利。随后，查理七世的军队于1450年在福尔米尼（Formigny）和1453年在卡斯蒂永（Castillon）击败英军，将英格兰人赶了出去，分别决定了诺曼底和加斯科尼的命运。法国大炮在两场战役中都发挥了重要作用。

莎士比亚对英格兰政策的失败给予了应有的关注，他将这些失败与个人野心和派系政治联系起来，当然，神秘主义也起了作用。如根据《亨利六世上篇》所描述的，在亨利五世的葬礼上，爱克塞特伯爵将他的死归咎于超自然的原因，作为圣女贞德出现的前奏：

> 怎么，难道我们仅仅诅咒一番断送
> 我们光荣君主的灾星就完了吗？
> 我们是否应当想想那些因为惧怕先王，
> 就使用咒语结果了他的生命的狡诈的法兰西巫师？
>
> （第一幕第一场）

在剧中，圣女贞德得到了她所能召唤到的巫师们的协助，但由于他们拒绝提供更多帮助，所以她被俘虏了。该剧对她的展现具有历史和宗教的维度。[19]同样，麦克白也被描绘成被他所信任的女巫引入歧途。

《亨利六世中篇》的故事开始于1444年，这一年是英格兰主和派的胜利之年。亨利迎娶了一位法国公主——安茹的玛格丽特，她的父亲勒内（1409—1480年）是他堂兄弟法王查理七世的挚交。[20]莎士比亚在此以王室的失败作为戏剧的开场，其原因在于，与《亨利五世》结束时国王的婚姻形成鲜明对比的是，此开场的重点是作为条约之一方面的对法让步。事实上，缅因（Maine）的投降是亨利六世自己的主意，并在他的坚持下得以实施。主战派领袖亨利六世的叔叔葛罗斯特公爵汉弗莱（亨利四世最小的儿子）发表了措辞强硬的演讲，谴责该协议是历史的死亡，破坏了亨利五世的遗产：

> 噢，英国的公卿大人啊，
> 这个联姻是可耻的，也是致命的，
> 使你们的声名丧尽，使你们的名字不能永垂青史，
> 你们的业绩化为乌有，……
> 它毁灭一切，产生前所未有的后果。（第一幕第一场）

莎士比亚帮助弥补了未尽之意。汉弗莱是一个有头脑的叔叔，这一点与冈特的约翰相似，而与约翰王或理查三世不同。然而，汉弗莱却惨遭杀害。

1453 年在卡斯蒂永战败后，加来一直被保留着，直到 1558 年，玛丽·都铎（Mary Tudor）因法国人的进攻而失去加来，但法国王位继承权直到乔治三世统治时期（1760—1820 年）才被放弃，而海峡群岛作为诺曼人的最后遗产，仍然由国王持有。然而，英格兰人在 1453 年实际上已经失去了法国。爱德华四世、亨利七世和亨利八世又对法国发动了新的进攻，他们每个人都希望在法国重新获得英格兰国王失去的荣耀与权力，亨利七世还在 1489 年决定在新硬币上印上英格兰和法国国王的纹章。亨利八世在 1512 年、1513 年、1522 至 1523 年和 1544 年对法国发动了代价高昂的入侵，并在短期内获得了一些领土，特别是在 1513 年和 1544 年分别占领了图尔奈和布洛涅。1512 年对法国西南部（加斯科尼）的远征是

为了捍卫中世纪君主对该地区的领土主张，他在那里的管理措施借鉴了亨利五世和他的兄弟贝德福德公爵约翰（1389—1435年）的模式，约翰曾是亨利六世在法国的摄政王。[21]

然而，这些统治者未能在法国实现他们的野心，这种失败对英格兰民族性以及政府的发展非常重要，并有助于强化英格兰/不列颠随后有关欧洲人身份的狭隘特征。事实上，长期无力维持在法国的领土存在，构成了后来英格兰人越洋野心的背景。

15世纪的政治纷争

败给法国凸显了亨利六世作为国王的弱点，也给人一种失败的印象。他的失败促成了玫瑰战争的爆发，这场战争发生在兰开斯特家族（1399年亨利四世即位后的王室家族）和约克家族之间，两个家族皆为爱德华三世的后裔。与理查二世一样，亨利六世也无法胜任王位的职责，他们与理查的父亲"黑太子"和亨利的父亲亨利五世的英雄形象、政治手腕和决断能力形成了鲜明对照。亨利六世无法富于智慧地干预贵族之间的纷争。最值得注意的是，15世纪40年代英格兰北部的混乱，很大程度上是由于亨利在坎伯兰以牺牲内维尔家族为代价拔擢了珀西家族，这是完全不必要的举动。在更普遍意义上看，亨利很容易将聪慧的下属为其所做的合理安排搞砸。然而，王室贵族的数量是一个潜在的问题，亨利（爱德华三世第二子的后裔）所面对的约克公爵理查（爱德华三世活下来的第二子和第四子的后裔），是一个认为自身地位应该得到更多认可的王室成员。亨利的地位因无法在贵族中达成一致看法而受到削弱，不过约克亦是如此。

正如莎士比亚所指出的，在亨利漫长的未成年时期，激烈的派系斗争贯穿始终，在那些年里，居于领导地位的贵族开始习惯于统治这个国家。他的叔父葛罗斯特公爵汉弗莱和叔祖温彻斯特主教、红衣主教亨利·波福都不喜欢他，这种局面阻碍了政府的统治。汉弗莱一直是纷争与不稳定的主要来源，直至其1447年去世。莎士比亚将他的死亡描述为谋杀，违背了亨利六世的意愿（《亨利六世中篇》，第三幕第一、二场），是由波福和不受欢迎的首席大臣威廉·德·拉·波尔（即第一代萨福克公爵）所为。后者的角色类似于理查二世身边的顾问，这凸显出那些作为君王之耳目并能操纵他的人所带来的问题。[22]

英格兰在亨利治下的冲突始于15世纪50年代早期对政府的不满，这种不满既包含贵族对王室偏袒行为的抗议，也包括凯德叛乱（1450年）所表现出的民众的普遍敌意。在1450年早些时候，曾于1449年在议会受到批评的萨福克遭受弹劾、流放，继而在英吉利海峡的一艘船上被谋杀。莎士比亚在《亨利六世中篇》中详细描述了从肯特开始的凯德起义，它反映了民众行动在多大程度上成为更广阔政治世界的一部分。1450年，英格兰南部和西部也发生了骚乱。人们或许会在民间惯习中表达顺从态度，但在实践中却往往是另一番表现。这场叛乱是采邑的官员敲诈勒索的产物，也是对政府普遍敌意的产物——这是一个被视为腐败和充满叛徒的政府。叛军于6月18日在塞文奥克斯击败王室军队后，于7月3日占领了伦敦，并杀死了不得人心的官员。凯德后来在伦敦失去了支持，于7月8日至9日在伦敦桥上的一场战斗中被击败。正如1381年农民起义那样，王室的赦免破坏了叛军的凝聚力。凯德先是逃了出去，但随后在7月12日的一次小规模战斗中受了致命伤。他的尸体遭受了模拟审判，然后被斩首分尸。

面对叛乱，亨利逃之夭夭，这一平淡无奇的反应激起了伦敦人后来对约克党人的同情。约克公爵利用了凯德叛乱的机会，如莎士比亚所示（第三幕第一场），据传正是他鼓动了凯德叛乱，并从他统治下的爱尔兰英占区返回，进而要求改变英格兰政府。

随后，1453 年 8 月，亨利在精神和身体上的崩溃导致推定继承人（the heir presumptive）约克被任命为"护国公"（Protector）——只是因为亨利的儿子即威尔士王子爱德华的出生，排除了约克通过世袭权继承王位的机会。反过来，国王在 1454 年至 1455 年的冬天远未完全康复，这给了第二代萨默塞特公爵爱德蒙·波福领导下的宫廷党反攻约克党的机会。1455 年 5 月 22 日，约克公爵与萨默塞特公爵在第一次圣奥尔本战役中发生冲突。最终，这场"战役"只不过是一系列政治暗杀，约克家族逐个消灭他们的对手。但若考虑到这些对手都在国王身边，这着实令人震惊。萨默塞特和第二代诺森伯兰伯爵亨利·珀西被杀，曾支持萨默塞特的亨利六世被俘。莎士比亚迅速从凯德跳到圣奥尔本，《亨利六世中篇》便以约克的胜利结束：

> 声名远扬的约克打赢了圣奥尔本战役，
> 它将永垂青史。击鼓鸣号，
> 大家一起向伦敦进军，
> 愿我们享受更多如此光辉的日子！（第五幕第三场）

然而，圣奥尔本之战并没有带来稳定，反而助长了复仇的念头，为动荡埋下了种子。1457 年，约克失去了对政府的控制，同年再次爆发战争，并在 1459 年变得更加激烈。

因此，从 1455 年起，对亨利宠臣的武装反抗引发了冲突，约克攻击与国王关系最密切的领主。这场战争与 1453 年失去法国领地有关，这让贵族们不再拥有一个有效的对外侵略出口。从结构上讲，随着后来被称为"变态封建主义"（bastard feudalism）的推行，内部的动力和军事力量发生了变化，在这种制度下，领主每年用金钱而不是土地奖励他们的追随者并获取他们的服务。由此产生的委托关系由强大的贵族主导，他们是否愿意招募军队对于统治者的野战能力至关重要。这种形式的庇护和委托不一定是国内冲突的原因，但在君主和贵族关系破裂的情况下，或者在后者的阶层中，它使贵族更容易动员和保持他们的力量。经济陷入严重困境加剧了这些问题。白银的流失（其中大部分被送往国外以支持在法国的战争）导致英格兰流通的货币总量下降。

对莎士比亚来说，统治者和那些试图推翻他们的人之间的相互作用既是情节也是主题。亨利四世和亨利五世迅速镇压了他们的反对者，亨利四世成功扫除了珀西家族的强大利益集团，粉碎了他们在1403年、1405年和1408年的叛乱，亨利五世则在入侵法国前夕挫败了一场阴谋。相比之下，亨利六世无法压制反对派，在当时的观念中确实缺乏男子气概。他患有精神疾病，无法应对危机，而且，与亨利四世统治时期的哈尔王子（未来的亨利五世）不同，亨利六世的儿子和继承人爱德华还是个婴儿——更重要的是，亨利六世之子的结局将如同爱德华四世的儿子和继承人爱德华五世，即所谓"塔中的王子们"（Princes in the Tower）中的长子那般。15世纪50年代的危机从一场政治对抗演变为一场王朝斗争，这在很大程度上是由于高度党派化的约克，当他的阴谋失败时，他试图通过武力夺取权力。[23] 在1460年7月10日的北安普顿战役中，兰开斯特家族被击败，他们的几位首领被杀，亨利再次被俘。

然而，北安普顿战役并不是圣奥尔本的翻版。此前，约克一直对亨利忠心耿耿，如今，他借由争夺王位而扭转了局面。从同情的角度来看，这是他在政治上被亨利身边人边缘化十年后的最后手段，但这也是对既定秩序的破坏。在《亨利六世下篇》的开场，约克被认定为亨利的继承人，然而，尽管不受欢迎但却意志坚定、精力充沛的法国王后安茹的玛格丽特，实际上并没有准备好看到她的儿子爱德华被剥夺继承权。1460年12月29日，兰开斯特党人在韦克菲尔德袭击、打败并杀死了约克。出于嘲弄的目的，人们给他被砍下的头颅戴上一顶纸王冠。这算不上是骑士精神的表现。莎士比亚让玛格丽特对约克嘲讽一番，并成为第二个刺向他的人（第一幕第四场），不过在编年史中却不是这样写的。

1461年2月17日，玛格丽特在伦敦北部圣奥尔本的第二次战役中，击败了被称为"造王者"的约克党重要成员华列克伯爵理查德·内维尔，重新控制了亨利。然而，作为一股重要的政治力量，伦敦却公然反抗玛格丽特，这一事件应当是莎士比亚有生之年中伦敦人集体记忆的一部分。由于遭到阻击且补给不足，她向北撤退。约克雄心勃勃又颇为能干的长子爱德华继位，为爱德华四世。他比其父更有魅力，更富活力，也更愿意诉诸战争。约克党人向北进军。3月29日为棕枝主日，在约克郡的陶顿，大雪漫天飞舞，兰开斯特党人在一场可能有多达6万人参战的战役中惨败，这是不列颠土地上参战人数最多的战役。大约有2万人被杀。莎士比亚用了四场戏来描述这场战斗。[24]约克的爱德华大获全胜，不仅让兰开斯特家族血流成河，还让他得以加冕为爱德华四世，除了兰开斯特家族的最忠实的党羽外，所有人都已臣服。

爱德华之所以能够在15世纪60年代早期镇压了兰开斯特家族的持续反抗，部分原因在于玫瑰战争与当时国际竞争的背景密切相关。对手法国和勃艮第的支持是关键因素。勃艮第人作为法国人的对手，支持约克家族，而为了稳定，爱德华也必须赢得法国人的支持。1463 年，他与法国国王路易十一达成停战协议，路易十一承诺放弃支持兰开斯特家族，并结束与苏格兰的老同盟（Auld Alliance）[1]。这让苏格兰丧失了保护，并在当年晚些时候与英格兰达成了停战协议。双方都不支持对方的叛军。此前，爱德华曾支持唐纳德部族对抗苏格兰王室。如今，苏格兰抛弃了兰开斯特家族。1464 年，兰开斯特党人在英格兰北部的赫奇利荒原和赫克瑟姆战败，他们和珀西家族一样，曾是反对伦敦政府的核心。亨利于 1465 年被俘。

　　然而，当"造王者"华列克对失去影响力心生不满，遂厌弃了他的表弟爱德华，转而投向兰开斯特家族后，约克家族的利益因此受到了挫伤。华列克和爱德华在外交上发生抵牾，更尖锐地是，爱德华偏袒的伍德维尔家族是当朝王后的亲戚，他们挑战着华列克在宫廷内的主导地位。这预演了亨利八世对安妮·博林的偏爱以及给红衣主教乌尔西带来的麻烦，乌尔西也因此在 1529 年倒台，而 1464 年爱德华秘密迎娶伊丽莎白·伍德维尔（Elizabeth Woodville）这一事实表明，华列克的主导权是有限度的。他一直在为爱德华争取一桩法国婚姻。莎士比亚让华列克抱怨道：

> 我在出使的时候你让我丢了脸，
> 所以我废掉了你，
> 现在前来任你为公爵。
> 你不知道怎样使用你的使臣，
> ……

---

[1] 苏格兰和法国于 1295 年订立的同盟，旨在共同对抗英格兰。

你如何能治理国家呢？
（《亨利六世下篇》第四幕第三场）

　　1469年7月26日，华列克在埃奇科特击败了爱德华的盟友赫伯特家族，并在不久之后俘虏了爱德华，夺取了政权。然而，他无法维持权威，并于1470年逃往法国，爱德华重掌权柄。在法国，华列克与被流放的安茹的玛格丽特和解，并致力于为亨利复辟。这是这一时期机会主义政治中最引人注目的重新联盟之一，它表明，是权力而非原则在很大程度上主导了贵族的策略。

　　在路易十一的帮助下，华列克和他的女婿——即爱德华不忠的兄弟克莱伦斯公爵乔治——于1470年9月攻入英格兰。10月，爱德华遭到废黜而被迫流亡，亨利从监禁中获释并复辟为王。如果这便是结局，那么莎士比亚将不得不面对一段迥异的历史，会对他的人物塑造产生影响，最终的成败很大程度上影响了人物的塑造。

　　莎士比亚在《第十二夜》结尾所说的"风水轮流转"（第五幕第一场），又使爱德华在1471年3月重新归来，这得益于与路易十一的主要对手勃艮第公爵"大胆"查理的结盟。爱德华掌握了主动权，发动进攻并通过战斗夺回了王位。他行动迅速，于4月14日在伦敦北部巴尼特区升腾的浓雾中击败并杀死了华列克。华列克实际上遭到了克莱伦斯的出卖。5月4日，爱德华又在图克斯伯里击败了兰开斯特党人，在此役的开始阶段，他利用大炮横扫敌军。亨利的儿子——威尔士王子爱德华在图克斯伯里被俘后遭到杀害，当时他和其他兰开斯特党人的领袖是在修道院避难的过程中被拖走的。亨利本人则在伦敦塔被杀。莎士比亚必须表现出这种"轮流转"，但得益于同时代人比现在更熟悉这些事件——因而需要这种叙述。

爱德华四世建立起自己的政治盟友圈，在1483年去世前几乎没有反对之声。[25] 尽管如此，兰开斯特家族的叛乱仍在国内蔓延，王室内部也出现了分歧。克莱伦斯背叛了华列克，于1471年重新加入爱德华的阵营，但在1478年因叛国罪被判处死刑。根据同时代人的说法，他很快在伦敦塔被秘密处决，溺死在一个马姆齐白葡萄酒桶中。在莎士比亚的《理查三世》（第一幕第四场）和电影《血染莎剧院》（*Theatre of Blood*，1973）中都有这一情节。《血染莎剧院》是一部模仿莎士比亚式杀戮剧情的电影，由文森特·普莱斯（Vincent Price）主演，他在剧中饰演一个失败的莎剧二流演员。这是对"埃文河畔的吟游诗人"最生动的致敬之一。实际上，未来的理查三世并不对克莱伦斯的死负责。

玫瑰战争为莎士比亚和其他人提供了大量激动人心的事件，这些故事是一种与中世纪主要文学作品版本——尤其是罗伯特·克劳利（Robert Crowley）1550年出品的兰格伦（William Langland）的《农夫皮尔斯》（*Piers Plowman*）和托马斯·斯佩特（Thomas Speght）于1598年和1603年出版的乔叟（Geoffrey Chaucer）作品——截然不同的叙述。玫瑰战争还提供了一个问题，即如何理解频繁且令人困惑的快速变化，并防止它们使戏剧在整体或部分上看起来混乱不堪。现代观众更常面对这种情况，尤其是因为他们对用郡和地方名指称个人（如约克、诺森伯兰等）感到困惑，而这是其头衔的一种表达方式。事实上，这种用法曾吸引到报道的嘲讽。

由于缺乏一个王室核心，连贯性的问题更显突出。亨利六世不仅不像他父亲那样是名英雄，而且也缺乏理查二世所具有的核心意义。此外，在《亨利四世》中没有与哈尔王子相媲美的角色，当然也没有可与亨利六世和爱德华四世的儿子比肩的角色。

由于缺乏与莎士比亚众多悲剧作品或《裘利斯·凯撒》《安东

尼与克莉奥佩特拉》相媲美的心理戏剧，英格兰历史剧中的悲剧往往是王国或特定朝代的悲剧，而不是个人的悲剧。亨利六世的命运被认为是对亨利四世废黜并谋杀理查二世罪行的惩罚。爱德华四世的儿子——伦敦塔里的王子们的命运，是对约克家族追逐王位所犯罪行的惩罚，尤其是对谋杀亨利六世的儿子爱德华王子的惩罚。理查三世的命运是他许多残忍行为的报应，这一过程可与麦克白的命运相比拟。莎士比亚描绘了理查刺死亨利，并与爱德华四世和克莱伦斯一道杀死反抗的爱德华王子的场景。因此，废黜君主造成了一场旷日持久的危机，不仅对整个国家如此，对那些负有直接责任的人也是如此。这是莎士比亚给观众上的一课，在伊丽莎白一世王位继承不确定的情况下，这一课颇有意义。

软弱的政府（尤其是亨利六世的政府）被莎士比亚描绘成一个严重的问题，但即便如此，其严重程度也达不到自以为是的害处。后者是一股活跃的、几乎是（附身于理查三世）恶魔般的力量。语言的运用和情节的安排赋予整部作品以深度，其中的意象激发了人们对权力的共鸣。长期以来，关于内部异见造成衰弱后果的主题一直是历史呈现的主要内容之一。这些主题在16世纪宗教分裂和冲突的背景下获得了新的突出地位，这种分裂借阴谋的方式构成了特别严重的威胁。虽然与莎士比亚的历史剧没有直接关系，但这一背景是其语境的一个重要方面。

爱德华于1483年去世，享年40岁，他有能力给予英格兰以和平，但在其长子爱德华五世作为王位继承人尚未成年时便早早撒手人寰。不同于1422年，更为年幼的亨利六世在他的叔叔贝德福德公爵约翰的强势摄政与把持朝政下成长为国王，1483年的王位继承存在争议——如果亨利六世在王位上去世并由威尔士王子爱德华继承王位的话，情况可能也会如此。爱德华四世在世的兄弟葛罗斯特公爵理查担心伍德维尔家族接手权力的话恐怕对自己不利，再加上他野心勃勃，行事直接而无情，这是亨利六世的叔叔们所没有的，因此，他在兄弟之间紧张和对立冲突的最后阶段迅速行动，莎士比亚很好地表现了这一点。1483年4月，理查夺取政权，宣布他的两个侄子——12岁的爱德华五世和弟弟约克公爵理查为私生子，并将他们送进了伦敦塔。

从人们的视野中移除后，两位王子很快便销声匿迹了，他们的命运长期以来一直是争议的焦点，"理查派"（Ricardians）作为理查三世声誉的支持者，提供了一些巧妙的说法，试图证明他的清白。然而，考虑到理查残忍而果断的性格，他自己及其兄弟们的无情，特别是1471年在图克斯伯里发生的谋杀事件，以及这一时期政治的凶残本质，王子们很可能遭到了杀害。同时代的人认为他们已经死了。否则，像玛格丽特·博福特之子亨利·都铎（Henry Tudor）这样不折不扣的局外人，就不太可能作为兰开斯特家族世系中不甚合法的继承人，反倒成了对抗理查的名义上的领袖。可以相信，这起谋杀案大大败坏了理查这个暴虐之人的名誉。

理查三世（1483—1485年在位）有能力、有决心，直到1483年篡位之前，他曾赢得了许多人的信任。他在1482年成功攻入苏格兰，所以关于他的记载甚佳。然而，理查对王位的攫取违背了政治惯例，并分裂了约克派，导致理查的支持基础变得薄弱。[26]1483年10月，伍德维尔家族和第二代白金汉公爵亨利叛变。这位公爵娶了爱德华四世妻子的妹妹凯瑟琳·伍德维尔，在理查夺取王位的过程中发挥了重要作用。莎士比亚从经济和能力着眼，展现出在这场危机中理查三世如何迅速行动以分化叛乱分子，并使叛乱分子中的大多数人或与己方和解，或是逃往国外。白金汉公爵在索尔兹伯里被斩首。叛乱的支持者之一——来自科特赫勒的理查德·埃奇库姆（Richard Edgcumbe）在帽中放入一块石头，并扔进科特赫勒附近的塔玛河里，假装他在河中溺死。埃奇库姆借此骗过了追捕者。

这些频繁的变化造成一种无政府状态，例如，在精英宅邸中重新出现了如城垛这类具有坚固特征的建筑。政治的暴力本质几乎无助于建立一个善治的政府。玫瑰战争的确为各地区贵族之间的争斗营造了环境，像在德文郡、东盎格利亚以及北部地区，这与（诺曼王朝）斯蒂芬统治时期（1135—1154年）的内战如出一辙。此外，尚有一些人以预言的方式来理解这一时期动荡的政治局面，并认为这是诅咒降临了这个国家。

社会经济的发展

莎士比亚在他的历史剧中并没有过多关注当时的社会和经济背景，但事实上这是极为重要的面向。由于经济困境所造成的压力，所以整个这一时期算得上是不列颠岛面临的十分艰困的时期之一。黑死病之后，人口数量并没有恢复，而是进入了一个普遍停滞的时期，在1361至1362年、1369年和1375年又出现了新的疫情。这种停滞缩小了国内的农业和工业市场，对经济起着普遍的抑制作用。人口的减少导致许多村庄收缩或被遗弃，而在许多现代牧场上仍然可见的山脊和犁沟的痕迹表明，耕地一度被从耕种农业中抽离出来，变成了动物的牧场。大多数市场和集市的贸易量下降，对城镇生活造成冲击，加剧了疫病的影响。而长时段的环境则是气温的降低。随着天气转冷，农作物的生长季节受到限制，从而降低了产量。上述情形到了16世纪仍然是刻骨铭心的记忆。

与此同时，作为对受经济趋势影响的各类利益攸关方的提醒，人口增长乏力也影响到了劳动力市场，使农民有可能利用对劳动力的需求而为自身谋利。农奴制的衰落和由此产生的土地权属关系流动性的增加也使他们获益。劳役地租转换成了货币地租，这一过程促进了货币经济对农村世界的渗透。较高的工资水平让劳动者有了更多闲暇时间：在酒馆里社交饮酒变得更加普遍。监管游戏的立法也受到了同样趋势的推动。作为相对繁荣和社会变革的另一个方面，畜牧业的广泛兴起意味着社会较低阶层逐步可以得到肉食。

此外，布料贸易的增长为不列颠岛提供了一种经济上的关键优势。英格兰和苏格兰的部分地区——特别是东盎格利亚和苏格兰高地南部，长期以来一直是羊毛出口中心，为低地国家（比利时和荷兰）重要的纺织业提供基本原料。14 世纪的约翰·特里维萨（John Trevisa）翻译了希格登的《编年史》（Polychronicon），该书在有关英格兰的描述中注意到了绵羊的存在，它们长着"好羊毛……佛兰德斯人喜欢这片土地上的羊毛"。这种以农业为基础的工业尤为重要。首先，因为英格兰既不生产棉花，也不像后来那样进口棉花；其次，那个时代还没有合成纺织品；再其次，因为工业生产的范围比后来要有限得多。

在 14、15 世纪，羊毛出口转为了羊毛布料出口，因为英格兰现在已能够从事羊毛布料的生产。这一发展带来了极大的繁荣，在拉文纳姆和朗梅尔福德（都在萨福克郡）等城镇的宏伟教堂中仍能瞥见其繁荣景象，当然，这在一定程度上只是地区间相对位阶的变化。例如，东盎格利亚的财富与北方地区无法匹敌，而在英格兰东部，林肯郡的重要性相对下降，而诺福克郡和萨福克郡则更有起色。到 16 世纪 40 年代，约 88% 的英格兰布料要经过伦敦出口，这增强了首都的财富和政治影响力。

布料贸易还为王室提供了一个关键且基本可靠的收入来源，这既需要政府发展海关服务和贸易保护，也需要政府在商业利益相联系的政治方面得到成长。布料贸易也促使人们密切关注低地国家的政治情况，因此，这个行业与王朝和政治策略相互作用，导致外国干预英格兰内战，并在英格兰内部寻求这种支持干预的势力。

都铎土朝的到来

1485 年，都铎王朝的亨利七世（1485—1509 年在位）在博斯沃思战役中杀死理查三世，取其王位而代之，玫瑰战争达到了高潮。亨利自法国带兵袭来，业已推进到了英格兰腹地，正如亨利四世在 1399 年和爱德华四世在 1471 年所做的那样。在博斯沃思，尽管有第一代诺福克公爵约翰（身兼伯爵典礼官和总管大臣之职）身先士卒，在带领其前锋部队作战时被箭射死，但理查却被斯坦利家族（一个重要的家族，通过玛格丽特·博福特而与亨利·都铎结盟，并率领其军队加入战斗）和亨利·珀西（第四代诺森伯兰伯爵，指挥其后卫部队）所抛弃。这说明理查没能给其北方支持者以足够高的爵位。与此同时，亨利得到了训练有素的法国雇佣兵的支持。然而，理查运用的骑兵冲锋战术也展现出取胜的机会，这反映出这场战斗的混乱以及远非必然的性质，同样说明这一点的是理查也有能力杀死许多冒充亨利·都铎的人，以降低他的风险。最终，理查因致命的创伤倒下了。

莎士比亚将理查描绘得如同麦克白一样，是上帝的祸害，一个不太正直的人，他在一个剧中有许多谋杀案，还有一些人在戏剧的结尾被送交司法行刑，得到了他们应得的惩罚。事实上，亨利告诉他的军队，他们得到了"神圣的圣徒和受委屈的灵魂"（第五幕第三场）的祈祷所助，令人回忆起人与神、现在与过去的相互作用。对莎士比亚来说，理查很像麦克白，很容易意识到自己的罪行，而实际上，他是一个自信且鼓舞人心的人物，坚信自己作为约克家族首领的地位是正当的，尤其是他的母亲塞西莉·内维尔喜欢把爱德华四世斥为私生子。[27]莎士比亚对理查的呈现深受托马斯·莫尔（Thomas More）的影响，并可能有机会接触到了口述传统，这种传统仍很强大。在探寻家族纹章时，莎士比亚认为亨利七世将其祖先在家族谱中的位置提前了。理查并不是唯一一个富有争议的人物。正如《约翰王》里所描绘的那样，约翰确实也可以（也能够）被视为一个令人厌恶的、凶残的暴君，[28]需要注意的是，这其中也不乏其对手散布的那些抹黑宣传。

都铎家族通过与兰开斯特家族的纽带拥有了对王位的微弱宣称。亨利的祖父欧文·都铎（Owen Tudor）是亨利五世遗孀凯瑟琳·瓦卢瓦的第二任丈夫，而他的母亲玛格丽特·博福特是冈特的约翰第三次婚姻（与他的情妇凯瑟琳·斯温福德）的孙女。然而，理查的篡位给王位继承带来很大的变数，而理查的不受欢迎也使得很多贵族都不支持他，这些都对亨利有所助益。在博斯沃思，理查的阵中大将也发生了影响深重的变节。[29]战役结束后，更多的贵族聚集到亨利身边。

即便如此，亨利也不得不应对随后一系列约克家族发起的阴谋，包括1487年的全面叛乱，约克家族后在斯托克战役中被击败，这意味着玫瑰战争的真正结束。约克派军队表面上是为"爱德华六世"而战。华列克伯爵爱德华，是克莱伦斯公爵乔治的儿子，也是爱德华四世的侄子，但实际上他是由兰伯特·西姆内尔（Lambert Simnel）假扮的，可能是一个牛津商人的儿子。另一个侄子约翰，即第一代林肯伯爵，也是爱德华四世妹妹伊丽莎白的儿子，在起义中发挥了关键作用。他在战斗中阵亡，而被俘的西姆内尔则被安排在王室厨房里做一份卑微的工作，这是亨利对其表达蔑视的一种方式，旨在展现亨利地位之不可一世。然而，这场战役打得很艰苦，规模也比博斯沃思更大，亨利从理查的命运中懂得，国王很容易被推翻。假使第一代林肯伯爵赢得了斯托克城，一股约克派的潮流可能会滚滚而来，或许将影响莎士比亚和其他人后来对玫瑰战争的描述。

这场入侵/叛乱是始自1399年兰开斯特派的亨利对理查二世发起进攻以来的终局之战。然而，阴谋和王室的焦虑在此后几十年里一直延续，在1495年至1499年期间，人们聚拢在帕金·沃贝克（Perkin Warbeck）周围，他是另一个冒充王室的人，并曾得到勃艮第人的支持。1499年，克莱伦斯的儿子，即第17代华列克伯爵爱德华·金雀花（Edward Plantagenet），因参与越狱阴谋而被以叛国罪斩首，他自1485年起便被关在伦敦塔里。沃贝克自称是爱德华四世最小的儿子，也因参与上述阴谋被处以绞刑。

在疑心重、报复心强的亨利八世统治下，阴谋和怀疑导致了对那些有可能继承王位的人处以极刑，比如，爱德华四世最小的女儿凯瑟琳因与威廉·考特尼爵士联姻即招来杀身之祸。他们的孩子埃克塞特侯爵亨利于1538年因叛国罪被处决，而红衣主教波尔的母亲——索尔兹伯里伯爵夫人玛格丽特，作为克莱伦斯的女儿于1541年被处决。波尔被视为串联欧洲大陆力量反对亨利八世的核心人物，亨利八世试图将其绑架或暗杀。[30]在莎士比亚的《亨利八世》中，1521年被处决的第三代白金汉公爵爱德华（Edward Third Duke of Buckingham）涉嫌背叛是一个主要事件，这让人回想起1483年他父亲的反叛。

然而，亨利七世在1486年通过迎娶约克家族的伊丽莎白，从而巩固了都铎王朝的地位，而伊丽莎白是爱德华四世的女儿，也是在伦敦塔被杀害的两王子的姐姐。亨利就这样把他的兰开斯特家族分支并入了约克家族。这一进程的象征标示体现在都铎家族的玫瑰取代了约克家族的白玫瑰和博福特家族（也许还有兰开斯特家族）的红玫瑰。在《理查三世》的尾声，亨利提出了一份在都铎王朝下的联合计划，他和伊丽莎白：

> 现在让里士满和伊丽莎白这两个王族的合法继承人
> 按上帝的美好旨意结合起来吧！
> 让他们的后裔用安谧的和平、
> 欢欣的财富和美好繁荣的日子，
> 使未来的时代富裕起来！（第五幕第五场）

英格兰内战的结束和苏格兰王权在充满活力的詹姆斯四世（1488—1513年在位）统治下的巩固，都为更强大的中央政府——即所谓的新君主制（New Monarchy）提供了机会。这种强化在某种程度上采取了新制度的形式，但同时也将权力和职位授予权集中在君主身上，并试图与"新贵"建立联系，这是国王与地方性权贵建立更直接联系的过程之一部分。[31] 虽然如爱德华四世的坚定反对者——第十三代牛津伯爵约翰这样的贵族可以得到亨利的信任，并拥有相当大的地方权力[32]，但亨利八世还是坚定地试图限制贵族的私人武装力量，并把表现良好的人置于保税（财务担保）之下。[33] 尼布利格林战役于1470年在格洛斯特郡展开，交战双方是第二代伯克利勋爵威廉和第二代莱尔子爵托马斯。这场战役成为英格兰土地上最后一场完全在封建巨头的私人军队之间进行的战役。伯克利调动了大约1000人，莱尔部署了大约300人。莱尔死后，他的军队也随之土崩瓦解。[34]

对君主的关注提高了王室司法的效力，但也使前几个世纪的模式再次出现——例如，亨利一世、亨利二世和约翰在位期间——利用这种司法以增进王室利益，这在许多人看来是敲诈勒索和不公平的。这种情况在亨利死后出现反弹。1510年，两位不受欢迎的大臣理查德·恩普森爵士和埃德蒙·达德利被处决，这是新国王亨利八世（1509—1547年在位）无情的机会主义的一个极端例子，表明他从一开始即转向了暴力。家族联系与历史过往的重要性可以从达德利的儿子——诺森伯兰公爵约翰身上看到，他在1553年试图排除玛丽的继承权，结果被处死，而约翰幸存的两个儿子中有一个是伊丽莎白一世的宠臣——莱斯特伯爵罗伯特，而他的哥哥也是被玛丽处死的。

　　1485年亨利七世在博斯沃思的胜利，仍然被普遍认为是英格兰结束中世纪的标志，代表着现代的开端。亨利即位和都铎王朝的建立在过去和现在都是一个适当的分界点。通过结束玫瑰战争（尽管实际上是1487年的斯托克战役，而不是1485年的博斯沃思战役），亨利帮助王国实现了更大程度的统一。在此之前的数十年里，无论是在法律和秩序方面，还是在更广泛的王室统治方面，内乱既是严重危机的根源，也是造成危机的推手。反过来，人们也看到在亨利七世和亨利八世统治下发生的一种变化，强大的王权成为15世纪50年代和1483年至1485年稳定局面崩溃后的最终结果。在接下来的一个世纪里，这种权威受到了挑战和制约，尤其是在1536年至1569年期间更是如此，但这是莎士比亚所明确尊重的政治秩序的基础，他在其历史剧中如此戏剧性地、连篇累牍描绘王权的早先缺席所造成的影响。

宗 教 改 革

　　在贪婪挥霍的亨利八世统治下，[35]亨利七世统治时期相同的增加财政收入的过程得以延续，只是规模要大得多。获取资金的压力在很大程度上是来自支付亨利八世与法国和苏格兰耗资巨大的战争。事实上，这些战争的花销在 1525 年便引起了民众的强烈反应，当时的增税政策变成了非常不受欢迎的"友好补助金"（Amicable Grant）[1]。这个术语本身表明，带倾向性的解释（spin）并不是 20 世纪后期的发明。莎士比亚将该税种描述为 1514 年作为约克大主教和 1515 年作为亨利主要谋臣和大法官的托马斯·乌尔西（约 1473—1530 年）的发明——在（阿拉贡的）凯瑟琳王后和第三代诺福克公爵托马斯告知亨利真实情况后，该税种被废除。在讨论施政不当的社会后果时，托马斯明智地将税收与失业和失序威胁联系起来。莎士比亚在《亨利八世》中有更深刻的描述：

> 由于这些苛捐杂税，
> 全体织布业主都无法维持他们手下的那么多员工，
> 已经把纺纱工、梳毛工、漂布工、织布工都解雇了，
> 而这些人又不适于其他生活门路，为饥饿所迫，
> 就铤而走险，不顾一切后果，聚众骚乱，
> 危险的思想在他们当中很盛行。
> （《亨利八世》第一幕第二场）

建立更强大政府的机会受到宗教改革的重大影响。这是席卷整个欧洲的运动之一部分，始于 16 世纪 10 年代末的德意志诸邦国，

---

[1] 该补助金是 1525 年由大法官托马斯·乌尔西在英格兰征收的一个税种。这在当时被称为"一种仁慈"，其本质是一种强制贷款，对俗人财产征收六分之一到十分之一的税，对神职人员财产征收三分之一的税。

马丁·路德于1517年在维滕堡公开表达了对教宗权威的蔑视。宗教改革结束时，英格兰有了一个独特的教会，但其背景却并无不同之处。在16世纪初，英格兰和苏格兰都在寻求建立一个具有标准实践的普世教会。各地情况有别，尤其是在对某些圣人和神龛的笃信以及当地神职人员的招募问题上。然而，如此种种因素并没有减损对教宗更广泛的服从，教宗以罗马为基础，利用了前所未有的制度连续体。此外，虽然有神职人员滥用职权的情况，但民众对现有宗教习俗的热爱是不可否认的。[36]

宗教改革导致了教义、礼仪和组织上的变化，英格兰（和有所不同的苏格兰）随即从自我宣称的普世教会（即罗马天主教会）中分离出来，这也早有其他独立教会开创先河，包括俄罗斯东正教、希腊东正教、科普特教会、亚述教会和埃塞俄比亚教会。在英格兰、苏格兰和其他一些国家，宗教改革也导致了一种宗教异端，原因在于许多人并不接受这些变化。有一种说法认为，莎士比亚或至少他的一些家庭成员是秘密的天主教同情者，这促成了莎士比亚戏剧的"多重声音"。[37]另一些人则在新教的形式下寻求不同变化，而没有止步于在英格兰建立的宗教改革解决方案所提供的形式。这种异端乃是对国王权威和权力的挑战，尤其是因为宗教宽容在这一时期被看作是软弱的表现。与此同时，从教宗手中转移教会领导权的想法也大大提升了国王的地位。

在英格兰，亨利治下的议会被用来维护国王对教会的控制，这种控制达到了前所未有的程度，与过去针对个别教宗或特定教宗声明的行为截然不同。亨利最初把新教徒当作异端来惩罚，并因为写了一本反对路德的书《捍卫七圣礼》(*Assertio Septem Sacramentorum*，1521）而从教宗利奥十世那里获得了"信仰守护者"(Fidei Defensor）的称号，他被教宗克莱门特七世拒绝允准他与第一任妻子阿拉贡的凯瑟琳"离婚"所激怒：事实上，宣布无效婚姻的文告已经订立。在莎士比亚的戏剧中，凯瑟琳被描绘成具有坚强而令人印象深刻的性格，并被成功地演绎出来。亨利有一个女儿（玛丽），但他想要的是儿子，在亨利看来，这在法律上无法确保都铎王朝的地位。他相信自己没能生下儿子是上帝的惩罚，因为他娶了他兄弟的遗孀。1509 年，亨利与凯瑟琳的婚礼得到了教宗尤利乌斯二世的许可，尽管建立了夫妻关系，但亨利愈发对《圣经》中的训诫，即一个男子不应与他兄弟之妻发生性关系有所警觉。在此之前本应成为一位女性统治者的玛蒂尔达，是亨利一世（1100—1135 年在位）的女儿，被斯蒂芬阻挠获得王位，并以一场漫长而极具破坏性的内战为代价。

　　亨利八世真正爱上的安妮·博林拒绝成为其情妇，这也起到了一定作用，因为它导致亨利决定娶她为妻，从而推动了他对（此前）婚姻无效的诉求。教宗忌惮于凯瑟琳的侄子查理五世（也是西班牙的查理一世）皇帝的立场，因为查理五世统治着重要的意人利公国，其军队还曾在 1527 年袭击了罗马，因此，尽管亨利做出了巨大而漫长的努力，但废除婚姻的谈判最终仍归于失败。

　　这一失败导致了亨利的首席大臣乌尔西倒台，这一步反映出了亨利的意图，乌尔西遂在 1529 年被免去大法官一职。[38] 莎士比亚展现出乌尔西想要操纵亨利的意图，比如任命他的门徒斯蒂芬·加德纳（Stephen Gardiner）为亨利的大臣和主教。乌尔西被指控犯有蔑视王权罪，以违反了 1351 年和 1363 年在英格兰限制教宗权力法令的名义。[39] 在某种程度上，莎士比亚的戏剧《亨利八世》是红衣主教的悲剧，他在第三幕结束时放弃了野心而死去。乌尔西与试图通过教宗废除婚姻关系一事密切相关。因为这出戏的故事结束于 1533 年，因而乌尔西扮演的角色极为重要，倘若故事结束于 1547

年亨利去世时，那么乌尔西的戏份便会大不同了。

1531年，作为对谈判失败的回应以及对整个教宗司法管辖权的反对，亨利在限制英格兰独立于罗马天主教会方面变得更加强硬。他对这样一种观点印象深刻，即国王凭借神圣的恩赐而拥有帝国的权力，因此，统治者不应屈服于罗马天主教会的权力。所以，他认为废除婚姻不需要教宗的批准。1532年，亨利的立场得到了议会支持，因为下议院也反对罗马天主教会官员滥用权力，并试图限制这种权力。

亨利终于在1533年公开拒绝了教宗的管辖权。也在那一年，他秘密迎娶了安妮·博林。莎士比亚描绘了他们的相遇，不过，出于戏剧效果，在《亨利八世》中，所有事件都一起发生，就像人们在莎翁戏剧中经常看到的那样。1533年，安妮生下了未来的伊丽莎白一世，亨利与凯瑟琳的婚姻被新上任的坎特伯雷大主教托马斯·克兰默（Thomas Cranmer）宣布无效。[40]莎士比亚称克兰默为保护亨利免受诬告的人，事实也的确如此。废除婚姻使亨利与安妮的婚姻变得有效，安妮是天主教徒，但同情新教的某些方面。现在，玛丽公主成了私生女。通过1534年的《至尊法案》，亨利成为英格兰国教会的"至尊领袖"（Supreme Head），而同年的《叛逆法案》规定，否认这一至高无上的地位便是谋逆行为。现在需要的是信仰的一致性，而不仅仅是行为。根据这一法案，诸如前大法官托马斯·莫尔和罗切斯特主教约翰·费舍尔等著名批评家于1535年被处决。

英格兰重视对该政策的执行与辩护，遂产生了那一时代标准下的国家主义表达。这种国家主义不仅关注当下的政治、世俗和教会的情形，也重视对过去的描述，而政治情形反过来会鼓励对英格兰历史予以一种新解释。1533年《禁止向罗马教廷上诉法案》序言中宣布司法事宜由本国自行处理，禁止向罗马上诉，这是声称"在各类古老的、真实的史书和编年史记载中明确宣布和表达的，英格兰王国作为一个帝国被世人所接受，它由一个最高首脑也就是国王统治，国王享有王室尊严和象征王室财产的皇冠"。亨利的这番言论回顾了10世纪和11世纪威塞克斯家族对不列颠的统治，这种统治植根于对英格兰的控制，但并不局限于此。

对亨利来说，过去一直存在一种说法，即他并非新教徒，也不希望看到天主教信仰被抛弃——这一点在他与罗马决裂后，于1539年通过《六条信纲法案》打击新教异端即可看出。然而，按照天意对王权的引领，亨利决心掌管教会，并开始将自己视为《圣经·旧约》中以色列的国王。[41] 王室于1536年颁布法令，规定了需要教授的教义。亨利设计出一种独特的基督教类型，并声称要将英格兰教会从教宗篡权的邪恶中解放出来。对神迹和圣物的排斥是一个重大的变化。亨利改革政策的影响是使英格兰的教会状况取决于英格兰的政治。此外，诸如摧毁修道院、女修道院和神龛等行为，也严重打击了民众的信仰和习俗，彻底破坏了宗教实践一成不变的感觉。

修道院为政府提供了丰厚的收入，因为它们在整个英格兰（既有城镇也有乡村）拥有大片庄园。这些修道院在1536年至1540年间遭到解散（镇压）。战争的花销和提供资助的压力，使得修道院土地在被国王夺取后，并没有继续留在国王手中。倘使国王能够保留全部或大部分土地，那么他将获得长期的收入并得以壮大实力，使统治者能够不再需要议会提供财政支持。相反，虽然一些土地被用来建造六个新的主教区和大教堂，但大部分修道院地产被转让或以优惠价格出售给国王的支持者，这些人据此获得了以前由修道院拥有的凌驾教会之上的权力。

既有的土地所有者和王室官员能够扩大他们的土地持有量，但修道院解散的过程和随后的土地分配带来许多破坏和混乱的情况。修道院是朝圣等宗教活动的中心，神龛之所以被摧毁，不仅是由于人们想要掠夺，也是对偶像崇拜的拒绝。其中最著名的是坎特伯雷的圣托马斯·贝克特，它体现出对一套价值观的某种历史肯定，这是亨利想要摧毁的，因为贝克特反对亨利二世统治下的王权，他在1170年因此被谋杀，继而于1173年封圣。

修道院建筑被用于提供石头和铅，这些建材经常被用于建造新土地所有者的房屋，如拉塞尔在沃本修道院所做的那样。因此，沃尔辛厄姆修道院为清教徒纳撒内尔·培根（弗朗西斯·培根同父异母的兄弟）提供了建造斯蒂利大厅的石头。每一个宏伟的修道院都代表着几个世纪的历史和宗教信仰，比如里沃克斯（约克郡）、伯里圣埃德蒙兹（萨福克郡）、格拉斯顿伯里（萨默塞特郡）和廷登（南威尔士），随着其团体的解散——有时是相当残酷的，瞬间变成了废墟。事实上，被毁坏的修道院成了旅行者、艺术家和作家的地标之一，尤其是从18世纪晚期开始。解散修道院是亨利在意志与权力方面的有力展示。与之相对应的是他为自己建造的宫殿，特别是被恰当地称为"无双宫"（Nonsuch）的建筑，只可惜这座宫殿没有幸存下来。

莎士比亚的十四行诗第73首是这样开头的：

你在我身上会看到这样的时候，
那时零落的黄叶会残挂枝头，
三两个在寒风中索索发抖，
荒凉的歌坛上不再有甜蜜的歌喉。

莎士比亚或许见过埃文河畔斯特拉特福的小教堂，它的墙壁须以白色来粉刷。那些可爱的鸟儿可能就是修道士。这首十四行诗至少表明了莎翁对天主教徒的同情。在人们的记忆中，仍然还留存有中世纪壁画的影子。斯特拉特福的公会小教堂坐落于文法学校旁边的角落，内有一系列中世纪的壁画，在宗教改革后被石灰粉覆盖，所幸后来被人发现。在威斯敏斯特教堂，人们于1936年在南部耳堂的墙上发现了两幅覆盖有类似粉末的13世纪晚期壁画。

然而，除了论及莎士比亚作品中对天主教的同情之外，也有证据表明其同样同情新教。《辛白林》是根据新教对和解、宽恕、自由恩典和基督教婚姻的理解展开的探讨。尽管剧中出现了朱庇特和一个占卜者，但剧中描绘了基督教特质在人际关系中的存在，尤其是伊摩琴和辛白林的宽恕，以及普修默斯的悔恨。[42]

亨利八世政策的关键要素便是破坏，因为其获得的大部分财富都花在了军事准备和战争上。16世纪40年代与法国和苏格兰的战争耗费甚巨，这在很大程度上是由于要同时与两国作战，而冲突又持续不断，再加上对法战争的负担已无法仅由英格兰国王的财产来承担。战争导致英格兰出现高税收和货币贬值。如此种种再加上通货膨胀，造成了严重的经济和社会压力。

作为地方社群的中心，修道院和女修院是教育和其他社会福利的重要提供者，这些功能因其解散而遭到极大破坏。由此产生的需求在某种程度上被一种新的慈善事业填补，其中一些以建立文法学校为中心。公共供给方面的压力促使英格兰在1531年、1536年、1572年、1598年和1601年相继出台了《都铎济贫法》（见第八章），当然，这些法律所应对的社会问题范围更广。

世人因修道院解散而产生的忧虑让亨利在1536年面临严峻挑战。那些针对其政策——特别是教会政策的不同意见，以及因新税收传闻而产生的担忧，激起了英格兰北部的一场大规模叛乱，即"求恩巡礼"（Pilgrimage of Grace）。这种反应表明了民众对政治和宗教演变的关注程度，以及宗教在帮助获取支持方面的作用。巡礼的军队准备聚集在圣卡斯伯特的神圣旗帜下，这面旗帜是由来自达勒姆的队伍带来的。巡礼者将"整个王国"与御前会议中的"邪恶之人"进行了对比：这种对比隶属于漫长的中世纪传统，但由于宗教因素，这种对比更加复杂，对一些人来说也更具吸引力。

在看待国王是否施行暴政时，若将"真正的信仰"作为判断的一个因素，这便为跨越宗教光谱并提出不从国教的看法提供了一种极具颠覆性的手段，极大地鼓励了人们采取行动。正如后来发生的历史事件一样，如1638年至1642年在苏格兰、爱尔兰及随后在英格兰爆发的内战是普遍的反对因素与特定的政治议题相结合的产物，在1536年，人们对1534年的《叛逆法》、1536年的《继承法》（该法案允许君主指定他的继任者——这一措施会处理亨利与阿拉贡的凯瑟琳离婚是否非法的争论）和其他不受欢迎的政府做法发出了抱怨。

与1381年的农民起义和1450年的杰克·凯德叛乱一样，1536年的紧张局势亦因国王的让步而得到缓解，但与前两次相同，镇压也随之而来，因为亨利从来没有打算完全兑现其允诺的让步，而再起的叛乱更使他无须恪守承诺。这使得议会并未在约克解决民众的不满。此外，"求恩巡礼"并没有阻止修道院的解散，也没能阻挡对圣人崇拜的攻击。相反，这些此前的叛军受到了残酷而血腥的对待，亨利抓住机会处决了其直系亲属以外具有王室血统的大多数幸存者。这是国王对其不信任之人采取的更广泛暴力惩治之一种，在这种情况下，法律被一个多疑而缺乏安全感的国王操纵，他随时准备用欺骗和暴力来解决现实问题。莎士比亚的《亨利八世》并没有涉及这些内容。事实上，国王的悲剧及其偏执的权力给他人和自己带来的后果并没有真正成为一个主题。此剧于1613年上演，是有关国王统治的传奇故事之一部分。[43]

　　就像舞台上经常描绘的人物一样，亨利的疑心受到了他人操纵，其中包括《亨利八世》展现的发生于1521年的第三代白金汉公爵的例子。这种操纵在1536年就初现端倪，当时宫廷中的保守派——在这件事上，亨利的主要大臣托马斯·克伦威尔（Thomas Cromwell）也加入了进来——（错误地）声称安妮·博林不忠，目的是推翻她。毫不奇怪，这是莎士比亚戏剧中没有出现的一段情节。结果安妮遭受极刑，伊丽莎白被宣布为私生子。

　　克伦威尔自己转而于6月10日被推翻，并于1540年7月28日被处决，当时，保守派拿他不愿支持亨利欲与凯瑟琳·霍华德成婚的意愿这一点大做文章，凯瑟琳·霍华德是亨利的第五任妻子，国王在将克伦威尔处决当天迎娶了她。1542年，凯瑟琳·霍华德又被指控通奸，同样被处以死刑。凯瑟琳毫无顾忌地对年轻侍臣表现出好意。在亨利其他妻子中，第三任妻子简·西摩（Jane Seymour）于1537年自然死亡，她是亨利的继承人爱德华六世的母亲；第四任妻子克利夫斯的安妮不讨亨利的欢心，这段未完成的婚姻在1540年即迅速被废除，第六任妻子凯瑟琳·帕尔比他活得更久，虽然，帕尔曾因参与新教福音派活动而招致对手攻击，地位一度受到重大挑战，但其成功击退了对手。[44]

　　亨利的权术和疑心不仅仅涉及处决。出于对远离伦敦地区的安全局势的不安，政府在1536年至1543年推动与威尔士联合，使后者完全融入英格兰的政府统治以及议会和法律体系中。但在1603年，同样的举动在苏格兰未见成效。

亨利治下的宗教变革使人们对所关心之事在心理契机上发生转变，炼狱的终结意味着为死者祈祷的实践的消亡，摧毁了生者群体与死者群体之间的联系。附属礼拜堂在1545年和1547年亦遭取缔。关闭伯克郡小教堂的特派人称其为"炼狱垃圾"。同样，当时也出现一种引人注目的批评，将有关奇迹的概念和内容与攻击圣地和圣徒联系起来。新教徒认为奇迹发生于《圣经》写就的年代，并证实了《圣经》的神圣起源，但他们声称，自那以后，奇迹便停止了，而天主教会与之相对的主张则是一种伪造的信息，这证明了天主教的虚假甚至是邪恶性质。对奇迹的否认延伸到对神龛、圣髑箱以及与之相关的壁画和描述奇迹的雕刻的破坏。因此，随着圣徒和圣徒身份被残忍地废黜，通过视觉效果呈现的奇迹世界所累积的信息遭到亵渎和摧毁。

由于宗教生活在忏悔状态的重新表述中受到政府的审查和管制，所以那些抱怨者很容易遭到强迫甚至迫害，更遑论反抗者了。从另一个角度来看，正是政府的虚弱构成了这一等式的重要组成部分。这种无力同时反映在引导观念和执行上。因此促使政府采取行动，寻求表面上的控制。[45]

与对图像的破坏相对，1537年出版了一部官方版英语《圣经》，政府于次年（1538年）要求每个教区教堂购买一本，这是印刷权威的显著延伸，它扩大了读者和听众得出自己结论的可能性，也鼓励了识字率的提高。国家指导教会的契机与新的印刷技术的契机联系在一起。亨利认为，"上帝的话语"支持王权至上的理念，这鼓励了《圣经》的翻译。1535年，迈尔斯·科弗代尔（Miles Coverdale）出版了第一部完整的英文《圣经》译本，并献给亨利。《圣经》的权威性在1611年詹姆斯国王的钦定版中得到了进一步确证。莎士比亚多次提到《圣经》（特别是在喜剧中引用《诗篇》）、

《公祷书》和《布道书》。他自己对《圣经》有精深的了解，颇有共鸣。[46]观众也是如此。

莎士比亚的创作背景，并不仅仅是基于对冲突叙事进行再复述。这一时期还出现了一些对英格兰社会和政治特性至为重要的长期性发展，这对他的作品以及人们对其作品的看法产生了很大影响。这些发展皆是在这一时期之前即已显现的，包括本土语言（英语）的兴起，议会的壮大，普通法的作用，以及英格兰社会日益增加的灵活性。最后一点使得有人认为，至少从13世纪甚至可能更早时候开始，英格兰就明显比欧洲其他地方的社会分层更少，因此，它的特点是"占有欲强的个人主义"，对资本主义的发展和政治自由的推进持开放态度。[47]这种个人主义可在戏剧对人物和动机的刻画中看到。它与许多文化（尤其是东方文化）中戏剧更为公式化的性质形成了鲜明对比。

通过展现1485年历史的多部历史剧以及展现1533年历史的《亨利八世》这些连续性剧作，莎士比亚呈现了连贯的情节，并邀请他的观众思考当下与过去的关系。为了理解莎士比亚时代的英格兰与这些戏剧所描述的特定时期集体记忆的关系，我们需要重申这一点，即多亏了他的戏剧，同时代人更容易重寻对于这段时期的记忆。这些戏剧对于今天的观众形成对15世纪漫长岁月的集体记忆比在莎士比亚时代更为重要，其中一个原因在于纪念这一时期的其他形式业已消退。

对莎士比亚和他同时代的人来说，政治秩序是以道德为基础的，而道德在很大程度上是以宗教方式体现的。在《亨利八世》中，被解职的乌尔西告诉托马斯·克伦威尔：

克伦威尔，我嘱咐你，一定要抛掉野心！

天使们就是由于这种罪恶而堕落。

那么，人类本来就是造物主按照他的形象造出来的，

怎能希望靠着野心就会赢得胜利？（第三幕第二场）

　　魔鬼从天堂坠落的比喻颇具启发性。剧中一个更尖锐的历史参照是对 1531 年至 1555 年担任温彻斯特主教的斯蒂芬·加德纳的描述，此人是一个恶棍，渴望摧毁克兰默。这种描述将亨利改革的斗争与玛丽的反动联系起来，进而与天主教会对伊丽莎白的敌对联系起来，因为加德纳是玛丽的核心幕僚之一。这些历史剧关注的是王室软弱和王朝挑战的后果，但也有源于宗教改革的历史维度。在《亨利八世》的核心内容中，这一历史维度在秩序、道德、目的、连续性和宗教地位等更广泛议题方面影响并反映了人们对过去的感受。历史维度是君主形象的一种面向，神秘性与流行性在其中相互平衡。

　　民众对君主个人的看法很大程度上取决于君主的形象是如何被感知的，这一问题由于宗教改革而被推到了前台。后者使得王权既重要又受到争议，这两种情况都是前所未有的。[48]虽然不晓得观众是如何体验戏剧，但剧作家的作品可以立足于这种争论的语境，尤其是立足于戏剧对异文性（variant readings）的开放程度。其中一个原因在于语言具有多种含义，而且就是在多种含义下被感知的。[49]事实上，就历史剧而言，对过往历史更具普遍性的理解没有中立性可言。

注释

1. P. Rackin, *Stages of History: Shakespeare's English Chronicles* (London, 1990); D. G. Watson, *Shakespeare's Early History Plays: Politics at Play on the Elizabethan Stage* (London, 1990).

2. I. W. Archer, "Discourses of History in Elizabethan and Early Stuart London," *Huntington Library Quarterly* 68 (2005): 214.

3. P. Saccio, *Shakespeare's English Kings* (Oxford, 1977); E. Sterling, *The Movement Towards Subversion: The English History Play from Skelton to Shakespeare* (Lanham, MD, 1996); J. W. Velez, ed., *Shakespeare's English Histories: A Quest for Form and Genre* (Binghamton, VT, 1996).

4. P. Rackin, *Stages of History: Shakespeare's English Chronicles* (Ithaca, NY, 1990).

5. 更多关注于政治意图的文本，见 Peter Lake, *How Shakespeare Put Politics on the Stage: Power and Succession in the History Plays* (New Haven, CT, 2016).

6. 全球性的语境，见 J. Duindam, *Dynasties: A Global History of Power, 1300-1800* (Cambridge, 2015).

7. N. Saul, *Richard II* (New Haven, CT, 1997).

8. D. Biggs, *Three Armies in Britain: The Irish Campaign of Richard II and the Usurpation of Henry IV, 1391-99* (Leiden, UK, 2006).

9. 对这两位剧作家的比较，R. A. Logan, *Shakespeare's Marlowe* (Aldershot, UK, 2007).

10. D. Biggs, *Royal Charter Witness Lists, 1399 to 1417* (London, 2017), xi.

11. G. Dodd and D. Biggs, eds, *The Reign of Henry IV: Rebellion and Survival 1403-13* (Woodbridge, UK, 2008).

12. C. Given-Wilson, *Henry IV* (New Haven, CT, 2016).

13. M. Vale, *Henry V: The Conscience of a King* (New Haven, CT, 2016).

14. A. Curry, *Agincourt* (Oxford, 2015); A. Curry and M. Mercer, eds., *The Battle of Agincourt* (New Haven, CT, 2015).

15. J. Bellis, *The Hundred Years War in Literature, 1337-1600* (Cambridge, 2011).

16. K. J. Lewis, *Kingship and Masculinity in Late Medieval England* (London, 2013).

17. J. Sumption, *The Hundred Years War IV: Cursed Kings* (Philadelphia, 2015).

18. C. Allmand, *Henry V* (London, 1992).

19. A. Tricomi, "Joan La Pucelle and the Inverted Saint's Play in 1 Henry VI," *Renaissance and Reformation* 25 (2001): 5–31.

20. M. L. Kekewich, *The Good King: René of Anjou and Fifteenth Century Anjou* (Basingstoke, UK, 2008).

21. N. Murphy, "Henry VIII's First Invasion of France: The Gascon Expedition of 1512," *English Historical Review* 130 (2015): 51.

22. J. Rose, ed., *The Politics of Counsel in England and Scotland, 1286–1707* (Oxford, 2016).

23. M. Hicks, *The Wars of the Roses* (New Haven, CT, 2010).

24. M. Hattaway, "The Play: 'What Should Be the Meaning of All Those Foughten Fields?'" in Hattaway, ed., *The Third Part of King Henry VI* (Cambridge, 1993), 9–35.

25. A. Crawford, *Yorkist Lord: John Howard, Duke of Norfolk, c. 1425–1485* (London, 2010).

26. J. Gillingham, ed., *Richard III: A Medieval Kingship* (New York, 1994). 一段批评莎士比亚的叙述, C. Skidmore, *Richard III: Brother, Protector, King* (London, 2017), especially 7, 369.

27. M. Jones, *Bosworth 1485: The Battle That Transformed England* (New York, 2015).

28. S. Church, *King John and the Road to Magna Carta* (London, 2015).

29. M. Bennett, *The Battle of Bosworth* (Stroud, UK, 1993).

30. S. Brigden, "'The Shadow That You Know': Sir Thomas Wyatt and Sir Francis Bryan at Court and in Embassy," *Historical Journal* 39 (1996): 9–27.

31. S. Gunn, *Henry VII's New Men and the Making of Tudor England* (Oxford, 2016).

32. J. Ross, John de Vere, *Thirteenth Earl of Oxford, 1442–1513: "The Foremost Man of the Kingdom"* (Woodbridge, UK, 2011).

33. J. Bellamy, *Bastard Feudalism and the Law* (London, 1989).

34. P. Fleming and M. Wood, *Gloucestershire's Forgotten Battle: Nibley Green 1470* (Stroud, UK, 2003).

35. S. Thurley, *Houses of Power: The Places That Shaped the Tudor World* (London, 2017).

36. E. Duffy, *The Stripping of the Altars* (New Haven, CT, 1992) and *Saints, Sacrilege, and Sedition: Religion and Conflict in the Tudor Reformations* (London, 2012).

37. Lake, *How Shakespeare Put Politics on the Stage*. 关于天主教, 见, C. Asquith, *Shadowplay: The Hidden Beliefs and Coded Politics of William Shakespeare* (New York, 2005) and *Shakespeare and the Resistance* (New York, 2018). 一篇令人信服的批评文章, "Crypocriticism," *The New Criterion*, November 2018, 21–24.

38. G. W. Bernard, *Power and Politics in Tudor England* (Aldershot, UK, 2000), 74.

39. P. Gwyn, *The King's Cardinal: The Rise and Fall of Thomas Wolsey* (London, 1990).

40. D. MacCulloch, *Thomas Cranmer: A Life* (New Haven, CT, 1996).

41. R. Rex, *Henry VIII and the English Reformation* (London, 1993); G. W. Bernard, *The King's Reformation* (New Haven, CT, 2005).

42. D. L. Wright, *The Anglican Shakespeare: Elizabethan Orthodoxy in the Great Histories*; P. M. Simonds, *Myth, Emblem, and Music in Shakespeare's "Cymbeline": An Iconographic Reconstruction* (Newark, DE, 1992).

43. T. Betteridge and T. S. Freeman, eds., *Henry VIII and History* (Farnham, UK, 2012).

六 关于政治的叙事

　　莎士比亚出生于1564年，时值伊丽莎白一世即位不久。在那个阶段，英格兰正处于世纪中期的危机之中，就像一个世纪前及一个世纪后又将重新开始的那样。这是一个不稳定的国家，无论是政治上还是宗教上，它的未来都非常不确定，因为它刚刚被法国打败。很难想象伊丽莎白会统治到1603年，这是自爱德华三世（1327—1377年）以来在位时间最长的统治，仅次于乔治三世（1760—1820年），也很难想象她会克服一系列国内和国际危机。这些成就会让同时代的人感到震惊，回顾这个国家最近的历史，也许伊丽莎白也会感到惊讶。

　　像伊丽莎白一样，她的父亲亨利八世（1509—1547年在位）牢牢控制着国内局势，这得益于他明确的王位继承权、不愿过于明显地做出宗教上的选择，以及有选择性地运用恐怖手段。对于那些在亨利惯常的专制与残酷无情统治下的受害者而言，他们可称不上"有得选"。这些受害者跨越了社会阶层和地区，既有神职人员，也有平信徒。他花费大量精力无情地追捕和铲除金雀花家族后代，比如波兰一系，这让所有的对手和可能的对手都有理由感到害怕。

　　胁迫并不是唯一的焦点和手段。相反，亨利在16世纪30年代和40年代借助议会使他的目标合法化，同时也增加了议会的出现频率和作用。尽管如此，有一种由杰弗里·埃尔顿（Geoffrey Elton）自20世纪50年代起响亮提出的观点（直到20世纪80年代，他一直是研究都铎王朝的顶尖级历史学家）——与托马斯·克伦威尔认为国家是一个生活在议会控制的法律之下的主权国家的构想相呼应——认为在16世纪30年代发生了一场（特别是通过新的官僚机构带来的）政府革命，不过这种观点现在被认为是存疑的。[1] 相反，亨利对个人政治权术和直接控制的偏好仍然是他统治期间的主题。亨利通过邀请贵族出席宫廷活动，带领宫廷人士巡游，与贵族共同参与军事活动和狩猎，以及庇护等手段来控制贵族。夺取教会的土地赋予他比自征服者威廉（1066—1087年在位）——推翻了旧的英格兰君主制——以来任何一位英格兰君主更多的机会：亨利征服教会要容易得多。

爱德华六世，1547—1553年

然而，当新君主显然无法亲自控制局势时，这样的治理过程突然变得脆弱起来，就像亨利的小儿子和继任者爱德华六世（1547—1553年在位）的情况一样。上一位未成年的少主是1483年的爱德华五世，他被其叔叔理查三世迅速残忍地取代。在亨利八世统治的末期，国王开始压制强大的霍华德家族，以召集王室军队叛乱的罪名处决了萨里伯爵亨利，并羞辱了他的父亲——第三代诺福克公爵托马斯。公爵之所以能够苟活，只因亨利在其被指定处决的前一天去世了。这些举动使宫廷中最接近天主教的保守派黯然失色。取而代之的是，权力被爱德华六世的叔叔，即简·西摩的兄弟爱德华掌握，他是霍华德家族的对手，现在成了护国公和萨默塞特公爵。

　　然而，亨利遗留下来的麻烦不断。16世纪40年代，英格兰在与法国和苏格兰进行的代价高昂且棘手的战争中耗尽了王室资源，尽管没有引发政治危机，但给经济和社会带来了沉重压力。在爱德华六世治下，中枢政治与地方控制皆因宗教纷争而变得异常复杂，这使得处理统治精英内部和整个社会内部的紧张关系几近不可能。就很多方面而言，亨利统治时期的分裂和潜在的混乱已经成为现实。这些纷争使得保持合作和共识难上加难。

　　在爱德华统治时期，英格兰对来自欧洲大陆的新教影响更加开放，与亨利统治时期的模棱两可形成鲜明对比的是，国家支持的、有目的的新教活动激增。自负的爱德华通常被认为是一个热情的新教徒，但这仍有争议，有人认为推动新教的主要是他的大臣们。当然，雄心勃勃的护国公萨默塞特与坎特伯雷大主教托马斯·克兰默结盟，在1549年巩固了新教的礼拜仪式，推行《信仰划一法案》（Act of Uniformity），要求每个教区教堂都使用《公祷书》（Book of Common Prayer），并制定了与亨利统治时期截然不同的宗教定位。此外，由于爱德华的未成年身份，宗教变革具有了与亨利统治时期不同的制度性特征。枢密院提出了王权至尊，1549年和1552年的《信仰划一法案》为王权至尊提供了一种法定的制度特征。

　　反过来，天主教对宗教变革的强烈敌意在1549年英格兰西南部，尤其是康沃尔郡和德文郡的大规模起义中发挥了重要作用。这些活动被称为"公祷书叛乱"（Prayer Book Rising）。[2]然而，那一年发生在英格兰东部诺福克郡的起义活动并没有聚焦于宗教变革问题，而是聚焦在社会经济问题上。反对地主，特别是反对公共土地的圈占和高昂的租金是其关键因素。对压迫性的地方政府的敌意也是如此。[3]在过去的70年里，宗教变革问题已经在诺维奇、考文垂和南安普顿引发了骚乱。

起义在战斗中被镇压，伤亡惨重，部分原因在于外国雇佣军的参战及其具有的军事经验和武器装备。然而，1549年的起义和之前之后的起义一样，表明16世纪30年代到16世纪60年代的发展演进在一定程度上激起了民众的敌对反应，威胁到或可能威胁到既有政治体制。这种威胁鼓励了政府对武力和庇护的依赖，但也使人们觉得有必要在政治国家内部发展出一种新的话语和展开协商的实践。

爱德华统治时期，新教盛行与贵族派系冲突和广泛的民众起义之间相互影响。后两者是莎士比亚数部戏剧中出现的动乱例子。无论亨利八世怎样致力于让服从成为一种习惯，但在第一次危机中，其影响被证明是非常有限的。事实上，在1549年初，萨默塞特野心勃勃、反复无常的弟弟托马斯·西摩爵士便被捕并被处决，罪名是密谋通过控制爱德华并企图迎娶伊丽莎白以获得权力，[4]这预示了1601年第二代埃塞克斯伯爵罗伯特的那场政治豪赌。

1549年10月，萨默塞特被推翻。护国公被当年的危机所削弱，失去了枢密院的支持，英格兰遂进入爱德华六世统治的后半段，在此阶段，国王受到了约翰·达德利的影响。1551年10月，他成为诺森伯兰公爵，在许多戏剧中，他都被塑造成一个强有力的角色。1552年，诺森伯兰令萨默塞特在塔山上遭到斩首，并进一步推动国家向新教方向发展。反过来，国王每况愈下的健康状况促使诺森伯兰试图充当女王制造者的角色。尚未成婚的爱德华被劝服，将同父异母的姐姐玛丽和伊丽莎白排除在王位继承之外，她们分别是亨利前两任妻子阿拉贡的凯瑟琳和安妮·博林所生的女儿。取而代之的是简·格雷（Lady Jane Grey），此人乃亨利七世信奉新教的外孙女，由亨利七世的二女儿玛丽所生，被宣布为继承人。她嫁给了诺森伯兰公爵的其中一个儿子吉尔福德·达德利勋爵，在1553年爱德华去世后，她被诺森伯兰宣布为女王。[5]

倘使爱德华的姐姐玛丽像诺森伯兰计划的那般被俘，或被击败并杀害，特别是若能将伊丽莎白囚禁，那么诺森伯兰就有可能主导建立一个新的政治体制。可惜此乃黄粱一梦。目标笃定的玛丽以一种极具戏剧性的方式宣布自己为女王。诺森伯兰公爵的支持者迅速败下阵来，玛丽夺取了政权。她获得权力很大程度上是因为东盎格利亚的贵族和乡绅愿意为其而战，伦敦也加入了该郡精英和委员会的行列以支持玛丽。在这种情况下，内战实无必要。诺森伯兰被斩首。这一系列事件与莎士比亚历史剧中的情节相吻合。

玛丽，1553—1558年

当玛丽（1553—1558年在位）骑马进入伦敦时，她受到了极其盛大的欢迎，但1554年初，托马斯·怀亚特（Thomas Wyatt）爵士起事，反对她即将与西班牙菲利普二世成婚，这表明了政权的不稳定性。然而，伦敦在这场危机中表现出对女王的坚定支持，怀亚特最终失败。与其父如出一辙，玛丽喜欢对无辜的人使用武力，比如处决简·格雷及其丈夫作为其行为的代价。简的父亲萨福克公爵亨利是一名狂热的新教徒，也卷入了怀亚特的叛乱阴谋，因此被斩首。然而，尽管玛丽同父异母的妹妹伊丽莎白是新教徒，但玛丽没有听从神圣罗马帝国大使和加德纳主教的建议将其妹妹送上断头台。

玛丽是一位虔诚的天主教徒，她决心让英格兰回归天主教。议会发布一项法令，宣布她的权力与男性统治者毫无二致。她说服议会废除了爱德华六世的宗教立法和她父亲的《至尊法案》。玛丽恢复了教宗的权威和天主教的习俗，重组了神职人员，并在大学里恢复了天主教正统信仰，不过，尤利乌斯三世的教宗特许令允许现在拥有前教会土地的人保留这些土地，这是一种确保社会精英支持的谨慎方式。玛丽还嫁给了她的表弟菲利普二世，以确保天主教的承继。此举导致英格兰与法国之间爆发战争，尽管法国的盟友苏格兰并没有占领贝里克，但英格兰在1558年失去了加来。[6]

从1555年2月4日起，新教徒开始被视为异教徒而要遭受火刑，这显现出再天主教化的动力。伦敦、肯特和苏塞克斯的新教殉道者人数多到与人口不成比例，这些地方在地理上离欧洲大陆新教地区最近，也最容易受到王权的关注。不仅仅是伦敦，整个以伦敦为中心的腹地也越来越具有影响力。结果，英格兰内部的权力、财富和影响力的平衡稳步向东南转移，使该地区的相对主导地位日益增强。

当众烧死活人对在场的人来说或许是非常痛苦的经历。被焚者无疑证明了新教殉教史的基础，并在约翰·福克斯于1563年出版的《使徒行传与教会丰碑》（*Acts and Monuments of the Church*）——也就是众所周知的《殉道者之书》中得到有效传播。虽然莎士比亚没有写过关于玛丽的剧本，但在莎翁在世时的印刷界中，福克斯的作品并不是有关玛丽统治的唯一标志性印刷物。在17世纪，玛丽的对手怀亚特在著名剧作家德克尔和韦伯斯特创作的戏剧《托马斯·怀亚特爵士的著名历史》（*The Famous History of Sir Thomas Wyatt*）中成为英雄。

玛丽再天主教化政策的推行以及恢复她声誉的努力引起了学术界的争议，人们不禁想象，如果她的统治持续更长时间将会发生什么。在英格兰杀害新教领袖无疑消灭了其领导者，破坏了凝聚力，并挫败了士气和对未来的希望。与此同时，火刑一直持续到1558年，这表明我们需要注意证据的多面性，时间如此之久不仅显示了持续的镇压力量，而且说明新教仍不乏支持者。然而，在接下来的一个半世纪里，这种镇压可以作为一种政策在许多国家得到施行，最突出的是奥地利、波希米亚和法国，它们也经历了强制性的再天主教化。[7]

不过，相比之下，玛丽的统治是短暂的，其影响亦有限。她体弱多病，出现过两次假孕征象，但更重要的是，她没有生下其所希望的继承人，而菲利普在下一次婚姻中有了孩子。结果，玛丽的王位在1558年由她同父异母的新教妹妹伊丽莎白继承。尽管她非常不喜欢伊丽莎白，但行将就木的玛丽仍然维持了王位继承的顺序。

伊丽莎白一世，1558—1603年

假使伊丽莎白的寿命与玛丽相仿，那么她的统治时间就不会很长，王位继承问题便会显得更为重要，亦会更早达到高潮。相反，伊丽莎白的漫长统治使相对（其他新教的宗教实践）保守的新教教会得以巩固，同时也与前两任君主统治时期的混乱以及当时法国因旷日持久的宗教战争而受到严重影响的动荡局面形成鲜明对比。

伊丽莎白的性格是一个重要因素，但在莎翁戏剧中并没有被探讨过，因此，莎士比亚无法为后人解读伊丽莎白的传奇人生做出贡献。[8]像她的祖父亨利七世一样，伊丽莎白精于对人的操纵，能够读懂别人的性格，而且不是一个狂热者。她必须驾驭一个存在着众多不同性格和政策且彼此交锋着的宫廷。[9]在宗教方面，她尽量避免走极端，倾向于一种更接近她父亲亨利八世的立场——即没有教宗、僧侣和修道士（在莎士比亚戏剧中经常出现）的亨利式天主教。她和后继的詹姆斯一世对尚可接受的仪式进行了强制性改变，这是政治策略而非信仰问题。

尽管如此，伊丽莎白仍是改革后教会的支持者，虽然改革后教会自称为真正的天主教会，但归根结底它是新教的，且在国内和国际都被如此看待。玛丽的大臣和亲信大多被免职，国内政治局势使伊丽莎白更倾向于新教。1558年圣诞节，伊丽莎白从做弥撒的场地中走出来后，卡莱尔主教欧文·奥格尔索普（Owen Oglethorpe）作为唯一准备为她加冕的主教，用天主教的步骤举起了圣饼，此举是在伊丽莎白事前告诉他不要这样做的情况下进行的。次年5月，奥格尔索普和其他拒绝至尊宣誓（Oath of Supremacy）的主教被解职。然而，地方层面是相当不愿意放弃传统习俗的。[10]

宗教问题在国际关系中显得也很突出。16世纪60年代，伊丽莎白和奥地利哈布斯堡大公查理（皇帝马克西米连二世的兄弟，菲利普二世的堂兄弟）的婚姻谈判——由第三代苏塞克斯伯爵托马斯率领外交使团在1567年进行——之所以失败，原因之一在于不愿意给予天主教徒查理在王室内举行私人弥撒的权利。这一谈判连同其他的谈判也提供了证据，证明富有才干且受过良好教育的伊丽莎白精通其他语言，尤其是意大利语和法语。[11]

伊丽莎白的大臣们试图说服伊丽莎白结婚并确保王位继承，其中一些故事被搬上了舞台，比如1561年由托马斯·诺顿和托马斯·萨克维尔（后来的第一代多塞特伯爵和财政大臣）创作的戏剧《高布达克》（Gorboduc），于1562年在内殿律师学院为伊丽莎白演出，1579年她在苏塞克斯伯爵的乡间别墅做客时也看到过此类娱乐节目。这些婚姻计划皆归于失败，主要追求者们的天主教信仰是导致失败的一个关键因素，也是她的大臣们分裂的一个原因。

然而，她引入的新教元素以及新的《至尊法案》与《信仰划一法案》，相较1552年诺森伯兰公爵的法案内容更为保守。伊丽莎白还试图阻止进一步的变革，这导致她与更激进的新教徒——清教徒之间的反复争论。清教主义是在既有教会内部形成的一种倾向，处于一种连续统一体中而非分离主义运动，[12] 其强烈要求一种更为严格的加尔文主义组织和神学。清教徒对那些在玛丽统治下服从并参加弥撒的人（包括伊丽莎白和威廉·塞西尔）的不满集中在主教应扮演的角色和神职人员祭衣的性质上，这两者都被视为天主教的特征。清教徒的激进主义推动了更明确的新教成果，包括女性和男性，并跨越了政治和宗教。这为激发英格兰新教的热情提供了机会，使清教徒的活力与英格兰国教的结构和目标保持一致。然而，这种在16世纪70年代似乎有可能的融合被证明是失败的，其中一个原因来自国教会的敌意，特别是由于理查德·班克罗夫特（Richard Bancroft）的反对，此人于1597年至1604年担任伦敦主教，1604年至1610年担任坎特伯雷大主教。清教徒被认为参与了一场范围颇广的阴谋而遭到起诉，他们在16世纪80年代推动了一场秘密集会运动，意欲建立一个英格兰长老会，但该计划被挫败了。[13]

随后，英格兰人在宗教问题上提出了一条中间道路（或叫via media），并因此受到赞扬，这不仅是英格兰人的作风特点，也被用于赞美伊丽莎白，但在实践中却被证明很难确立和实施。事实上，在两方中推行中间道路的困难显示出这条中间道路具有某种特设性（ad hoc），这一点在以宗教为由对治安法官的清洗中即可看出。[14]这一特点需要决策、说明、辩护和实施，其中没有一个是容易且不具有争议的。神学家们——例如剑桥学者和神职人员威廉·珀金斯（William Perkins），作为一位比莎士比亚年长一点的沃里克郡作家（1558—1602年），在这些工作上付出了很多心血，而其他政治家、世俗人士和神职人员也是如此。这些人的追求也影响了其他人，包括文学界的重要人物，并形成了影响公共生活和私人意见的争论氛围。[15]

虽然许多议题都集中于宗教方面，但困难在很大程度上要归因于政治背景——或者更确切地说，是地方、国家和国际的背景。这些背景引发了议题、机会和问题，尤其是与英格兰派系政治产生了互动关系。这些政治的轮廓线并不总是那么容易就能捕捉到，特别是因为现存的资料严重倾向于塞西尔家族，包括威廉·塞西尔（1520—1598年）（自1571年起成为伯利勋爵）和他的儿子罗伯特·塞西尔（1563—1612年）。威廉·塞西尔（William Cecil）是伊丽莎白最倚重的大臣，分别在1550年至1553年和1558年至1572年担任国务大臣，并担任财务大臣直至去世。罗伯特·塞西尔从1596年至1608年担任国务大臣，从而连接起伊丽莎白和詹姆斯一世的统治。塞西尔家族留下了大量档案，这些档案后来得到了妥善保管。尽管对国家利益和如何以最佳方式追求国家利益还有其他定义，但这些档案使得塞西尔家族的观点往往是最容易被理解的。伯利是一个很令观众熟悉的波洛尼乌斯式的人物，他把自己描绘成一个无私的、超越党派的人，集西塞罗式美德、新教信仰和对伊丽莎白忠诚服务于一体。[16]然而，这种方法忽略了他的核心政治角色，以更新的"职位"概念反对旧的贵族荣誉概念。这种张力早前在乌尔西身上看到过，莎士比亚在马伏里奥身上也用喜剧的语气表现过。

此外，塞西尔的立场影响了寻求其他选择的可能性。最值得注意的是，清教徒得到了达德利家族的支持，尤其是莱斯特伯爵罗伯特·达德利（Robert Dudley）（1532—1588年）和他的支持者，他们也支持伊丽莎白的新教婚姻，实际上即是和达德利本人的婚姻。两人之间曾有过一段浪漫的关系，伊丽莎白显然很喜欢他，但没有证据表明他们发生过性关系。莱斯特的第一任妻子艾米·罗布萨特（Amy Robsart）于1560年神秘地从楼梯上摔了下来，这让他得以自由再婚，但无助于提高他的声誉。一些知名人士反对莱斯特的婚姻计划，不仅包括天主教徒和秘密信奉天主教的人士，还包括第三代苏塞克斯伯爵托马斯，以及1587年成为大法官的王室宠儿克里斯托弗·哈顿爵士（Christopher Hatton）（1540—1591年）。作为牛津大学的校长，莱斯特清除了大学里的天主教徒。莱斯特是第一代诺森伯兰公爵约翰的第三个儿子，约翰于1553年被处决，莱斯特本人曾在1554年被玛丽判处死刑，但后来被释放。

派系和/或宗教政治使得暴力成为伊丽莎白统治期间的主题。1569年的天主教北方起事与1601年莱斯特继子第二代埃塞克斯伯爵罗伯特发动的未遂政变虽在性质上有很大差异，但在使用暴力方面却有一种共同的特性。这是一个贯穿整个时代的威胁。国外频繁发生的暴力事件将这种威胁推向国内，尤其是在16世纪60年代到90年代的法国和16世纪60年代的苏格兰。在每一个事件中，都涉及围绕王室的谋杀和内战。法国国王亨利三世于1589年被暗杀，而苏格兰女王玛丽在她的丈夫/堂兄达恩利勋爵亨利于1567年被谋杀后亦被推翻。英格兰的暴力威胁与作家对过去的描述相呼应。在莎士比亚戏剧中，政治暴力的程度可能会显得近乎耸人听闻，而这是基于他一生所见的各种报道和谣言，具有相当程度的真实性。

当时对教会管理和宗教宽容的态度，使得一旦做出决定，就必须在全国范围内执行，并得到世俗当局的协助，这便造成了问题。伊丽莎白的新教立场引起了天主教的关注，而此时正值反宗教改革运动愈演愈烈之时，天主教试图击退新教。一些拒绝接受伊丽莎白立场的神职人员在欧洲大陆建立起神学院，最引人注目的是在杜埃，通过培训传教士使英格兰重新皈依天主教。这促使政府对天主教徒，尤其是神父采取行动。因此，那个时期的一些天主教徒房屋内仍然有神父的洞穴，是在发生袭击时进行躲藏的地方。[17]

同样重要的是，随着时间的推移，那些生活在未遇挑战的天主教世界里的人相继离世，越来越多的人开始接受新教基督教的教育，并相应地变得虔诚（或不虔诚）。[18]此外，一个受过更好的、与此前不同的教育和更为坚定的新教徒，以及教区神职人员群体壮大起来。在精英教育中扮演关键角色的大学是新教化的中心。他们的学者皆是神职人员，并认为自己肩负着维护新宗教秩序的使命。

脆弱的政治共识受到宗教和外交政策日益两极分化的影响。王位继承是一个焦点问题。1568年，伊丽莎白的表妹、信奉天主教的苏格兰女王玛丽（1542—1587年）逃到英格兰，局势变得动荡起来。作为亨利七世的曾孙女，通过亨利七世的长女玛格丽特（玛格丽特嫁给了詹姆斯四世，是玛丽的父亲詹姆斯五世的母亲），她成了王位继承顺位中的下一位继承人。早在身居苏格兰时，玛丽就已成为两国谋划一个天主教王位继承人的对象，尤其是伦诺克斯伯爵夫人玛格丽特，此人乃亨利八世的姐姐玛格丽特与她第二任丈夫所生的女儿，她认为玛丽嫁给玛格丽特的儿子达恩利勋爵是有继承可能性的。[19]

玛丽出现在英格兰后迅速成为眼中钉，并遭到监禁。一朝被囚禁，玛丽便永无自由日。1569年，一场宫廷阴谋意欲取代伊丽莎白的首席大臣威廉·塞西尔，让宗教保守派领袖第四代诺福克公爵托马斯与玛丽联姻，并承认玛丽为王位继承人，最后这一阴谋被挫败；诺福克作为"硕果仅存"的英格兰公爵，同时作为1547年遭到处决的萨里伯爵的儿子和第三代诺福克公爵的孙子，被打入大牢。

1569年11月，阴谋的余波引发了英格兰都铎王朝最后一次重要的地方起义——北方起义，这一事件与莎士比亚历史剧中描绘的情节相似。起义由两个家族的成员领导，他们的姓氏也出现在了这些戏剧中，一个是第七代诺森伯兰伯爵托马斯·珀西，另一个是第九代威斯特摩兰伯爵查尔斯·内维尔，后者是诺福克的妹夫。他们在地方的地位因缺乏王室支持而受到威胁，这是由于地方权力与王室庇护之间的关系是贵族掌权的关键因素。人们在政治和宗教上对政府的敌意日益强烈，尤其是对伊丽莎白利用附属于北方议会的忠诚新教徒破坏当地贵族家庭独有权力的做法不满。此外，主教、主任牧师和达勒姆全体教士都在宣传新教。宫廷阴谋被揭露后，伊丽莎白命令两位伯爵前往伦敦，实际上，第三代苏塞克斯伯爵、北方边区大臣（Lord President of the North）托马斯就曾提醒女王，有些做法将可能导致北方的造反。两位伯爵拒绝了这个可能会把他们带到伦敦塔的危险命令，而且，在别无选择的情况下，他们聚集起自己的人以抵抗任何强迫他们的企图。

　　1569年11月14日，伯爵们占领了达勒姆大教堂——标志着起义的开始——并销毁英文书籍，用拉丁仪式庆祝弥撒。唱诗班唱圣歌赞美圣母玛利亚，多亏了她，罪恶才被驱逐。天主教礼拜仪式后来在该地区其他许多教堂得以恢复。在达勒姆郡，只有巴纳德堡的治安官，同时也是一位王室贵族乔治·鲍斯爵士支持伊丽莎白。伯爵们的反抗是一场由一群崛起的领袖发起的针对王权的强烈抗议，与该世纪迄至当时的反抗不同（除1553年伊丽莎白的同父异母姐姐玛丽一世之外），原因在于此次反抗来自社会中的最高层。此外，与1536年和1549年的起义不同，苏格兰女王玛丽在1569年是要明确取代当朝君主的。这一点跟15世纪50年代凯德叛乱与约克公爵理查更严重、更持久的阴谋活动之间的区别是相同的。

　　由于没有外国（无论是西班牙、法国还是苏格兰）的军事支持，另外，5800名版军于1569年11月15日南下，但无法触及并解救玛丽，因此，伯爵们的威胁遭到了削弱。由于缺钱，他们也无力向行将解散的军队支付军饷。11月24日，在从纳尔斯伯勒附近返回后，伯爵们包围了巴纳德城堡并迫使堡内人员投降。尽管如此，一支大约12000人的强大王室军队在莱斯特伯爵在世的兄长——第三代沃里克伯爵安布罗斯·达德利的率领下长驱直入，导致伯爵们解散了军队并四处逃离。

　　起事伯爵和他们的家人受到了沉重打击。1572年，诺森伯兰伯爵被苏格兰人以2000英镑的代价交出，并因拒绝放弃天主教而在约克以叛国罪被斩首。珀西在沃克沃斯的据点曾是一座重要的城堡，战后城堡里的木材和物件遭到有计划的掠夺。威斯特摩兰逃往海外，于1601年客死尼德兰，其家族头衔和荣誉被扫除，家族所在地拉比城堡也被王室没收。戴克家族的反抗同样以失败收场，其庄园亦被没收。[20]莎士比亚的戏剧充分表明，这并不是一项新政策，因为之前反叛的北方伯爵也被击败并杀害，尤其是反对亨利四世的珀西伯爵。事实上，《亨利四世上篇》《亨利四世下篇》在一定程度上可以被解读为对1569年起义的回响，这种联系对同时代人来说是显而易见的。

　　不过，两位伯爵及其盟友的命运代表了这个国家政治地理的重大变化。他们失败的命运是英格兰政治统一的一个重要阶段，因为它标志着以不同政治和/或宗教议程为中心的任何可行的区域自治前景的终结。这一点相当关键，因为英格兰北部在宗教上比南部更为保守。即使在1569年，叛乱的目的也仅是使中央政府改变政策。此后，政治活动更多表现在全国各地试图对中央施加影响，而不是地方用武力反抗中央。对设立于南部的英格兰政府的安全而言，"北方问题"（英格兰北部的抵抗）已不再严重，一如过去600年里的大部分时间一样，该问题可追溯到10世纪诺森布里亚反抗古英格兰威塞克斯王朝的扩张。此外，一些被没收的地产也归南方出身的贵族所有。

1603 年，当苏格兰国王詹姆斯六世成为英格兰国王詹姆斯一世后，英格兰和苏格兰以共戴一君的方式巩固了这一变化。这个联合大大减少了地方巨头在两个国家之间挑拨离间的可能性。相反，宗教在英格兰和苏格兰的政治地理中变得更加重要。

起义后的惩罚反映了英格兰都铎王朝的社会政治状况，包括对精英分裂可能加剧社会不稳定的担忧。这一惩罚表明，伊丽莎白意识到需要谨慎对待有产的叛军。达勒姆郡 19 位被议会法案判处剥夺财产和公民权的领袖无一被处决。他们中有 11 人被流放，8 人被赦免。诺森伯兰伯爵的惩罚并没有摧毁珀西家族，因为他的兄弟亨利·珀西爵士后来为伊丽莎白服务，成为第八代伯爵（尽管被禁止在北方居住），其他许多家族也通过这种分家效忠的方式保住了自己的产业。事实上，军事法庭对大多数叛乱者进行审判的宗旨是，那些拥有个动产、公地权或地产的人可以免于处决。相反，穷人受到了惩罚。根据当时不同的名单显示，被绞死的人数分别为 228 人、305 人和 313 人。还有许多人不得不花钱获取赦免，而叛军的家园和村庄则遭到掠夺。然而，这种严酷的处置方式并没有像在爱尔兰那样持续下去。[21]

北方起义之后，伊丽莎白政府与欧洲天主教势力之间的紧张关系明显升级，后者不断鼓动英格兰天主教激进派，这种激进主义构成了天主教反宗教改革的一部分。[22] 早在 1568 年，菲利普二世就已经拒绝让英格兰使节在其屋内举行新教仪式。因此，至英西两强爆发战争（1585 年开始，1604 年结束）之时，英格兰都没有常驻西班牙的使节。由于没有大使馆，他们失去了一个重要的沟通手段，而历任西班牙驻伦敦使节都因密谋反对伊丽莎白而受到怀疑。

1570 年 2 月，教宗庇护五世发起了直接攻击，在训谕《在至高处统治》（*Regnans in Excelsis*）中，他将受膏统治者伊丽莎白逐出教会并予废黜，这是对亨利八世未曾采取过的步骤。伊丽莎白被指控"废除了由英格兰贵族组成的王室会议"，代之以信奉异端的"无名之辈"。在莎士比亚的戏剧《约翰王》和《亨利八世》中，教宗对英格兰的干预是一个充满敌意的主题，这个主题的所指便是庇护五世的举动。

　　作为这一时期意识形态的重要一步，教宗的举动使天主教的离间与流放措施变得更好理解，[23] 推动了用苏格兰女王玛丽取代伊丽莎白的种种阴谋，并将其合法化。当时出现过一些不成功的尝试，特别是里多尔菲（Ridolfi）（1571—1572年）、思罗克莫顿（Throckmorton）（1582—1583年）和巴宾顿（Babington）（1586年）的阴谋。这些阴谋反映了天主教徒日益增长的绝望情绪。在教宗绝罚的鼓动下，里多尔菲阴谋提议由西班牙驻低地国家军队指挥官阿尔巴公爵（Duke of Alba）发起一场教宗支持的入侵英格兰的行动，以求解救玛丽，玛丽本人和西班牙大使完全参与了这一阴谋。斯罗克莫顿阴谋是对伊丽莎白和安茹公爵弗朗西斯婚姻谈判失败的一种回应。作为法国国王的兄弟，弗朗西斯是名天主教徒，也是伊丽莎白不甚合适的结婚人选之一（无论是否为正式追求者），从而致使女王保持未婚。

　　政府对出现在英格兰和爱尔兰的阴谋做出了坚决回击，特别是在莱斯特精明且行为缜密的盟友弗朗西斯·沃尔辛厄姆（Francis Walsingham）领导下，政府发展起一支高效的秘密警察队伍，包括一套告密者系统，以及拦截和破译信息的做法。在议会支持下，第四代诺福克公爵托马斯因与苏格兰女王玛丽密谋并参与里多尔菲阴谋而在1572年被斩首。然而，伊丽莎白拒绝支持议会提出的禁止玛丽继承王位的要求。天主教徒被从郡首席治安法官和普遍治安法官队伍中清除出去，此举削弱了他们在当地的地位，天主教徒遭到逮捕并被处以罚款。政府使用了酷刑。弗朗西斯·斯罗克莫顿被逼供承认了以他名义密谋的罪行，并于1584年被处决。第八代诺森伯兰伯爵亨利闵与玛丽磋商，丁1571年被关进伦敦塔，后在1582年和1584年又被关进那里，两次皆因他参与了密谋活动。1585年，他死于伦敦塔，据说属干自杀。

沃尔辛厄姆（约1532—1590年）是一名虔诚的新教徒，在玛丽统治期间离开了这个国家，1559年成为下议会议员，与塞西尔一起应对里多尔菲阴谋。他在1570年至1573年间出任驻法大使，1572年圣巴托洛缪大屠杀发生时，他就在巴黎。1573年，沃尔辛厄姆成为枢密院联合首席大臣，并于1576年成为唯一首席大臣。他于1577年受封爵士，担任伊丽莎白的间谍头目。

谨慎的伊丽莎白不顾大臣们施加的压力，不愿处置这位既同为统治者又是亲属的玛丽。与此同时，玛丽要求将其释放，并与她在苏格兰政府中的儿子建立联系，但上述要求未得到满足。1586年，截获的玛丽信件显示，她同意在巴宾顿阴谋中暗杀伊丽莎白，这一阴谋涉及法国大使，该大使与法国的一个亲西班牙天主教联盟有联系。结果在大臣们的逼迫下，依据1585年议会法案，玛丽被判叛国罪。这是一个颇可怀疑的指控，因为同为君主的玛丽无须向伊丽莎白效忠。

玛丽于1587年2月8日在福瑟陵格堡被斩首。就此，莎士比亚时代的两位君主伊丽莎白一世和詹姆斯一世，都有被斩首的母亲。这为莎士比亚戏剧中一些更为暴力的政治杀戮提供了线索，并强调了一个事实，即女性在这一过程中几乎无法获得安全。在《冬天的故事》中，赫美温妮含冤被控犯有不忠通奸罪，这是一种可判处死刑的罪行，此处与安妮·博林的命运有明显关联，但与玛丽的命运倒是没有任何瓜葛。伊丽莎白本人也对大臣们处决玛丽感到愤怒，她觉得自己是迫于压力和必要才这么做的，从她的角度而言当然并无此意愿。

除阴谋之外，还有来自各方面的宣传。辩论起到了动员支持和直抒胸臆的作用。[24]女王还利用了其他形式的软权力，从巡视英格兰各地到教堂里为王权祈祷。巡视提供了一种展现庇护和高贵的公共舞台，它借鉴了更广泛的已然成形且日趋结构化的仪式模式。[25]

爱　尔　兰

在爱尔兰，为了让亨利八世对爱尔兰王位的宣称成真，并强行实施伊丽莎白时代的《至尊和信仰划一法案》（Act of Supremacy and Uniformity），致使"老英格兰"定居者（信奉天主教的英格兰人）与本土爱尔兰人（盖尔人）结盟，以捍卫天主教。伊丽莎白不了解爱尔兰社会的特质，也不知晓在那里实施其政策的困难，她对政策问题的应对也不甚娴熟。事实证明，引入英格兰法律、司法和许多其他手段以实现爱尔兰英格兰化的假设是错误的。顺从并不是替代选项。[26]

大多数爱尔兰人拒绝接受宗教改革，这是导致爱尔兰偏离不列颠发展模式的主要原因。事实上，爱尔兰人迥然有别的宗教信仰以及（在很大程度上）爱尔兰人的语言，对委任关系和政策的失败，以及英格兰和苏格兰人心目中对爱尔兰人非我族类的理解，都发挥了重要作用。这种情况对征用大量爱尔兰土地以及与之相关的在爱尔兰建立英格兰和苏格兰殖民地至为关键。从16世纪60年代末开始，这种"种植园"的发展速度加快，英格兰的统治在性质和目的上变得更趋军事化，新的意欲扩大和加强控制的企图开始浮现，但也受到混乱与不相一致的政府政策和态度的影响。[27]

这反过来又引发了叛乱，尤其是在16世纪70年代，时至1595年，蒂龙伯爵休·奥尼尔（Hugh O'Neill）领导的大规模起义将反叛推向高潮。这一年可能是《理查二世》上演的年份，在剧中，国王在爱尔兰处置叛乱的情节（正如1399年理查的实际所为）对后续发展颇为重要。蒂龙伯爵将火器与步兵突击战术有效结合起来；阿尔斯特的森林和沼泽地形非常适合游击战，英格兰军队在克伦蒂布雷特（Clontibret）（1595年）和黄滩（Yellow Ford）（1598年）被击败。但这些失败只会鼓励英格兰人坚持下去，伊丽莎白已下定决心镇压叛乱。女王的宠臣——第二代埃塞克斯伯爵罗伯特于1599年率领一支主力部队出击，但爱尔兰人以避战的方式挫败了他。伊丽莎白对埃塞克斯封82名骑士为爵士的行为极为恼怒，这一举动损害了她对荣誉和庇护的控制，而他这样做是为了让士绅们自愿服役。在《亨利五世》中，剧情解说人将1415年亨利五世作为英雄在阿金库尔战役中获胜后的凯旋、凯撒大帝得胜后的归来与埃塞克斯的回国做了比较，而后者是一个很不恰当的对比：

> 正像如今我们仁慈女王手下的那位将军，
> 要是他在不久的将来从爱尔兰归来，
> 在他的剑尖上挑着被镇压下去的"叛乱"，
> 那时候会有多少人离开安静的城市
> 出来欢迎他！（第五幕，序章）

与西班牙的战争

与此同时，1585年，英格兰在荷兰起义中为荷兰新教起义军反抗西班牙菲利普二世提供的军事支持，以及英格兰对西班牙商业贸易和殖民地的袭击，尤其是弗朗西斯·德雷克（Francis Drake）（约1540—1596年）发动的攻击，导致两国之间爆发战争。这场冲突一直持续到1604年，英军从1585年开始进驻低地国家，军队最初由莱斯特指挥，这实乃一个重大的政治承诺。这支军队的战绩好坏参半，它当然帮助了荷兰人，但却无法与亨利五世当年在法国的成就相提并论。

与西班牙的战争中最著名的一战当属1588年与无敌舰队的战斗。西班牙人试图派遣一支由130艘舰船组成的大型舰队，沿英吉利海峡而上，以掩护帕尔马公爵亚历山大·法尔内塞领导下的西属佛兰德斯军队从西属尼德兰（今比利时）入侵英格兰。但是，由于计划不周，英格兰海军反应机敏，再加上天气恶劣，无敌舰队遭到了挫败。这一结果催生出一种信念，即这是上帝对英格兰新教的认可。对同时代人来说，神的认可是无懈可击的。

在英格兰远程火炮的袭扰下，西班牙舰队沿着海峡航行，保持严密队形，以保护他们更脆弱的船只。这并没有造成多大的破坏，在九天的交战中，西班牙人保持着他们的队形以抵御攻击。英格兰舰队拥有卓越航行能力和小型四轮炮车的优势，这使得炮的射速很高（西班牙的许多炮都安装在为陆地使用而设计的笨重马车上），受到的伤害相对较小，英军面临的危险主要是弹药短缺。当西班牙舰队停泊在加来时，它发现帕尔马已经能够集结起运输船只，将其军队运送到英格兰，但在英格兰和荷兰海军舰队被击溃之前，这些船只不会从港口出动。

相反，西班牙人失去了主动权。他们的舰队编队被英格兰人用五艘舰船发动的夜间袭击打乱，英格兰舰队随后在格拉沃利纳附近的一场持久战斗中给予西班牙舰队沉重一击。一阵强烈的西南风将无敌舰队吹入了北海。在帕尔马未能登船后，由于缺乏明确的战术目标，西班牙指挥官下令通过危险的北上路线，绕过不列颠群岛返回西班牙。然而，当舰队经过苏格兰北部和爱尔兰多岩石的西海岸时，一连串强烈而不合季节的风暴袭击了舰队；一艘又一艘舰船被撞毁或被冲上岸，只有舰队的残余舰只和部分船员到达了西班牙。这结果解释了暴风雨在沙士比亚戏剧中扮演的重要角色，尤其是《奥瑟罗》中摧毁土耳其入侵塞浦路斯舰队的风暴。

为击退可能的入侵，伊丽莎白向集结在伦敦东部蒂尔伯里的军队发表的演讲通过报道而广为人知。她强调了自己对英格兰的奉献和认同，她的话并非空谈：四年前，另一位新教领袖、荷兰起义的领导者，同为菲利普二世对手的奥兰治的威廉在尼德兰遭到暗杀，这一幕若置于约翰·韦伯斯特的戏剧中也同样精彩：

> 我来到你们中间……不是为了消遣娱乐，而是决定在激烈的战斗中，与你们大家共赴生死，为了我心中的上帝，我的祖国，我的人民，我的荣誉和我的血，哪怕是倒在尘土中。我知道，我有一副软弱无力的女人身躯，但我有一个国王的胸怀和勇气，也是一个英格兰国王的胸怀和勇气，我蔑视帕尔马公爵或西班牙国王，或任何胆敢侵入我的领土边界的欧洲王公。

这篇演讲的真实性尚存争议，[28] 它展示了那个时期的一些修辞手法，莎士比亚在《裘利斯·凯撒》里让玛克·安东尼所做的演讲完美地使用了这些手法。然而，我们在莎士比亚的《亨利五世》中也可以看到，对勇敢而高贵的亨利的描述与对他的一些军队士兵的描述截然不同，尤其是巴豆夫（因抢劫而被处决）、尼姆（也因抢劫而被绞死）和皮斯托（一个骗子）[29]，倘使弗兰德斯的军队登陆，情况可能就不那么乐观了。英格兰人的防御是不充分的：薄弱的防御工事，准备不足且大多缺乏训练的军队以及有限的补给。此外，防御覆盖面也不完整。议会确信，伦敦是主要目标，他们尤其担心西班牙人会在埃塞克斯的泰晤士河岸登陆，这样就无需通过肯特渡过泰晤士河了。如此便可绕过伦敦桥。毫不奇怪，天意被认为在拯救英格兰中起了作用。

在莎士比亚的戏剧《辛白林》《约翰王》《理查二世》《亨利六世下篇》《理查三世》和《李尔王》中，英格兰遭到了入侵，但剧中并没有任何对于相关问题的讨论。然而，观众会生活在被入侵的阴影中。实际上，西班牙人在1596年和1597年又向英格兰派遣过两支舰队，只是由于恶劣的天气而折返，这引出了1588年"新教之风"保护英格兰的说法。1601年，一支西班牙军队在爱尔兰南部登陆，但被其舰队抛弃，后者径自返回了西班牙。这支部队受大风所困，又被英格兰船只封锁在金塞尔港，周围皆是陆地。在爱尔兰人试图救援归于失败后，西班牙人最终投降。[30]

1589年，英格兰人在针对里斯本的联合军事行动中小尝败绩。与许多联合行动（实际上，传统的陆地或海上联合行动）一样，这是一次饱受目标冲突之苦的作战。结果，英格兰人在进攻西班牙的科伦纳港（由于其地理位置最适合英格兰入侵的西班牙港口）时没能出其不意，于是在距里斯本约50英里的大西洋沿岸佩尼谢，英格兰人成功进行了两栖进攻（反登陆）。然而，英格兰寄希望于乡村会起义支持葡萄牙王位（自1580年以来由菲利普二世统治）的觊觎者——英格兰的盟友多姆·安东尼奥（Dom Antonio），但事实证明这是毫无根据的，而登陆在一定程度上也将战术和作战的主动权转让给了西班牙守军。这种情况在联合作战中颇为常见。军队在前进过程中伤亡的程度也是如此。与此同时，英格兰海军指挥官德雷克驶向塔古斯河口（Tagus estuary），却未能攻下守卫里斯本入口的堡垒。相形之下，如果一支远征军直接奔向里斯本，集中力量对付那里的堡垒，或许会取得成功。[31]

1596年，英荷发动了一场规模庞大的联合行动，出动了约6000名士兵，突袭了西班牙的加的斯港。在那次冲突中，进攻方和防守方都仰仗了联合力量。西班牙舰队得到了城市大炮的支援，而指挥得力的英荷部队则一路杀入设防的锚地，并成功进行了反登陆，随后对缺乏足够防御的城市进行了猛攻。英格兰海军炮手的作战能力十分了得。对来自城市和商船队经济回报的期望极大地激励了联合部队士兵和水手。[32] 在加的斯缴获的西班牙大帆船之一便是《威尼斯商人》中提到的"安德鲁"号。

对西班牙港口的攻击就像对法国和低地国家敌军阵地的攻击一样，反映了英格兰保卫海上边疆的决心。考虑到西班牙的两栖攻击——例如，1580年在爱尔兰斯梅里克发起的规模很小且没有成功的登陆——以及各种尝试，尤其是1588年的无敌舰队，攻击港口是一个合理的方法。因此，英军的作战具备了一种基本的连贯性，即陆军与海军的能力和行动是相互联系的。这不仅是针对海外目标的联合作战问题，而且还包括经常相互合作的两栖进攻，其专门用于挫败对手的准备工作，例如对加的斯和科伦纳的攻击。两栖进攻是一种更广泛的陆海防御模式的组成部分。

但是，英格兰在1590年对布列塔尼和诺曼底发动联合作战时就没那么成功了。这些行动都是为了在法国宗教战争中与反对西班牙及其法国盟友的胡格诺派（法国新教徒）结盟，从而赢取胜利，特别是有必要阻止西班牙在英格兰附近建起海军基地。现实却事与愿违。诺曼底远征很快便归于失败，其中一个原因在于疾病对英军人数造成了影响。对布列塔尼的作战持续了更长时间，但同样收效甚微。

英格兰人还对西班牙在新大陆的领地发动了攻击，特别是在伊斯帕尼奥拉岛，这个岛屿现在被海地和多米尼加共和国分别拥有。最富戏剧性的是，在1586年新年，德雷克率领由7艘大船和22艘其他船只组成的舰队，袭击了伊斯帕尼奥拉岛的首府圣多明各。英军在附近登陆后，穿过城外的种植园，占领了这座城市，并索要了25000达克特的赎金。从战略角度来看，这些袭击对西班牙非常依赖的跨大西洋白银贸易构成了威胁。强大的个人主动性和获取利益的希望支撑着英格兰在西印度群岛的事业。尽管次数众多的私掠探险并不总能取得成功，但它们的确是一项高风险、高回报的投资。还有一些令人瞩目的成就，包括1594年詹姆斯·兰开斯特占领了巴西的伯南布哥港，1598年第三代坎伯兰伯爵乔治占领了圣胡安。1599年，荷兰人在加那利群岛取得了同样的成功。西班牙从多方面予以应对，其中包括加强关键点位的防御工事，特别是巴拿马和波托贝洛，二者是穿越巴拿马半岛路线上的重要地点，以及后来用单独航行的快船（fragatas）取代了白银船队（silver fleet）。

伊丽莎白统治末期危机四伏

尽管击败了无敌舰队，但伊丽莎白的统治并没有以胜利结束。通货膨胀和国库收入不足造成了困难局面，与西班牙的战争一直持续到1604年，给政府和其他很多人加重了负担，而16世纪90年代爱尔兰也出现了似乎十分棘手的斗争。相比之下，亨利五世受到更多的赞扬便不足为奇了。不仅在同名戏剧中如此，在《亨利六世上篇》中也是如此，他的一个兄弟——葛罗斯特公爵汉弗莱被赋予了赞美已故领袖的角色：

> 他挥舞的剑使人目眩；
>
> 他那张开的两臂比蛟龙的翅膀还要宽阔；
>
> 他那炯炯有神的双眼充满愤怒的烈火，
>
> 使敌人目眩、退缩，
>
> 比直射在他们脸上的阳光还要厉害。（第一幕第一场）

作为一位女性，伊丽莎白无法扮演这样的角色，不谙军事之道的詹姆斯一世也无法扮演同样的角色。

经济困难使政府和民众的处境都更加严峻。伊丽莎白更倾向于解决公共支出问题，而不是改革税收体系，她要求增加税收，并试图通过不得人心的权宜之计筹集资金，尤其是强制贷款、造船税以及出售可以制作和销售某些商品的垄断权，这些都在1597年和1601年的议会中遭到了严厉抨击。利用垄断将许可给予权的成本转嫁给消费者，在政治上比处置教会土地的问题要大得多。由于粮食歉收与相应的社会紧张局势，征税要求尤其不受欢迎。在伦敦，市政当局抱怨王室对贵族行为的纵容，比如在吵闹、暴力追逐荣誉，对妓院、剧院和赌场的经营许可，以及对被定罪的重罪犯给予缓刑等方面。

值得一提的是，塞西尔家族赚得盆满钵满。伯利坐拥三座宫殿，并让他的两个儿子都拥有了大量地产，这些地产与伯爵的排场密切相关，而两个儿子便是在伯爵抚养下长大的。同样，哈顿也发了大财，部分是由于王室的恩惠，于是他在霍尔登比建起一座富丽堂皇的宅邸。这种情况助长了普遍的腐败和不安情绪。

与此同时，清教主义仍然是一个政治问题。莎士比亚提到了它的某些方面，如清教徒神职人员在外表上的服从，"会在黑袍外套上一件表示谦逊的袈裟"，在加尔文派教徒的日内瓦长袍外穿上圣公会的长袍（《终成眷属》第一幕第三场）。

伊丽莎白一直不怎么受欢迎，[33] 而到了 16 世纪 90 年代，由于政治、社会、经济、宗教等问题层出不穷，先前的困难与紧张局势又开始显现。[34] 这些问题与政治（包括王权内部）相互作用，也与相互矛盾的诉求相互交织，例如，在外交政策，或反清教主义与反教宗倾向方面受到相应地推动和操纵。[35] 此外，政府给人以一种总是施以权宜之计的感觉，原因之一在于女王年事已高，行将就木。伊丽莎白出生于 1533 年。此外，在她的最后几年里，她比统治初期更不娴熟和宽容。随着伊丽莎白的年迈，王位继承问题在政治上和文化上仍然充满争议。她拒绝指定詹姆斯为她的继任者，她认为，这一步将会令她自掘坟墓。然而，她的抗拒让犹疑的詹姆斯不安地四处寻求支持，这反过来又加剧了与伊丽莎白及英格兰政府内部的紧张关系。[36]

这些问题和议题也影响到了剧院。在 1597 年或更早之前，《理查二世》中移除了"退位"场景，因为这是对君主被强制推翻的敏感展现。关于戏剧的谣言，例如，托马斯·纳什（Thomas Nashe）在 1597 年创作的《狗之岛》（*Isle of Dogs*）中展现的所谓政治，加剧了剧院的紧张气氛。[37] 事实上，莎士比亚的戏剧反映了这一时期的诸多困难。[38] 此外，戏剧展现了更广泛的政治观点，而这些观点不应简单地被归结为混合君主制（mixed monarchy）或君主共和主义（monarchical republicanism）。[39] 作为一个统一的国家，英格兰不能像莎士比亚戏剧《李尔王》（可能上演于 1605 年末）开头里李尔王做的那样，为了迎合一位统治者的观点而被分割。同时，《亨利四世上篇》中所描述的国家分裂很容易被认为是错误的，并且证明了反对国王的阴谋家的邪恶本性，这些阴谋家曾为分割的条件争吵不休。

第二代埃塞克斯伯爵罗伯特（1566—1601年）曾是王室宠儿，但1599年在爱尔兰失败后便声名狼藉。1601年，他的阴谋是在混乱的背景下，特别是在有关王位继承问题的谣言和不确定的狂热气氛中进行的。政策同时也发挥了作用。埃塞克斯与莱斯特一样，坚决支持对西班牙的战争，并强调将新教作为政策的基础。一如莱斯特那样，他代表了拥有军事经验的人的看法，虽然也显示出军事经验对政治地位造成的困难，因为军事经验导致了对持续性成功的依赖，但这种成功并不是由宫廷或个别指挥官指挥的。此外，更具体地说，埃塞克斯的失宠使他在经济上受到了打击。像其他许多贵族一样，他负债累累，并在1600年失去了进口甜酒的关税租赁权。埃塞克斯想要控制伊丽莎白以确保自己的地位，并摧毁其对手，也就是首席大臣伯利的儿子罗伯特·塞西尔爵士，即后来的索尔兹伯里伯爵。埃塞克斯试图为贵族寻求更多的权力以对抗国王，他说："我不知道是以仆人还是以奴隶身份为女王效忠。"[40]他得到了其他六位贵族的支持，其中包括莎士比亚过去的赞助人，第三代南安普顿伯爵亨利，此人由于失去伊丽莎白的青睐而丢掉了骑兵统领的职位。

埃塞克斯彻底失败了。在一次冲动且错误的英雄式骑士行为中，埃塞克斯不顾禁令，意欲强行面见女王，进而让自己成为核心幕僚。[41]但女王并不准备给予他这种地位，也不接受这种方式。[42]埃塞克斯没能成功发动政变，更遑论发动像新近发生在法国的内战那般规模的战斗了。1601年2月8日，埃塞克斯无视前一天让他出庭解释自己行为的命令，并扣留了前来向他重申命令的四名枢密院成员。他转而试图在伦敦城中起事，结果却发现，罗伯特·塞西尔早已在卢德盖特封锁了从伦敦城通往威斯敏斯特的出口。无能的埃塞克斯遭到挫败，返回了埃塞克斯宫，那里一直处于包围之中，直至其投降为止。除了埃塞克斯，另有五人被处决，但没有一个是曾经力挺过他的贵族。埃塞克斯采取的方式是十分危险的，所以必须以儆效尤。

埃塞克斯支持塔西佗作品的复兴，塔西佗是一位批判帝国暴政的罗马作家，本·琼森的戏剧《塞扬努斯》（Sejanus）（1603年或1604年）向公众展现了这个主题，讲述了罗马皇帝提比略的这位心腹重臣的故事。约翰·海沃德（John Hayward）在作品中大量引用了塔西佗的叙述。翻译塔西佗作品的亨利·萨维尔（Henry Savile）是埃塞克斯的门徒，他很可能受到塔西佗思想（源自罗马帝国时期对共和思想的同情）的指引，认为必须反抗暴君，驱逐邪恶的大臣。在法国宗教战争期间，这些思想也被胡格诺派作家推向前台，并且与加尔文主义更普遍地联系在一起。或许其他人也有类似的想法，但埃塞克斯已经准备好付诸行动，而且其中并不包含与伊丽莎白被逐出教会有关的天主教动机。只是他的态度与政治秩序、对君主制的尊重和政治审慎的精神背道而驰。[43]

埃塞克斯的起事并不是一场人危机，但它是在伦敦进行的，这触动了莎士比亚自身的地位。与他有联系的张伯伦勋爵剧团（Lord Chamberlain's Men）曾接受过阴谋者的报酬，被要求复演《理查二世》，该剧包含有在叛乱前夕出版版本中被禁止的废黜国王的场景。事实上，不久之后，伊丽莎白曾对威廉·兰巴德（William Lambarde）说：“你们有所不知，我就是理查二世。”[44]约翰·海沃德在1600年因其1599年出版的《亨利四世的前半生及其统治》（The First Part of the Life and Reign of Henry IV）一书被捕入狱。该书记述了废黜理查的内容，并被谄媚般地献给了埃塞克斯。海沃德在埃塞克斯遭到处决后被释放，他觉得表现出惹眼的对女王的忠诚是明智的。当泰特（Nahum Tate）改编的《理查二世》（1680年）

因可能与"排斥危机"（Exclusion Crisis）[1]（1679—1681 年）有关
而被禁演时，人们在此看到了莎士比亚戏剧的持久影响。这场危机
是为了将詹姆斯二世（詹姆斯一世的孙子）排除在他哥哥查理二世
的继承权之外，原因在于詹姆斯二世是名天主教徒。用一位现代历
史学家的话来说，莎士比亚是"在埃塞克斯项目上投入了大量资
金"而"犯了大错"。[45]

在 1601 年，政府面临来自议会的批评，其中包括与税收和垄
断相关的事务。结果是政府做出了让步，废除了最不得人心的几
项垄断权。伊丽莎白觉得有必要接见下议院议员，以表达她对他们
的爱。

日益广泛的政治化是 16 世纪英格兰的一个特征，但这并没有
造成无法克服的问题。埃塞克斯的失败甚至可以形成这样一种观
点，即 16 世纪 90 年代的危机被夸大了，无论是在相对意义上，还
是就时人对英格兰政治——尤其是政治意识形态和实践的看法而言
都是如此。这种对危机与成功富有张力的评价，以及两者并存的事
实，对于我们了解莎士比亚作品的背景是非常重要的。不管怎样，
斯图亚特家族于 1603 年正式继承王位，尽管当时英格兰仍在与西
班牙交战，但并没有发生内战。

相反，与上述情形极为不同的是，与西班牙的长期战争不仅影
响而且聚焦于反教宗制，[46] 而且催生出更为强烈的民族意识，这一
点既可从莎士比亚戏剧中，也可从人们更关注方言而不是拉丁语这

---

[1] 发生于 1679 至 1681 年的政治危机。查理二世统治时期，为防止国王的弟弟、推定王
位继承人约克公爵詹姆斯（罗马天主教徒）继承英格兰、苏格兰和爱尔兰王位，英格兰
议会先后三次提出《排斥法案》，试图将詹姆斯排除在王位继承权之外，但遭到国王和托
利派反对，在 1681 年议会第三次提出该法案后，国王将议会解散，主张排除詹姆斯继承
权的辉格派在此次危机中暂时失势。

一点看到。此种文化变化自有其政治背景，从宗教改革开始，在政治目的和政治参照方面就出现了明显的英国化，更具体地说，议会治理在伊丽莎白长期统治期间变得愈发重要。这是国家政治转变的一种体现，即从关注国王和贵族之间的关系转向国王和绅士之间的关系，这种模式为解读亨利七世所遵循的政策提供了一种新的视野。虽然王室宫廷，中央，特别是精英阶层仍然是政治的主要焦点，但议会逐渐发挥了更显著的作用，强调代议者的思想，而在地方，绅士作为治安法官的重要性也日益增加。大量独立的绅士崛起，他们对公共事务具有责任感，这一过程在《亨利四世下篇》中受到法官"狭陋"（Robert Shallow）的嘲笑，这与贵族未能成为这一时期社会政治变革的主要受益者有关。国王和绅士之间更紧密的联系是伊丽莎白时代取得成就的基础，它使得女王最后15年统治出现的问题并未导致16世纪中期或17世纪中期那样的动荡局面。

对绅士而非贵族的强调兴许在莎士比亚戏剧中得到了呼应。这不仅体现在英雄主义的显著特征上，如在《安东尼与克莉奥佩特拉》（可能是在1606年底首次上演）中展现的那样，该剧与《亨利五世》（可能是在1599年首次上演）也明显有别。更特别的是，1604年英格兰从战争走向和平，这可能使人们对应该赞美哪种价值观的倾向发生了变化。还有一个特别需要面对的问题是玛克·安东尼的职业生涯和声誉。与亨利五世不同，他可以被描绘成一个反对秩序与审慎的我行我素之人。

绅士在下议院中发挥着关键作用，而议会是一个全国性机构，在法国，与英格兰议会最相似的全国三级会议比地区会议的影响更小（在1614年至1789年期间没有召开过），因而维持了一种强烈的地区差异感，就像在布列塔尼和朗格多克等地那样。托马斯·史密斯（Thomas Smith）爵士在1565年出版的《论英吉利共和国》

（ *De Republica Anglorum* ）一书中指出，议会的同意被认为是每个人的同意，主权的来源是"王在议会"（ Crown in Parliament ）。在16世纪80年代，威廉·兰巴德注意到治安法官被要求执行"成堆的法令"。事实上，他们与中央政府的期望和要求有了更多联系。

詹姆斯是苏格兰女王玛丽的独子，这引发了一个有趣的问题，即如果她有一个女儿，那会有什么后果。继母亲被迫退位后，詹姆斯从1567年（最初还是个婴儿）开始以詹姆斯六世的身份统治苏格兰，1603年，在用英语代替拉丁语的加冕典礼上，他又以詹姆斯一世的身份登上英格兰王位。作为苏格兰君主，他早就不得不以弱势地位应对各种变化并采取权宜之计，尤其是当面对激烈的贵族派系斗争时，而詹姆斯是都铎—斯图亚特王朝纽带的受益者。借由亨利七世长女玛格丽特与詹姆斯四世的婚姻，加上亨利八世的三个合法子女（其中只有一个结婚）都没有生育自己的孩子，以及他的母亲被处决这一现状，他继承了英格兰王位。

1603年，詹姆斯南下以获取对其新王位的宣称，这一转变比预想的要容易得多，他在余下的统治时间里一直待在英格兰，期间只返回苏格兰一次。因此，与其苏格兰前任相比，他较少受到苏格兰领主间的争斗或他们蔑视王权行为的影响。然而，苏格兰仍然是一个独立的国家，由苏格兰枢密院管理，并存在一个单独的议会。尽管当时人们对波兰和立陶宛联合的事例颇感兴趣，[47]詹姆斯也希望建立一个"爱的联盟"或至少是英格兰和苏格兰之间的行政和经济联盟，但这个联盟本质上还是基于个人的。英格兰对法律和政治制度的影响感到担忧，威斯敏斯特议会拒绝了某种议会或法律上的结合。葡萄牙和西班牙的联合（1580—1640年）也是建立在个人之上。

詹姆斯是莎士比亚一生经历的第二位君主。事实证明，他是一个很难以英雄事迹来描述的人物。作为苏格兰和英格兰的统治者，他取得了其前任所未曾取得的成功，代表了斯图亚特王朝的重大胜利，然而，詹姆斯缺乏魅力，他发现很难赢得人们的尊重和爱戴。按照时间顺序，《亨利五世》是《亨利四世上篇》《亨利四世下篇》的续篇。在莎士比亚的《亨利四世》中，放荡不羁的哈利王子在以亨利五世的身份登上王位时，显得处变不惊并彰显皇室威仪。然而，詹姆斯在1603年并没有这样明显的转变。

　　詹姆斯当然受过良好的教育，他博览群书，思维敏捷，心思缜密且善于调和，但同时也复杂且任性。虽然固执，但他善于调和的个性，以及对其地位所受限制的认识，使其懂得缓解宗教紧张局势。更普遍地说，詹姆斯以温和派的形象示人，谴责对手是极端分子。在他各种不同的自我形象里，包括一种不容反对的君士坦丁式威权形象，这与他一贯强调王权具有宗教作用有关。由于他对权威的强调，詹姆斯提出了一种与包括天主教国家在内的欧洲大陆实践非常相似的神圣王权模式。[48] 同时，他对其他作家很感兴趣，并能接受他们的观点。[49]

　　然而，在詹姆斯身上，形象与现实间的反差比在伊丽莎白身上体现得更加突出和严重。这位双性恋和挥金如土的国王执掌着一个腐败且肮脏的宫廷，既没有提高詹姆斯或君主制的声望，也没有为他的政策赢得支持。由于他并不是一个好战的国王，而且更喜欢在印刷物上展开争论，例如支持君权神授，所以詹姆斯没有通过战功获得荣耀。他身上没有展现出任何一种《圣经》中的王权模式。詹姆斯的王权所关联的范围，既为莎士比亚戏剧提供了多种相互冲突的背景，也让这些戏剧可被看作是支持、批判或脱离王权的体现。

　　尽管詹姆斯的钦定版《圣经》是更为重要的持久性遗产，但1605年的火药阴谋却是詹姆斯统治时期的头等大事。该阴谋成为詹姆斯即位前后一系列与权力和宗教有关之阴谋的高潮，伴随着一系列希望的实现与落空。[50]总体而言，宗教紧张局势有所缓解，这得益于1604年与西班牙战争的结束，它符合伊丽莎白时代的政策，也得益于詹姆斯试图减少新教徒之间的分歧，当然，清教徒并不这么认为。在1604年的汉普顿宫廷会议上，詹姆斯允许各种新教观点的神学家与会。他本人对宗教仪式和礼拜日的恰当行为举止有着鲜明观点，詹姆斯支持温和的教会改革，并对基督教或至少是新教与天主教的重新统一颇感兴趣。

　　然而，在火药阴谋中，一小撮天主教徒将火药藏在议会大厦的地窖里，计划在1605年11月5日詹姆斯召开会议时引爆，冀望通过摧毁王室和新教精英引发叛乱。他们试图告诫天主教贵族，第四代蒙特亚格尔男爵威廉切勿参会，这一举动导致了阴谋的曝光。盖伊·福克斯（Guy Fawkes）携带火药被抓，他遭受了严刑拷打（实属一种残酷的行为）并被要求供出同谋者的名字，然后被残忍地处决。包括罗伯特·卡特斯比在内的一些同谋者因拒捕而死亡。尽管第九代诺森伯兰伯爵亨利·珀西的罪名是天主教信仰而非参与阴谋，但也被关进了伦敦塔，并一直关至1621年。

　　火药阴谋败露后，并没有出现任何消灭天主教的企图，但它将反天主教的言论推向了末世的高潮，反过来，它也强调了英格兰在上帝特殊旨意中所扮演的角色。[51]这场冲突不同于晚近与西班牙结束的冲突，但更具威胁性。莎士比亚受到了此种背景的影响。在《麦克白》中，他提到了"暧昧含糊的家伙，他会同时站在两方面，一会儿帮着这个骂那个，一会儿帮着那个骂这个；他曾经为了上帝的缘故，干过不少欺心事，可是他那条暧昧含糊的舌头却不能把他送上天堂去"（第二幕第三场）。这里指的是耶稣会神父亨利·加内特（Henry Garnet）因参与火药阴谋而受到的审判，这场审判导致他在1606年被判叛国罪并被处决。《李尔王》中的日食和相应提到的"内乱""叛逆"和"崩裂"（第一幕第二场）也与该阴谋有关。

然而，詹姆斯寻求基督教重新统一的目标显示出他对和平的渴望。他想要建立一个普世教会会议的愿望并未实现，[52]其在欧洲三十年战争[1]（1618—1648年）的危机中也未能成功扮演调解者角色。1619年，詹姆斯派遣唐卡斯特伯爵出使德意志的使团因规模庞大而受到嘲笑，也未能阻止冲突蔓延。[53]

天主教狂热者与清教徒皆是作家们的攻击目标。清教徒遭到了讽刺，比如本·琼森在1614年创作的《巴托洛谬集市》（*Bartholomew Fair*）——这本书生动描述了一个生机勃勃的伦敦——中讽刺虚伪的狂热者"使用土地者的狂热"（zeal-of-land Busy），而在其1610年的《炼金术士》（*The Alchemist*）中，则将清教徒描述为"我们的分离派"；莎士比亚在《第十二夜》中通过马伏里奥这一角色大致勾画了清教徒的形象。与此同时，清教徒强调了一套价值观，包括自我约束和家庭凝聚力，以对抗王室在道德和情感上表现出的腐朽。小臭顿庄园（Little Moreton Hall）的礼拜堂以圣经故事装饰，客厅的壁饰描绘着苏珊娜和长老们[2]的故事，这与詹姆斯的品位完全不同。

尽管与丹麦的安妮（Anne of Denmark）（1574—1619年）（安妮

---

[1] 17世纪上半叶，由于宗教、领土、商贸对抗等原因在欧洲进行的一系列断断续续的战争。主要是由奥地利哈布斯堡王室控制的神圣罗马帝国和由瑞典、荷兰反天主教势力支持的新教诸侯之间发生的军事冲突构成。冲突爆发于1618年，至1648年签订《威斯特伐利亚和约》结束。至此，一个由主权国家为基本结构的欧洲国际体系形成。

[2] 先知但以理为苏珊娜昭雪冤案的故事。据称以色列人在被掳往巴比伦期间，他们中的两个长老看到约雅金的美貌妻子苏珊娜后起了淫心，企图诱胁她犯罪。苏珊娜不从，遂被诬告与一青年通奸，并被判处石刑。她在被押赴刑场途中路遇但以理，但以理提议复审此案，并从两长老矛盾陈述中确实苏珊娜被诬陷，并按摩西律法处死两长老。

本人皈依天主教[54]）保持着爱情关系，且育有三个孩子，但双性恋的詹姆斯也倾心于一大堆漂亮且贪婪的年轻男子。由于他愿意将这些人拔擢为贵族和廷臣，这带来了严重的政治后果。詹姆斯的宠臣萨默塞特伯爵罗伯特·卡尔（Robert Carr）与他的妻子被控于1613年在伦敦塔毒杀托马斯·奥弗伯里（Thomas Overbury）爵上，但却被詹姆斯赦免，这成了一桩大丑闻。奥弗伯里对宫廷阴谋的阴暗面了解得太多了。另一个不受欢迎的贪婪宠臣乔治·维利尔斯（George Villiers）是一名身份低微的绅士的儿子，相貌英俊，1614年成为王家酒政，1615年变成近卧侍从，1616年升为骑兵统领并受封子爵，1623年高居白金汉公爵之位，而在查理一世当政的1628年遭到暗杀。这些事件都极大影响了那一时期戏剧对宫廷生活的描绘。

对这种宫廷风格的挑战来自詹姆斯的长子亨利王子，他于1610年成为威尔士王子，引人注目的是，他在议会的就职令人印象深刻，被普遍视为一种准加冕。[55]亨利有着詹姆斯明显缺乏的阳刚气息的王权，他是新教的热心支持者，也是艺术的赞助人，他本人与戏剧界颇有渊源，在本·琼森的假面舞剧《仙王奥伯龙》（*Oberon, the Fairy Prince*，1611）中饰演过主角。从1603年到1612年，作为莎士比亚所在剧团的主要竞争对手，海军上将剧团被看作亨利王子的剧团。然而，亨利本应成为亨利九世，却在1612年因伤寒先他父亲而死。[56]

这为他那不甚灵活也不聪明的弟弟查理扫清了道路，他于1625年成为查理一世，许多人声称，白金汉谋杀詹姆斯是为了给他的这位朋友让位。虽然并无证据支持这一指控，但这反映了人们对宫廷生活的不安以及对西班牙影响的担忧，[57]这种担忧可以追溯到16世纪50年代玛丽统治时期。白金汉支持查理与西班牙联姻未果，两人曾于1623年前往马德里。最终，查理在即位后不久，与一位天主教徒结婚，他迎娶的是路易十三的妹妹——法国公主亨利埃塔·玛丽亚（Henrietta Maria）。

尽管詹姆斯更喜欢假面剧而非戏剧，不过他本人对戏剧也怀有较为浓厚的兴趣。他创立了国王剧团，《量罪记》或许能反映出他的品位。安妮女王也是宫廷假面剧的赞助人。尽管对王室的批评是许多戏剧的核心主题，不过戏剧着实提供了迥然有异的生活观。戏剧还可能遭到更为激烈的打击。1621年，一位当地校长贾斯珀·加恩（Jasper Garne）写的一出戏在肯德尔城堡上演，这致使加恩在星室法庭被指控发表颠覆性言论。他回应道："当时表演的是乌鸦在地狱里啄食可怜的羊，乌鸦被比作贪婪的地主，羊被比作可怜的佃农……但这并不是针对威斯特摩兰郡的，而是针对其他郡乃至所有郡的。"

更常见的是，人们有一种从美好往昔走向衰落的感觉，这种感觉经常出现在戏剧中，且是对所有戏剧而言都很重要的主题。因此，在大约出版于1604年的《终成眷属》中，年迈的罗西昂伯爵夫人、法国国王及其顾问拉佛勋爵都在回顾过去，回忆着往昔的荣誉与价值。他们关心的是真实而非表象，国王说：

> 穷巷陋室，有德之士居之，可以使蓬荜增辉；
> 世禄之家，不务修善，虽有盛名，亦将隳败。
> 善恶的区别，在于行为的本身，不在于地位的有无。
>
> （第二幕第三场）

因此，语言被用来谴责词汇的无意义。

詹姆斯的政策不被信任，也无法避免债台高筑。他并不了解议会的特质，而议员们也不太欣赏他的观点。然而，尽管1614年的"无用议会"辩论激烈而短暂，不过，詹姆斯还是在处理英格兰议会和宗教政治难题上展现了一些能力，正如他之前处理苏格兰派系斗争的困局一样。[58]在英格兰和苏格兰，并没有出现像法国和神圣罗马帝国（德意志）在17世纪10年代和20年代初那样在控制或稳定性方面的崩溃。尽管如此，詹姆斯的即位还是在政治和文化上使得不列颠性（Britishness）问题愈发凸显，[59]这与苏格兰女王玛丽统治下的情况大不相同。这种不列颠性的意识在某种程度上受到威尔士民族主义的影响，尤其是在处理16世纪90年代和17世纪初的爱尔兰问题上造成了困难。由于不列颠层面的英格兰化政策和推行一种新秩序的地方政策所带来的危机，所谓不列颠性引发了整个不列颠群岛的政治崩溃，首先是17世纪30年代末的苏格兰，继而是1641年的爱尔兰。[60]

然而，在莎士比亚短暂的有生之年，随着詹姆斯一世的和平承继和爱尔兰叛乱的失败，这位国王似乎展现了成功和稳定，尤其是在1605年火药阴谋被镇压之后。繁荣和成功的可能性似乎有所增加。此外，对舆论的惩罚也从亨利八世和玛丽统治时期的高峰持续下降。[61]考虑到反映现实的暴力在莎士比亚及其同时代戏剧中的突出性，无论是在更高的政治语境层面，还是作为民众生活及其政治表达的一种体现[62]，都凸显了惩罚的减少，[63]对剧作家的生活而言不能不说是一种宽慰。

注释

1. G. Elton, *The Tudor Revolution in Government: Administrative Changes in the Reign of*

Henry VIII (Cambridge, 1953), *Reform and Renewal: Thomas Cromwell and the Common Weal* (Cambridge, 1973), and *Policy and Police: the Enforcement of the Reformation in the Age of Thomas Cromwell* (Cambridge, 1973); D. Loades, *Thomas Cromwell: Servant to Henry VIII* (Stroud, UK, 2014). 对于近来的怀疑论，参见 M. Everett, *The Rise of Thomas Cromwell: Power and Politics in the Reign of Henry VIII* (New Haven, CT, 2015).

2. M. Stoyle, "'Fullye Bente to Fighte Oute the Matter': Reconsidering Cornwall's Role in the Western Rebellion of 1549," *English Historical Review* 129 (2014): 549–77.

3. D. MacCulloch, "Kett's Rebellion in Context," *Past and Present*, no. 84 (1979).

4. G. W. Bernard, *Power and Politics in Tudor England* (Aldershot, UK, 2000), 134–60.

5. J. Loach, *Edward VI* (New Haven, CT, 2002); S. Alford, *Kingship and Politics in the Reign of Edward VI* (Cambridge, 2002).

6. A. Blakeway, "The Anglo-Scottish War of 1558 and the Scottish Reformation," *History* 102 (2017): 201–24.

7. R. J. W. Evans, *The Making of the Habsburg Monarchy, 1550–1700: An Interpretation* (Oxford, 1979).

8. M. Dobson and T. S. Freeman, eds., *England's Elizabeth: An Afterlife in Fame and Fantasy* (Oxford, 2002).

9. S. Doran, *Elizabeth I and Her Circle* (Oxford, 2015).

10. E. Baskerville, "A Religious Disturbance in Canterbury, June 1561: John Bale's Unpublished Account," *Historical Research* 65 (1992): 340 41.

11. C. Bajetta, G. Coatelen, and J. Gibson, *Elizabeth I's Foreign Correspondence: Letters, Rhetoric, and Politics* (Basingstoke, UK, 2014).

12. A. Ryrie, *Being Protestant in Reformation Britain* (Oxford, 2013).

13. P. Collinson, *Elizabethan Puritan Movement* (London, 1967) and *Richard Bancroft* and *Elizabethan Anti-Puritanism* (Cambridge, 2013); J. Crawford, *Mediatrix: Women, Politics, and Literary Production in Early Modern England* (Oxford, 2014).

14. A. Wall, "Religion and the Composition of the Commissions of the Peace, 1547–1640," *History* 103 (2018): 223–42.

15. W. B. Patterson, *William Perkins and the Making of a Protestant England* (Oxford, 2014).

16. N. Jones, *Governing by Virtue: Lord Burghley and the Management of Elizabethan England* (Oxford, 2015).

17. G. Kilroy, *Edmund Campion: A Scholarly Life* (Farnham, UK, 2015).

18. J. Martin and A. Ryrie, eds., *Private and Domestic Devotion in Early Modern Britain* (Farnham, UK, 2012); N. Mears and A. Ryrie, eds., *Worship and the Parish Church in Early Modern Britain* (Farnham, UK, 2012).

19 M. King, *So High a Blood: The Life of Margaret, Countess of Lennox* (London, 2017).

20. K. J. Kesselring, *The Northern Rebellion of 1569: Faith, Politics and Protest in Elizabethan England* (Basingstoke, UK, 2007).

21. Kesselring, *The Northern Rebellion*.

22. A. Walsham, *Catholic Reformation in Protestant Britain* (Farnham, UK, 2014).

23. B. Lockey, *Early Modern Catholics, Royalists, and Cosmopolitans: English Transnationalism and the Christian Commonwealth* (Farnham, UK, 2015).

24. P. Lake, *Bad Queen Bess? Libels, Secret Histories, and the Politics of Publicity in the Reign of Queen Elizabeth I* (Oxford, 2016).

25. D. Rutledge, ed., *Ceremony and Text in the Renaissance* (Newark, DE, 1996).

26. B. Kane and V. McGowan-Doyle, eds., *Elizabeth I and Ireland* (Cambridge, 2014).

27. M. A. Hutchinson, *Calvinsim, Reform and the Absolutist State in Elizabethan Ireland* (London, 2015).

28. B. T. Whitehead, *Braggs and Boasts: Propaganda in the Year of the Armada* (Stroud, UK, 1994).

29. 关于惨淡的现实状况，参见 P. Thomas, "Vagabond Soldiers and Deserters at Elizabethan Northampton," *Northamptonshire Past and Present* 9 (1995−1996): 101−10.

30. D. Elkin, *The Last Armada: Queen Elizabeth, Juan del Águila, and Hugh O'Neill; The Story of the 100-day Spanish Invasion* (London, 2016).

31. R. B. Wernham, ed., *The Expedition of Sir John Norris and Sir Francis Drake to Spain and Portugal, 1589* (London, 1986).

32. Wernham, "Amphibious Operations and the Elizabethan Assault on the Spanish Atlantic Economy 1585−1598," in *Amphibious Warfare 1000−1700*, ed. D. Trim and M. Fissell (Leiden, UK, 2005), 203−7.

33. J. Walker, ed., *Dissing Elizabeth: Negative Representations of Gloriana* (Durham, NC, 1998).

34. J. Guy, ed., *The Reign of Elizabeth I: Court and Culture in the Last Decade* (Cambridge, 1995).

35. P. Lake, "A Tale of Two Episcopal Surveys: The Strange Fates of Edmund Grindal and

Cuthbert Mayne Revisited," *Transactions of the Royal Historical Society* 18 (2008): 162.

36. J.-C. Mayer, ed., *The Struggle for the Succession in Late Elizabethan England: Politics, Polemics and Cultural Representations* (Montpellier, Fr., 2004).

37. M. Teramura, "Richard Topcliffe's Informant: New Light on The Isle of Dogs," *Review of English Studies* 68 (2017): 44–59.

38. J. Shapiro, *1599: A Year in the Life of William Shakespeare* (London, 2005).

39. J. F. McDiarmaid, ed., *The Monarchical Republic of Early Modern England* (Farnham, UK, 2007); R. Rapple, "Elizabethan Absolutism and Tamburlaine's Tents: Sir Humphrey Gilbert Reads De Republica Anglorum," *English Historical Review* 132 (2017): 38–40.

40. W. Camden, *Annales London* (1635), 494.

41. P. Hanmer, "Shakespeare's Richard II, the play of 7 February 1601 and the Essex Rising," *Shakespeare Quarterly* 59 (2008): 1–35.

42. J. Dickinson, *Court Politics and the Earl of Essex, 1589–1601* (London, 2012).

43. A. Gajda, *The Earl of Essex and Late Elizabethan Political Culture* (Oxford, 2012).

44. Jason Scott-Warren, "Was Elizabeth I Richard II? The Authenticity of Lambarde's 'Conversation,'" *Review of English Studies* 64 (2012): 208–30.

45. P. Lake, *How Shakespeare Put Politics on the Stage: Power and Succession in the History Plays* (New Haven, CT, 2016), 602.

46. J. Lock, "'How Many Tercios Has the Pope?' The Spanish War and the Sublimation of Elizabethan Anti-Popery," *History* 81 (1996): 197–214.

47. S. Sobecki, "John Peyton's A Relation of the State of Polonia and the Accession of King James I, 1598–1603," *English Historical Review* 109 (2014): 1079–97.

48. R. Asch, *Sacral Kingship between Disenchantment and Re-enchantment: The French and English Monarchies, 1587–1688* (Oxford, 2014).

49. J. Rickard, *Writing the Monarch in Jacobean England: Jonson, Donne, Shakespeare and the Works of King James* (Cambridge, 2015).

50. M. Nicholls, *Investigating the Gunpowder Plot* (Manchester, 1991) and "Treason's Reward: The Punishment of Conspirators in the Bye Plot of 1603," *Historical Journal 38* (1995): 821–42.

51. H. Hirschfeld, "'Wildfire at Midnight': The Revenger's Tragedy and the Gunpowder Plot," *Review of English Studies* 68 (2017): 60–78.

52. W. B. Patterson, *King James VI and I and the Reunion of Christendom* (Cambridge, 1997).

53. E. McCabe, "England's Foreign Policy in 1619: Lord Doncaster's Embassy to the Princes of Germany," *Mitteilungen des Instituts für Osterreichische Geschichtsforschung* 58 (1950): 457–77.

54. M. Meikle and H. Payne, "From Lutheranism to Catholicism: The Faith of Anna of Denmark (1574 1619)," *Journal of Ecclesiastical History* 64 (2013).

55. P. Croft, "The Parliamentary Installation of Henry, Prince of Wales," *Historical Research* 65 (1992): 177–93.

56. R. Strong, Henry, *Prince of Wales and England's Lost Renaissance* (London, 1986).

57. A. Bellany and T. Cogswell, *The Murder of James I* (New Haven, CT, 2015).

58. D. Newton, *The Making of the Jacobean Regime: James VI and I and the Government of England, 1603–1605* (Woodbridge, UK, 2005); T. Harris, *Rebellion: Britain's First Stuart Kings* (Oxford, 2014).

59. G. Burgess, R. Wymer, and J. Lawrence, eds., *The Accession of James I: Historical and Cultural Consequences* (Basingstoke, UK, 2006).

60. P. Schwyzer, *Literature, Nationalism and Memory in Early Modern England and Wales* (Cambridge, 2004).

61. A. Hadfield, *Shakespeare, Spenser and the Matter of Britain* (Basingstoke, UK, 2003).

62. D. Cressy, *Dangerous Talk: Scandalous, Seditious, and Treasonable Speech in Pre-Modern England* (Oxford, 2010).

63. R. A. Foakes, *Shakespeare and Violence* (Cambridge, 2003).

64. R. Rapple, *Martial Power and Elizabethan Political Culture: Military Men in England, 1558–1594* (Cambridge, 2009).

七 政治想象力

> 可怜的情景啊！血腥的时代！
> 狮子为巢穴而战的时候，
> 无辜的羔羊却受到它们的损伤！
> ——亨利六世在《亨利六世下篇》（第二幕第五场）

当《亨利六世下篇》的观众看到，一个儿子在玫瑰战争最血腥的陶顿战役（1461年）里，无意间杀死了他的父亲时，他们应该对内战意味着崩溃和恐怖的概念非常熟悉。家族内部的纷争要追溯到《圣经》，而内战作为一个关键的历史元素可以追溯到古典世界，尤其是罗马共和国的崩溃，这可以很容易在莎翁的罗马戏剧中被展现。当受膏君主和合法君主被杀时，围绕裘利斯·凯撒被暗杀后混乱的预言便被赋予了更多力量，就像《麦克白》中邓肯被谋杀，理查二世和亨利六世被谋杀一样，不过理查三世没有遭此劫数。对无政府状态和混乱的恐惧在戏剧中表现为对"伟大的存在之链"（great chain of being）的描述，这条"存在之链"将一切事物以神圣的秩序联系在一起。

对混乱的恐惧驱使着控制和镇压；很多宗教改革和都铎政治

的戏码都是在伦敦上演的，莎士比亚作为剧作家也将伦敦作为事件的背景。那些反对王室的人将受到即时的惩罚，并会被展现在公众面前。被处决者的头颅经常被展示在伦敦桥南门的上方，作为对所有进入城市的人的警告，这一景象也被展现在维舍尔的城市景观图（1616年出版）中。与其他事物一样，这里也存在一种社会等级制度。泰伯恩（Tyburn）是地位卑贱或出身一般的罪犯和叛徒被绞死的地方。相比之下，塔山（Tower Hill）确实通常是在伦敦塔的王室力量阴影笼罩下为更尊贵的罪犯保留的，他们的结局是被斩首。尊贵的身份带来相对具有尊严和仁慈的斩首，就像1601年的埃塞克斯伯爵，而不是被缓慢地绞杀。对女性的斩首通常只在塔楼绿地（Tower Green）的私密处进行。

　　《亨利五世》对1415年由法国支持的剑桥伯爵理查发起的失败阴谋的描述，清楚地表明了国内叛乱与外部威胁的联系。这在第二幕中被描述了两次，第一次由剧情解说人在序幕中描述，然后是随剧情实时描述的。这两次描述都将地狱与叛国罪联系在一起，亨利五世称叛乱"就像人类的又一次堕落"，这种对比充满了存在主义的宗教意义，并仔细描绘了关注私利与关注王国之间的差异。这是较弱和/或不道德的统治者（如理查二世在同名戏剧开头的几幕中）反复表现出其不具备做出对比的能力。亨利说：

> 你们阴谋背叛国君，
>
> 与公开的外敌串通一气，
>
> 从他的钱库里接受预付定金，要置我于死地。
>
> 你们的企图是要把你们的国王出卖给人杀害，
>
> 使得他的王公贵族沦为奴隶，
>
> 使得他的臣民受到压迫和凌辱，

> 使得他的整个王国化为废墟。
>
> 至于我本人，我并不想报复，
>
> 但是我必须珍视我们国家的安全，
>
> 而你们却图谋把它颠覆，
>
> 因此我只有把你们交付国法制裁。
>
> （《亨利五世》，第二幕第二场）

如今，《亨利五世》经常作为一部反战剧出现，对法战争中野蛮的一面也被清晰地予以描绘。在第一次世界大战一百周年期间（2014—2018年），这一主题被反复上演。然而，莎士比亚提到的地狱或"永劫不复"更多的是指叛国罪，而不是战争。事实上，这个事例证明现代导演在展现相关性时极具误导性，这可能是出于一种惰性，也可能是为了方便，呼应了当代流行观点，却没有接触到文本或同时代人的更可信看法。

伊丽莎白一世对稳定的偏好不仅仅是个性和谨慎的问题，这也是形势所迫。正如第五章所讨论的那样，15世纪玫瑰战争遗留下极具争议的继承权问题。又如第六章所述，更为晚近的1530年到1569年，是一个动荡不安、叛乱不断的时代，政府屡次受到人员、机构和政策缺乏连续性的打击。这种连续性的缺乏可以在宗教、政治和其他许多方面找到，包括构成莎士比亚笔下伦敦置景性的建筑。例如，本笃会的威斯敏斯特教堂作为解散修道院运动的一部分，在1540年被亨利八世没收。后来，亨利将其重建为威斯敏斯特新主教辖区的主教座堂。十年后，当教区被废除时，该修道院成为伦敦的第二座主教座堂，直至恢复天主教的1556年，由玛丽恢复了其修道院地位。1560年，伊丽莎白将修道院重建为牧师会主持的教堂，不受主教控制，这种安排一直保持至今。

随着时间推移，伊丽莎白成为其王国里最富经验的政治家，远比苏格兰女王玛丽在苏格兰或英格兰的经验丰富得多。伊丽莎白急于维护王家特权，并通过威严及权力对个人关系的影响来主持大局[1]，她知道何时让步才不会显得较弱。她有自己偏爱的人，尤其是她的骑兵统领——莱斯特伯爵罗伯特·达德利（1553年被处决的诺森伯兰公爵约翰的儿子），她曾造访过他位于凯尼尔沃斯的城堡宅邸，她后来则钟意于第二代埃塞克斯伯爵罗伯特。然而，伊丽莎白从未赋予他们权力，她也从未按照莱斯特的意愿结婚，甚而还处决了埃塞克斯。鉴于凯尼尔沃斯离斯特拉特福很近，所以莎士比亚可能目睹了伊丽莎白在1576年造访莱斯特宅邸的情形，而且他肯定听说过很多轶事。奥布朗对"美丽的童贞女"的描述也有相应的阐述（《仲夏夜之梦》第二幕第一场）。

虽然长寿至为重要，但与英格兰的玛丽相比，伊丽莎白的统治取决于更多因素。人们将伊丽莎白视作是一位杰出女性，因为她被上帝选中作为其使者，她务实，且往往比其前任能更成功地应对和利用贵族派系斗争和臣僚的分歧。她有着亨利七世的警惕和谨慎，而并不像亨利八世那样不得不频繁依赖于刽子手的斧头。尽管她是许多阴谋和叛乱的目标，但伊丽莎白每年处决的人数较之亨利八世和玛丽都要少。

所以毫不奇怪，长寿的伊丽莎白在其臣民的政治想象中发挥了重要作用。她的名声使得后来当政的詹姆斯一世那并不令人印象深刻的个性和影响力相形见绌，这也是由于伊丽莎白日渐成为人们回忆中一个闪耀着金色光芒人物的缘故。对个人的回应是对君主角色更普遍的参与，这种参与由《圣经·旧约·列王记》中以色列诸王的重要性赋予了宗教力量。这一经文内容是教会布道和阅读的常用材料。政治文化强调基督教共同体的理想，而且君主要积极捍卫信仰、保护臣民。君主的责任包括在加冕仪式上宣誓捍卫宗教正统。他们是保持王国物理上和精神上健康的关键人物。在《哈姆莱特》中，吉尔登斯吞提到：

> 许多人的安危
> 都寄托在陛下身上。

罗森格兰兹补充道：

> 君主的薨逝
> 不仅是个人的死亡，它像一个漩涡一样，
> 凡是在它近旁的东西，都要被它卷去同归于尽；
> 又像一个矗立在最高山峰上的巨轮，
> 它的轮辐上连附着无数的小物件，
> 当巨轮轰然崩裂的时候，
> 那些小物件也跟着它一齐粉碎。
> 国王的一声叹息，总是随着全国的呻吟。
> （第三幕第三场）

具有讽刺意味的是，每个人都在为一个凶残的篡位者克劳狄斯辩护，而观众们都知道他是一个凶残的篡位者，这可能会影响后者对台词的理解。这是整个戏剧解读过程中存在的一个问题，在这一点上，保持解读方法一致远非易事。

王权建立在神授权力之上，而神授权力为国王及其权威带来了不可或缺的天意支持，其中一部分需要通过解读来衡量，尤其是通过占星术。加冕仪式上教会的认可以及随后的支持亦很重要。这就

让个别神职人员的观点尤其引人关注，包括（幕后）《约翰王》中的教宗英诺森三世和（台前）《亨利八世》中的乌尔西红衣主教与克兰默大主教。与此同时，一些高级神职人员的党派性也充分暴露出来，如《亨利四世》中的约克大主教理查·斯克鲁普，《亨利六世上下篇》中的温彻斯特主教和红衣主教亨利·波福以及《亨利八世》中的温彻斯特主教斯蒂芬·加德纳，他们每个人都被描绘成一个恶毒而危险的政治家。然而，除了必要的历史记录，莎士比亚倾向于淡化神职人员的潜在作用。例如，在《哈姆莱特》《麦克白》《奥瑟罗》《量罪记》《维洛纳二绅士》和《皆大欢喜》中，他都是如此处理的，使人们更注意他的一系列剧作本身。

王权也受到法治的限制，这种法治既维护国王的特权，又保护臣民的自由，君主的神授权力同时强化了法治。因此，权限、责任和义务是建立在宗教信仰基础上的，而这种信仰是君主和臣民共有的，是建立在神圣法令和监督秩序之上的，在此秩序中，自然法仍然非常重要。自然法提供了一种全新的方式来看待莎翁作品。[2]普通法具有道德力量，它的陈述也严重依赖于道德假设，在其中存在一种共享的所有权，不仅作为背景，而且反映了一种共同利益感。[3]《理查二世》中的园丁也反映了秩序。在一个轻松而有力的时刻，他把王国比作花园，二者同样需要"好好经营"和拔掉"疯长的杂草"，而仆人甲问，为何要维持"法纪、秩序和平衡"时说起："我们这个国家……哪儿不是杂草丛生"。

莎士比亚经常在描述中将秩序进行反乌托邦式的颠覆，在麦克白在苏格兰准备下令屠杀儿童、因逆境而变得厌世的泰门的狂热想象等情节中，都表现得极为直白。在《雅典的泰门》中，莎士比亚描绘了一个忘恩负义的雅典，将政治和社会的混乱与对性自由和放肆行为的恐惧联系在一起：

已婚的妇人们，淫荡起来吧！

子女们不要听父母的话！奴才们和傻瓜们，

把那些年高德劭的元老们拉下来，

你们自己坐上他们的位置吧！

娇嫩的处女变成人尽可夫的娼妓，

当着你们父母的眼前跟别人通奸吧！破产的人，

不要偿还你们的欠款，

用刀子割破你们债主的咽喉吧！仆人们，

放手偷窃吧！

你们庄严的主人

都是借着法律的名义杀人越货的大盗。

婢女们，睡到你们主人的床上去吧，

你们的主妇已经做卖淫妇去了！

十六岁的儿子，夺下你步履龙钟的老父手里的拐杖，

把他的脑浆敲出来吧！孝亲敬神的美德、

和平公义的正道、齐家睦邻的要义、教育、

礼仪、百工的技巧、尊卑的品秩、风俗习惯，

一起陷于混乱吧！（第四幕第一场）

如此等等。

　　个人主义具有潜在的破坏性，而且确实体现了在面对自我意志（固执己见）时社会的脆弱性。[4]在《暴风雨》中，米兰的篡位者安东尼奥试图鼓动塞巴斯蒂安谋杀后者的兄弟——那不勒斯国王阿朗索，在试图对塞巴斯蒂安提出的良心问题做出回应时问道：

良心在什么地方呢？

……

我并不觉得在我的胸头有这么一位神明。

如有二十个包糖衣的良心

横在我和米兰公爵的爵位之间，

不等它们作梗就会让它们溶化掉。（第一幕第一场）

亚伦、安吉洛、伊阿古、麦克白、麦克白夫人、理查三世和唐·约翰等人看起来可能是理性的——这是一份精选出来的高度危险而非常不同的人物名单——但在实践中却被证明是极不理性的。这种个人主义给社会造成了伤害，而且，在那些我们被赋予了内在和反思的洞察力的悲剧人物的故事中，他们个人也强烈感受到了这种伤害。[5]麦克白及其妻子的个人驱动力都集中在男子气概的概念上，这导致麦克白无法正确辨别那些在他和社会之间相互竞争、使得他和社会竞争，并同时反对他和社会的鬼魂幽灵。[6]他失去了人性，随之失去了敏锐性。在《奥瑟罗》中，邪恶的伊阿古把自我放在首位，拒绝了罗德利哥提到的力量（德行）：

力量！废话！我们要这样那样，只有靠我们自己。我们的身体就像一座园圃，我们的意志是这园圃里的园丁；不论我们插荨麻、种莴苣、栽下牛膝草、拔起百里香，或者单独培植一种草木，或者把全园种得万卉纷披，让它荒废不治也好，把它辛勤耕垦也好，那力量来自我们的意志。要是在我们的生命之中，理智和情欲不能保持平衡，我们血肉的邪心就会引导我们到一个荒唐的结局；可是我们有的是理智，可以冲淡我们汹涌的热情、肉体的刺激和奔放的淫欲。我认为你所称为爱情的，也不过是那样一种

东西。（第一幕第三场）

勃鲁托斯在《裘利斯·凯撒》中用政治术语描述了自我的紧张：

> 在计划一件危险的行动
> 和开始行动之间的一段时间里，
> 一个人就好像置身于一场可怖的噩梦之中，
> 遍历种种的幻象；
> 他的精神和身体上的各部分正在彼此磋商；
> 整个的身心像一个小小的国家，
> 临到了叛变突发的前夕。（第二幕第一场）

这些压力可以追溯到本性之中，而非后天养成，既是"体液"占主导地位的体现，也受到了相关星相的影响。哈姆莱特持这样的看法：

> 在个人方面也常常是这样，
> 有些人因为身体上长了丑陋的黑痣——
> 这本来是天生的缺陷，不是他们自己的过失——
> 或者生就一种令人侧目的怪癖，
> 虽然他们此外还有许多纯洁优美的品性，
> 可是为了这一个缺点，往往会受到世人的歧视。
> 一点点恶癖往往遮盖了高贵的品性，
> 败坏了一个人的声誉……（第一幕第四场）

良好的王权模式是统治者受到了上帝指引，并得到了其忠诚臣民的自愿服从。庇护使这一体系运转顺畅。它可以具备一种良性的效果，作为一种社会和政治关系，它赋予地位差异巨大的双方以义务，这些义务由赠送礼物和效忠实践等所彰显。[7]实际上，它致使政府与臣民之间不再有简单明了的区别。这种良好的王权模式与现实中的君主相匹配，也因后者而变得复杂，因为君主并不总是愿意听取良言。在某种程度上，有时失败要归因于在庇护政治中，君主没有推心置腹的合适支持者和谋臣。[8]

贵族的社会特权使得君主与臣民之间缺乏简明区别这一点变得尤为明显，因为统治者和大贵族共同拥有光荣的血统和相似的生活方式，这让贵族有理由期待他们不会被划分成三六九等并像其他臣民一样被对待。此乃导致玫瑰战争爆发和扩大的一个因素。政治紧张局势的焦点或许在王室对大臣施以恩惠的问题上，而那些大臣似乎拒绝接受这种方案，特别是由于王室缺乏贵族支持并违背了贵族社会的惯例。在较低级别的贵族家庭中，《第十二夜》中的管家马伏里奥对待其女主人的亲戚托比·培尔契爵士、培尔契的朋友与受骗者安德鲁·艾古契克爵士的态度，以及他计划娶奥丽维娅后对这两个人的批评和居高临下的姿态都体现了这一点。

政治紧张局势也可能集中在家庭内部的关系上，特别是由小儿子和私生子引起的问题。事实上，这些问题既适用于王国内部，如《理查三世》和《李尔王》所展现的，也适用于非王室家庭，如《皆大欢喜》中的剧情。在《皆大欢喜》里，两个问题缠绕着奥兰多，一个是被虐待的穷困小儿子，另一个是被不满的弟弟弗莱德里克篡夺继承权的老公爵。在《暴风雨》中也有类似的篡夺情节。长子继承制对个人地位以及其他人对待其方式的影响，在王室和其他阶层那里都是相似的，这在戏剧和许多观众的生活中都可以看到。[9]

与以信息为主导的官僚主义治理的现代化形式相反，在实践中，政治和治理系统中的非正式渠道一向不可或缺，官僚体系只在系统里发挥有限的作用，注意力被集中在统治者的大臣们身上，更为重要的是君主个人的作用和能力。"国王的耳目"极为关键，有关其他国家的报道经常关注国王的健康、意图、谋臣和可能的继任者。这是《哈姆莱特》及其它历史剧的一个重要方面。莎士比亚一再展现的是，拥有"国王的耳目"并用之操纵庇护关系和政策而为个人谋取利益是导致动荡的原因。这当然是《理查二世》《亨利六世上篇》《亨利六世中篇》《亨利六世下篇》和《亨利八世》所传达的信息。《量罪记》中的公爵圈子中亦是如此。此外，在更普通的圈子里，在庇护人身边拥有耳目或许也很重要，比如《第十二夜》中公爵和奥丽维娅的宫廷。

虽然君主制和君主决定着政治的想象力，在莎士比亚戏剧中尤其如此，但这些并不是权力的唯一形象。莎士比亚同样涉及了共和国，有两部剧即以威尼斯世界为背景（《威尼斯商人》和《奥瑟罗》），并关注了古代的共和国：雅典（《雅典的泰门》的场景所在地）和罗马。事实上，罗马共和国的衰亡是其两部剧的主题，《科利奥兰纳斯》可能是潜在的第三部，这使莎士比亚能够讨论共和政体的优缺点。民众支持的反复无常从《裘利斯·凯撒》一开始就被点明，护民官之一马鲁勒斯批评那些先前为凯撒的对手庞贝呐喊的人，而现在却又在为凯撒推翻庞贝而鼓掌的人的意愿。马鲁勒斯慷慨激昂地讲道：

> 冷酷无情的罗马人啊，
> 你们忘记了庞贝吗？好多次你们
> 爬到城墙上、雉堞上，

有的登在塔顶，有的倚在楼窗，

还有人高据烟囱的顶上，

手里抱着婴孩，整天地坐着耐心等候，

为了要看一看伟大的庞贝经过罗马的街道

……

现在你们却穿起了新衣服，

放假庆祝，

把鲜花散布在踏着庞贝的血迹

凯旋回来的那人的路上吗？（第一幕第一场）

在《亨利六世中篇》中，杰克·凯德用更残忍和更具威胁性的方式，通过民众行动终结了历史："去把政府的所有文件都烧了，我的嘴就是法律。"凯德设想的社会秩序是明确的："从此一切都是公共所有。"（第四幕第七场）

戏剧中也有关于在通俗语境中的政治组织的描述，尤其是在喜剧背景下，与《仲夏夜之梦》中波顿扮演的玩家不同，这些描述对情节以及德行的最终践行至关重要，就像《无事生非》中的巡丁。政治组织的成员代表了公民身份的一个方面，既滑稽又令人印象深刻——"都是老老实实的好人"（第三幕第三场）。他们展开揭露阴谋的行动。

《暴风雨》中的卡列班提供了从另一面来考虑秩序和权威的机会，即对那些非人类或并非完全被视作人类的人的控制。卡利班早先曾试图"破坏米兰达的贞操"，但却失败，后又准备"凭着那个瓶儿起誓"，要成为一个"忠心的仆人"，甚至准备让斯蒂番诺成为他的"神明"（第二幕第二场）。卡列班被认为是恶毒天性战胜良善教养影响的一个例子，而酒精对他扭曲性的滋养鼓励了这一过程。

米兰达形容他：

> 是一个恶人，
> 我不高兴看见他。（第一幕第二场）

普洛斯帕罗把卡列班称为：

> 一个魔鬼，一个天生的魔鬼，
> 教养也改不了他的天性。
> 在他身上我好心的努力全然都是白费。
>
> （第四幕第一场）

尽管莎士比亚在如何最好的理解这些明确层次之外的言论方面并没有留下多少指导，但这些言论是写给那些把卡利班当奴隶，有意贬低他的人的。另一方面，正如戏剧所展示的那样，卡列班的行为和意图并没有对这些评价构成挑战。

同一部剧中普洛斯帕罗与爱丽儿的关系以及《仲夏夜之梦》中迫克的处境提供了关于控制的不同描述。在《暴风雨》中，置身于一个无法与欧洲的历史分量比肩的岛屿的确会引发有目的的反思。贡札罗考虑，假如这个岛是他的领土，他会怎么做。他计划建立和统治一个新的、平等的模范社会，从而结束分裂：

> 禁止一切的贸易；
> 没有地方官的设立；
> 没有文学；富有、贫穷
> 和雇佣都要废止；契约、承袭

　　疆界、区域、耕种、葡萄园，都没有；
　　金属、谷物、酒、油，都没有用处；
　　废除职业，所有的人都不做事；
　　妇女也是这样，但她们是天真而纯洁；
　　……
　　大自然中一切的产物都不须用血汗劳力而获得；
　　叛逆、重罪、剑戟、刀、枪炮以及一切武器的使用，
　　一律杜绝；
　　但是大自然会自己产生出一切丰饶的东西，
　　养育我那些纯朴的人民。
　　……
　　我要照着这样的理想统治，
　　足以媲美以往的黄金时代。（第二幕第一场）

　　虽然这是由一个值得赞扬的人提出的，但这种回归田园诗与神话般古早时代的乌托邦式设想，实际上是如此虚幻，几乎可说是魔幻。这确实提供了另一种看待这个岛屿的方式，即它不仅是一个和谐的场所，也是一个幻觉的场所。然而，在《暴风雨》中，魔法即真实，幻觉即现实，而且具有意义。当喝醉酒的卡列班向屈林鸠罗和斯蒂番诺概述他将作为他们的"仆人"做什么时，贡札罗的计划被赋予了不同的含义：

　　我要指点您最好的泉水，我要给您摘浆果，
　　我要给您捉鱼，给您打很多的柴。
　　……
　　我要用我的长指爪给您掘出落花生来，

> 把樫鸟的窝指点给您看，教给您怎样捕捉
>
> 伶俐的小猢狲，我要采成束的榛果献给您。
>
> （第二幕第二场）

通过在其戏剧中表达不同的视角，莎士比亚对这些视角提出了质疑，并允许他的观众也这样做。然而，这个过程并不总能被贯彻。因此，那些扳倒凯撒大帝的人的自私并没有被讨论。[10]质疑可能来自那些遭受不幸的人，比如卡列班，或者遭受过偏见的人，比如《威尼斯商人》中的夏洛克（一个不像马洛《马耳他的犹太人》中所刻画的那样无情的角色），也可能来自系统内的人物。在《终成眷属》中，贝特兰势利地将指婚给他的妻子蔑称为"一个穷医生的女儿"，这种观点或许会打击到莎士比亚的后代，而法国国王驳斥了这种蔑称，他说道：

> 你看不起她，不过因为她地位低微，
>
> 那我可以把她抬高起来。
>
> 要是把人们的血液倾注在一起，
>
> 那颜色、重量和热度都难以区别，偏偏
>
> 在人间的关系上，
>
> 会划分这样清楚的鸿沟，
>
> ……
>
> 她有天赋的青春、智慧和美貌，
>
> 这一切的本身即是光荣。（第二幕第三场）

婚姻中的社会抱负经常被表现出来，比如在《无事生非》中，里奥那托把他的女儿希罗嫁给阿拉贡亲王唐·彼德罗"当作一个

梦"。这算是一个平民嫁入了王室。然而，在《驯悍记》和《威尼斯商人》中，女主人公们拒绝将社会抱负和财富作为她们的婚姻目标。

莎士比亚非常关注权力的实际运作及其后果。他编织的权力世界里既有宫廷，也有地方势力。正如他所展现的，对于前者而言，王室谋臣是全关重要的。而在后者中，社会精英成员拥有并控制着大部分土地，是当地的名流，享有社会声望并有效控制着政务。这种控制直接表现在了历史剧中。在《亨利六世下篇》中，华列克公爵再次成为"造王者"，他在1471年通过召集贵族力量以应对爱德华四世的进攻：

> 在华列克郡我有真心朋友，
> 平时安分守己，战时十分骁勇。
> 我要把他们召集起来。贤婿克莱伦斯，
> 你去鼓动萨福克、诺福克和肯特的
> 骑士、缙绅，叫他们和你同来。
> 蒙太古贤弟，你在白金汉、
> 诺桑普顿、莱斯特等地可以找到
> 愿意听你调遣的人。
> 勇敢的牛津，你在牛津郡很受人们敬爱，
> 可以将朋友们召集起来。（第四幕第八场）

更普遍而言，除非得到地方精英的合作，否则中央政府缺乏有效和持续干预地方事务的机制。从1585年起，随着郡首席治安长官在郡行政层面的崛起，地方权力得以委派。郡首席治安长官是国王派驻各郡的代表。这是新教徒因被选中而受益的一次崛起。[11]

事实上，在一个大体上算是统计学出现之前的时代，除了教会结构中具有推动宗教事务的执行力之外，英格兰中央政府发现其在变革和发展的前提下很难制定连贯的国内政策计划。相比之下，在大多数地区，由于缺乏有关人口、收入、经济活动或土地所有权的可靠信息，也缺少土地调查和准确详细的地图，若以现代标准衡量，英格兰和其他地方的政府是在信息空白中运作的，尽管在当时这似乎是正常的。这种情况增加了中央政权对地主精英的依赖。

但是，政府的性质却发生了变化，特别是政治想象力必须面对新的挑战。尤其值得一提的是宗教改革，它影响了家庭、社区以及整个民族和国家的关系，不过，许多方面仍然保留了传统，尤其是在社会规范、结构和政府性质方面。在莎士比亚的《亨利四世下篇》（第三幕第二场）中，有一段关于阵列委员会（Commission of Array）征募军队的奇妙场景，其中包括小公牛、霉老儿等，尽管是虚构的，但这一描述中的政府运转难说良好。在实践中，虽然情况没有那么严峻，但确实缺少资金以提供必要的火枪。[12]事实上，由于缺乏与西班牙、更不用说奥斯曼土耳其相媲美的先进战争武器，伊丽莎白一世不得不与冒险家和雇佣兵签订合同，以征集和维持军队。除包括腐败在内的严重行政问题之外，这种情况使得政府对军事行动只有有限的控制力，在其他许多领域也是如此。此外，伊丽莎白没有冒险尝试改革政府结构，以使融资和作战变得更容易，而是采取了一些浪费了善意且使战争成果只能勉强维持的权宜之计。

无论如何，由于通讯方面的问题，政府很难做出能够理解所有可能发生的情况的指示，也很难从远距离对迅速变化的事态发展做出适当反应。由于通讯的缓慢和不确定性，必须让身处战场和当地的人员有相当大的自由裁量权。通讯的不便助长了谣言的传播，由于难以核实报道，谣言与新闻相互叠加。在陆地上，速度是由动物（和人类）的耐力和肌肉决定的，与在海上一样，天气起着关键作用。结果，政府受到谣言和猜测的摆布，阻碍了自信的决策。强调保密是挫败敌人的最佳手段这一点更加剧了此种情况的出现。通讯不仅缓慢且不确定，还经常出现信息只能通过等待后续信息来确认的情形，莎士比亚巧妙地捕捉到了这种情况。此外，那些不愿或不能等待更多消息来检验自己印象的角色面临着灾难。这一点在罗密欧身上表现得尤为明显，他没有听说朱丽叶是被下药了，只是在表面上看起来死了。观众（而不是罗密欧）知道这一点，这既提供了悬念，也提供了一种评估个人反应的路径。

由于缺乏现代政府式的影响力，莎士比亚时代的政府依靠其他机构和个人来履行现在由中央政府履行的许多职能，而这些机构和个人在很大程度上反映了社会精英的利益、意识形态和人事。宗教、教育、济贫、卫生和公共秩序都集中在教区，这一联系强调了教会的重要性。稳定政府的基本要素是确保地方名流按照中央的意愿进行治理；但手段和结果主要是通过给他们想要的指示来实现的。对于地方名流来说，既要接受这样的指示，又要得到政府公平的资助，这对他们而言都是必要的。这一体系之所以能够运转，其凝聚力（即便不怎么和谐）得以维持，并不是靠正式的官僚机制，而是靠庇护和关系网络，这些网络将地方名流与拥有国家影响力并能接近君主的人联系在一起。

然而，庇护和委托关系可能成为制造混乱和暴力的手段，这一点在历史上和现在都屡见不鲜。这既是《亨利六世上篇》《亨利六世中篇》《亨利六世下篇》的主题，也是其他戏剧的主题。因此，在《罗密欧与朱丽叶》的结尾，亲王考虑到他之前未能平息凯普莱特家族和蒙太古家族在维洛那的"不和"所带来的凶恶后果，这种不和影响的不仅仅是这两个敌对家族：

> 我为了忽视你们的争执，
>
> 也已经丧失了一双亲戚。（第五幕第三场）

迈丘西奥是这些亲戚中最重要的一个。他既不是凯普莱特家的人，也不是蒙太古家的人，这让人们对他的命运产生了一些兴趣，并使友谊成为所关注的重点。

中央政府缺乏对官员进行有效监督的条件、方法和认识。违抗、不满和腐败是许多政府事务的特点。官职被广泛视为个人和家庭利益的来源，由于公职人员试图从他们所处理的人及其控制的资金中获利，通过腐败、包税和授予生产、进口或销售垄断权，财政违规行为猖獗。因此，由主权概念所创造的潜在权力和源于资源基础的潜在权力是无法由政府实现的。相反，人们有必要求助于君主与他人（主要是社会精英，但也包括整个政府内部）之间的妥协和速成的伙伴关系。因此，除了在非常重要的教会领域（如16世纪30年代，国王基本上接管了原属教宗的大部分职位，建立起全面控制，并终结了修道院制度）之外，当时并没有出现新政府形式的"大爆炸"或都铎式"政府革命"（Revolution in Government），与此同时，司法机关仍然是政府的一个关键组成部分，当然，它像以前一样，必须对社会和其他变化做出反应。这一过程引起了像莎士比亚这样的作家的兴趣，[13] 也为一系列社会和政治思想和实践提供了手段和语汇。[14]

考虑到社会和文化背景，当时几乎没有明显的官僚风气也就不足为奇了。忠诚、委身的观念以及对地位的态度，连同贵族社会制度的所有特征，阐明了政策并提供了大量行政管理的结构。在这种情况下，社会地位、庇护和遗产结合在一起，定义了荣誉，带来了任命和晋升，并极大地影响了婚姻选择。

习俗是权利和行为的重要指南，在社会各层级中都很重要。[15] 例如，在莎士比亚的戏剧中，主人和客人之间的关系反复出现，而作为主人的职责往往是行动和言语中的主要面向。麦克白的人格被他作为主人的杀人行径——先是他的君主和庇护人邓肯，后来是他的朋友和战友班柯——打得粉碎。《泰尔亲王配瑞克里斯》以安提奥克斯完全失败的宫中款待开始。然而，客人本身也可能是个问题。这一点在《无事生非》中唐·约翰的身上表现得尤为明显和危险，但有时也会产生喜剧效果，比如《第十二夜》中的托比·培尔契爵士。

《量罪记》捕捉到了一种二重性，将政府的失败和人类行为的失败作为一个整体，这与强调秩序的价值和改善的可能性（特别是通过公共行为）的假设形成对比。[16] 回顾古典和《圣经》的根源，这些假设在文艺复兴和宗教改革的激发下都得到了加强。此外，人们对秩序的追求反映了理解世界的努力。文艺复兴时期的思想既代表了理解新（和复兴的）信息的尝试，也代表了将其系统化的努力，以便提供一种可以用来理解和阐述知识的自然哲学。通过对自然世界的研究和基督教的虔诚来相互理解以实现世界的合理化，这一目的是为了确保和谐，从而带来和平，并实现神圣的目标。这一目标将知识探索与宗教、炼金术和魔法联系在一起。和谐作为秩序的对应物，被认为是一种内在的善，也是一种实现善的手段。

此种和谐受到缺乏自我控制的个人和集体的挑战，这是戏剧反复出现的主题。骄傲便是一个明显的例子，裘利斯·凯撒即是如此，李尔王希望听到女儿们的赞美也是如此。在《罗密欧与朱丽叶》中，我们可以看到主人公们的自我放纵，他们意愿自杀，而哈姆莱特注意到这是上帝所禁止的。在《李尔王》中，葛罗斯特显然是受到了一个恶魔的诱惑而自杀，这对他的救赎非常重要。

更广泛地说，霍拉旭在《哈姆莱特》结尾所说的那种情况反复出现：

> 一颗高贵的心
> 现在碎裂了！（第五幕第二场）

这既是悲剧、喜剧和历史剧中的一种戏剧手法，也是一种道德观点，后者构成了运用这种手法的语境，也是对相关个人的最终判断。哈姆莱特对墓地里骷髅的思考是他频繁而精准地做出判断的另一个例子，就像对国王的弄人郁利克骷髅的判断一样。在《哈姆莱特》中，道德不仅事关严肃而紧张的主人公，而且还关乎他和观众所处的世界对秩序的希望。利用戏中戏来提出洞见，并用主戏来发出批评，使得这种路径变得更加成熟。

政治观念与对于社会文化规范的更广泛思考是分不开的。每一种政治观念都可以在语言的使用中被瞥见，它不仅表现在使用的甚而发明的单词和形象上，而且还在音色的使用上得以体现。政治想象力并不是提供特定政策的问题，而体现于道德在所描绘的人物故事中的应用。因此，个人的傲慢既是政治的也是道德的，既是叙事手段又是判断、叙述和理解的基础。政治并不是一种避免冲突的便利机制，而是一种准精神活动。戏剧为公众提供了一种想象的途径，让他们了解作为国王、朝臣、谋士、富豪、治安法官等是什么样的，从而进入权力的挑战、困境和诱惑之中。政治在当时甚至有可能比现在更戏剧化。通过舞台上的统治者，人们可以瞥见国家统治者的阴谋、诡诈、掩饰和形象操纵，这些都反映和传递了那个时代的政治。[17] 舞台提供了一种政治教育，特别是关于政府指导的意识形态与在实践中应对和利用突发情况的需要之间的相互作用。这种需要既体现在叙事上，也体现在戏剧本身之中。对统治者等人物寻求支持和人气的刻画，以及观众对此的反应，使剧场成为参与性公共空间，[18] 观众作为角色已经被呈现为理解政治制度的基本组成部分。[19]

注释

1. S. Doran, *Elizabeth I and Her Circle* (Oxford, 2015).

2. R. S. White, *Natural Law in English Renaissance Literature* (Cambridge, 1996); G. Burgess, *Absolute Monarchy and the Stuart Constitution* (New Haven, CT, 1996).

3. M. L. Kaplan, *The Culture of Slander in Early Modern England* (Cambridge, 1997).

4. D. Margolies, *Monsters of the Deep: Social Dissolution in Shakespeare's Tragedies* (Manchester, 1992).

5. R. Hillman, *Shakespearean Subversions: The Trickster and the Play-Text* (London, 1992).

6. R. V. Caro, "Rules for Discernment: Another Context for Macbeth," *Notes and Queries* 245 (2000): 455–58.

7. F. Heal, *The Power of Gifts: Gift-Exchange in Early Modern England* (Oxford, 2014).

8. M. O'Callaghan, "'Talking Politics': Tyranny, Parliament, and Christopher Brooke's The Ghost of Richard the Third (1614)," *Historical Journal* 41 (1998): 120.

9. Louis Montrose, "'The Place of a Brother' in As You Like It: Social Process and Comic Form," *Shakespeare Quarterly* 32 (1981): 28–54.

10. T. P. Wiseman, *Julius Caesar* (Stroud, UK, 2011), 100–113.

11. N. Younger, *War and Politics in the Elizabethan Counties* (Manchester, 2012).

12. A. J. King, ed., *Muster Books for North and East Hertfordshire, 1580–1605* (Hertford, UK, 1996).

13. B. Cormack, *A Power to Do Justice: Jurisdiction, English Literature, and the Rise of Common Law, 1509–1625* (Chicago, 2008).

14. C. W. Brooks, *Law, Politics and Society in Early Modern England* (Cambridge, 2008).

15. A. Wood, *The Memory of the People: Custom and Popular Senses of the Past in Early Modern England* (Cambridge, 2013).

16. P. Slack, *The Invention of Improvement: Information and Material Progress in Seventeenth-Century England* (Oxford, 2014).

17. G. Wills, *Making Make-Believe Real: Politics as Theatre in Shakespeare's Time* (New Haven, CT, 2014); N. Millstone, "Seeing Like a Statesman in Early Stuart England," *Past and Present* 22 (2014): 77–127.

18. J. Doty, *Shakespeare, Popularity and the Public Sphere* (Cambridge, 2017).

19. I. Ward, "A Kingdom for a Stage, Princes to Act: Shakespeare and the Art of Government," *Law and Critique* 8, no. 2 (1997): 189–212, esp. 212.

八 社会环境、结构与设定

人们在观看现代版本的莎士比亚戏剧时，很容易会认为他所处的社会与我们的社会是相似的。现代服装、音乐和场景的运用大大促进了这一进程，其作为效果同时也是许多导演所明确追求的。其他作家对莎士比亚戏剧和人物的借鉴也会激发此种处理方式。许多这样的借鉴都是随着时间推移而串联起来的，并不断创造或调整着这些设想。例如，尼古拉·列斯科夫（Nikolai Leskov）的《M县的麦克白夫人》（*Lady Macbeth of Mtensk District*, 1865）讲述了一个心存不满并最终走向暴力的年轻新娘的故事，列斯科夫将她与麦克白夫人进行了比较，并启发了德米特里·肖斯塔科维奇（Dmitri Shostakovich）的歌剧（1932年）和2016年上映的电影《麦克白夫人》（*Lady Macbeth*）。列斯科夫的故事取材于莎士比亚，但它是莎士比亚情节的改编，而不是复制。

尽管有这些相似之处，但必须强调的是，现代社会建立在一套迥然有别的基本设定和经验之上，尤其是关于生与死、意义与目的。16世纪的宗教改革由于对本地语《圣经》的着重强调，使得善与恶比之前更加书面化，而不是口语化和视觉化。然而，正如第一章所指出的那样，这并没有减少人们根据两者之间的生存斗争来理解他们所处世界的必要性。邪恶、怨恨和神意不可思议的运作，似乎仍然是解释人类状况突然陷入困境的唯一方式。

收成受到恶劣天气的影响，而寒冷和潮湿加剧了疾病。建筑物和树木提供了一些遮风挡雨之处，但是，作为季节关键韵律的一部分，很少有人能逃避寒冷。这使得在莎士比亚试图设置场景的戏剧中，对寒冷的提及尤其常见。这样的场景设置会延伸到情绪上，正如《冬天的故事》那样。一首特别令人难忘的有关冬天的歌曲出现在《爱的徒劳》的结尾，这首歌将冬天和穷人联系在一起，并给他们起了名字：

> 当一条条冰柱檐前悬吊，
> 汤姆把劈柴向屋内搬送，
> 牧童狄克呵着他的指爪，
> 榨来的牛乳凝结了一桶，
> 刺骨的寒气，泥泞的路途，
> 大眼睛的鸱鸮夜夜高呼：
> 哆呵！
> 哆喂，哆呵！它歌唱着欢喜，
> 当油垢的琼转她的锅子。[1]（第五幕第二场）

相比之下，尽管莎士比亚戏剧中较少运用地中海场景，而且他通常很少提到生活设施，但火是一种御寒的工具，也是一种光源。在这两方面，火都提供了慰藉。剧中人物通常不会被描绘成蜷缩在火旁，但经常会提到火。用火作为爱和欲望的隐喻，以及涉及火如何燃烧的知识都强调了这一点，如露瑟塔的看法"火关得越紧，烧起来越是猛烈"（《维洛那二绅士》第一幕第二场）。然而，火的诱人性质也使人们误入歧途，因为魔鬼被认为永远保持着"好火"。在《麦克白》中，醉醺醺的看门人在一段引人注目的独白中假装自己在守卫"刀山火焰"——也就是地狱——的人口（第二幕第三场）。

农业在社会中扮演着丁要角色，使得大部分人口生活在最肥沃的地区。然而，这一角色也意味着，人们只要还能从土壤中获得生计，便会有比今天更大比例的人口生活在不那么适宜发展农业的地区。土地利用的详细模式远比第三章讨论的高地牧场和低地耕地模式所展示的要复杂很多。在高地地区，不管遇到什么困难，都要种植少量的粮食作为自给自足的作物，而在低地地区，人们饲养牲畜，以提供肉、奶、粪肥、羊毛和动力。在个体农场和村庄的层面上，存在一定程度的自力更生，这是现代农民完全陌生的。这种自力更生反映了在没有冷藏和机动牛的时代保存和运输的相对困难，也映射出地方交易体系的发展程度与强度，以及自力更生和地方依赖在当时某种程度上，较之如今懂得比较利润率后产生的现代专业化时代更具有经济意义。在土壤贫瘠、斜坡陡峭、生长季节有限和地势起伏大的地方，对动物饲养的依赖就很明显。在陡峭的地区，人们需要养羊；而在较平坦（和较低）的土地上，则是养牛。这两种方式（尤其是养羊）都不能构成一种能够支撑可耕种地区人口水平或促进其出现核心定居点（村庄）的农业形式。相反，分散的定居点是常态，经常以孤立农场的形式出现。

"在烦劳的生命的压迫下呻吟流汗"——哈姆莱特的观察（第三幕第一场）——适用于大多数人，尽管他们中只有相对较少的人作为角色出现在戏剧中，更不用说可能成为观众了。农业劳作是一项繁重且具有重复性的劳动，占据了人清醒时候的大部分时间。冬季的农业劳作一般是从白天到黄昏，夏季则是从早晨6点到傍晚6

点。工业劳作也很艰苦，例如，在约克郡生产毛织品染色固定剂的明矾厂，工人每天工作长达16个小时。

工作也常常是危险的。每个职业都有其自身的危险性，这些危险对维护声誉、身份和生存至关重要的自给自足方式构成挑战，并影响着预期寿命。磨坊主在尘土飞扬、充满噪声的环境中工作，经常长虱子，并会时常患上哮喘、疝气和慢性背部疾病。疾病可能是由于重复性动作和不寻常的身体要求或姿势造成的，例如对裁缝和织布工的要求；莎士比亚也经常提到各行各业的特点，就像《麦克白》中看门人讲的话那样。《裘利斯·凯撒》的开场便指出特定职业的独特标志，尤其是木匠的革裙和尺。在《仲夏夜之梦》中，波顿更进一步，把一堵墙搬上了舞台："让什么人扮作墙头，让他身上带着些灰泥黏土之类。"（第三幕第一场）

许多工作场所潮湿、寒冷、通风不良、光线不足且不甚安全。有些工作要经常接触危险物质（如砷、铅和汞），另有一些工作本身就很危险甚至致命，特别是建筑、捕鱼和采矿。前者可能十分辛苦，而后者则需要用镐来完成大量工作。此外，大多数工业生产过程都是危险的，或至少是令人不愉快的，而且对工人以外的其他人来说，皮革的加工和鞣制污染了供水，而砖瓦厂的窑炉产生烟雾和废气。人们对个别有害的做法——如一些工业过程对供水的污染——有所限制，但没有对它们进行系统性的监督或推动改进。尿液被广泛用于制布。

在更世俗的层面上，不确定性不仅是人口和破坏的问题，也是当时空间世界的一种面向，尤其是就运输条件而言。与现代生活相比，这种不确定性颇为显著，最生动地体现在从光明到黑暗的突然转变上，这在第一章和第二章中已有讨论。

在1499—1500年，1518年，1538年，1563年，1603年，

1605年，1625年，1636年，1665年等年间暴发过严重的黑死病。最后一次堪称"大瘟疫"（Great Plague），死亡人数在7万—10万人，这个数字也可能会更多，因为教区登记记录无法被一直保存下来。1563年，约有四分之一的伦敦人口死亡，1605年，约有五分之一的曼彻斯特人口死亡。霍乱也在局部地区暴发，据报道，1589年的纽卡斯尔有1727人死亡，要知道纽卡斯尔在1548年的人口不过才约9000人。这些突然性死亡在个人和集体层面都突显出生命的无常。16世纪晚期，伦敦每年大约需要3750名移民，此数目也仅是为了维持原有的人口数量，以防止减少。年轻人移民的一个重要渠道是当学徒，不过大多数移民可能并不是作为学徒被接纳的。

如前所述，英格兰总人口也在大幅增长，从1500年的不到250万增加到了1650年的500万左右。对过去的人口趋势进行分析远非易事，但数十年来它一直是诸多研究的主题，包括家庭重建研究的进展和对教区登记簿的系统分析。显然，人口的增长主要是由于死亡率的下降，尤其是鼠疫的消退。由于女性平均结婚年龄的小幅下降，生育率的提高可能也很重要。

人口增长导致人口过剩，从而影响了社会结构。就资源分配而言，情况确实是如此，与15世纪相比也毫无二致。不断增长的人口导致了更大的需求，推动了16世纪物价的持续上涨，铸币的严重贬值进一步促进了这一进程。食品价格的上涨并不会自动导致租金的上涨，因为租金通常是不可改变的，许多小佃农的长期租约是乡绅们无法轻易解除的。然而，对粮食的需求导致了农业用地租金按比例比工资上涨得更快。这一差距既影响了佃农，也影响了那些土地很少或没有土地的人，而食品价格上涨高于工资上涨的事实，则打击了农村和城市的穷人。

在动荡和紧张状况下，农业资本主义变得更加猛烈，被普遍认为是残酷和不道德的。在《裘利斯·凯撒》中，勃鲁托斯指责凯歇斯腐败，并补充道：

> 我不能用卑鄙的手段搜括金钱；
> 凭着上天发誓，我宁愿剖出我的心来，
> 把我一滴滴的血熔成钱币，
> 也不愿从农人粗硬的手里榨取
> 他们污臭的锱铢。（第四幕第三场）

受益于物价上涨和相对廉价的劳动力成本，地主们试图从佃农以及他们直接耕种的土地上增加收益，并试图摧毁习惯保有土地权制度。结果，更多的土地被租用或以市场价格出租——这其实并非体现了一种新的紧张关系或开启了新进程。许多佃农失去了地位，与工资微薄的劳动者没有什么不同。莎士比亚本人则通过购买当地地产，或许还支持圈地和谷物投机，以寻求经济变化带来的机会。[2]

一般来说，穷人除非通过犯罪、被施舍或当仆人，否则无法分享这一时期更大的财富。他们吃得少且吃得差，制作食物的方式与富人颇为不同，用餐环境也迥然有别。例如，穷人通常吃黑麦或大麦面包，而不是小麦面包。[3]此外，传统形式的社会福利即使没有瓦解，也受到了破坏，因为在宗教改革期间，许多教会资产被重组或没收。虽然一些医院（包括为穷人和病人提供护理的建筑物）被解散，如伦敦圣玛丽医院（St. Mary hospital），但其他医院则按照更世俗的方式被重新建立起来。

劳动力的流动性越来越大，年轻人带着工作的期许离开家乡，这使更困难的经济状况转变成了流浪。越来越多的乞丐和流浪汉一直是政府关注的大事，当然更多的是出于城镇和乡村法律与秩序的原因，而非出于对穷人的人道关怀。人们对失业和就业不足造成的许多严重问题缺乏了解。事实上，这种困难往往被认为是自己造成的，因此只应被忽视或得到惩罚。

照顾的标准原则是应该区分值得和不值得的人。这一宗教—道德原则基于年龄、健康和性别而运用，与雇佣或收入无关。因此，体弱者、老人、年轻人和带孩子的妇女是贫困救济的主要受益者，不过救济的方式往往很残酷，比如让年幼的孩子去工作。[4] 相比之下，身体健全的人则得不到贫困救济，无论他们隶属于低收入工作还是就业不足甚或失业的情况。

穷人的处境通常极其艰难，如果他们有精神疾病，情况更是雪上加霜。《李尔王》是一部塑造并通过主人公来激发社会良知的戏剧，在剧中，埃德加评论了流浪的、精神错乱的乞丐：

> 这地方给了我保护和先例，
> 因为这里本来有许多疯乞丐，他们高声喊叫
> 用针哪，木椎哪，钉子哪，迷迭香的树枝哪，
> 刺在他们麻木而僵硬的手臂上，
> 用这种可怕的形状，到那些穷苦的农舍、
> 乡村、羊棚和磨坊去，
> 有时候发出疯狂的诅咒，有时候向人哀求祈祷，
> 乞讨一些布施。（第二幕第三场）

与此同时，政府在许多方面的举措都力求使所有人受益。例如，作为这一时期"道德经济"的一个主要方面，对粮食市场的干预随着1586年《法令集》(*Books of Orders*)的颁布而得到规范。

为了应对粮食短缺的威胁——这是对公共秩序的严重挑战，也引发了健康甚至生存问题——治安法官需要确定有多少可用的剩余粮食，并确保将其投入市场。作为原因和解决的办法，人们聚焦于分发和配额，因此催生了对粮食供应信息的需求。然而，没有可能通过进口来缓解这种情况。从新大陆进口谷物的日子还很遥远，直到19世纪晚期大型蒸汽船出现后才得以实现，此外，随着铁路的发展，谷物方才能够在陆地大量运输。

在1531年、1536年、1547年、1572年、1576年、1598年和1601年，英格兰通过了一系列济贫法令，试图通过规范和关注穷人——或更确切地说是那些需要帮助的穷人——来应对大众的流动性和社会活力。⁵ 要代替偶尔的援助，就要有定期的支出，并配有满足这一需要的所有结构与指导。来自国家层面的引导和施压是关键因素。1572年引入了强制贫民救济税，1598年，救济贫困变成了各个教区的责任。这反映出何为"教区国家"（parish state），即教育、卫生和福利具有地方性，并维护基本的法律和秩序，同时也缺乏任何全面甚或广泛的中央政府直接代理系统。⁶

1596年至1598年的一系列灾难性收成加剧了社会紧张局势，导向了全国性济贫法的出台而非大规模的叛乱。然而，尽管政府做出了努力，但是歉收仍然难以逆转。这或许是这一时期埃塞克斯郡人遗嘱中越来越多地提到债务的原因。可能发生叛乱的传言甚嚣尘上，如1597年牛津郡就在准备叛乱，1598年的《济贫法》也没能阻止1607年米德兰爆发叛乱，莱斯特郡、北安普敦郡、沃里克郡均受到影响。只是叛乱没有取得任何成效。

在伦敦，原先的王宫布莱德韦尔（Bridewell）于1553年被市政当局收购以充当教养院，这是试图重组社会福利体系的重要一步。布莱德韦尔确实为其他地方的机构提供了模板。身体健全的人被强迫工作，其中一些人还被戴着镣铐送去打扫街道和沟渠，另一些人后来作为契约仆人被送到弗吉尼亚，用以提供可支配的劳动力。

更广泛地说，整个英格兰都有教区警吏、巡丁和教会司事来维持治安，力图保持街道的平稳，并遏制被视为混乱或不道德的行为。在《无事生非》中，道格培里吩咐值班的巡丁"看见什么流氓无赖，就把他抓了"，换句话说，就是要捉拿所有的流浪汉（第三幕第三场）。这是电影《卡萨布兰卡》（1942年）中"围捕所有嫌疑犯"的另一种版本。在英格兰，这种做法就像在维希政权统治下的摩洛哥一样，对贫穷的陌生人施加了非常大的压力。

吸引移民的乡村教区往往是那些为家庭手工业提供机会的地方。公共土地（所有人都可以使用的土地）或许也是一个不可或缺的因素，因为通过让人们能够使用这些土地缓解了供养不断增长之人口的问题。

然而，在地方层面，不同地区在就业、繁荣与慈善方面存在巨大差异。这些差异反映了一个国家的人口体系，于多大程度上叠加在极为不同的地方活动模式上，并通过这些模式加以调节。然而，贫困对教区社区内的邻里关系造成了压力，而教区社区对社会凝聚力和维持秩序至关重要。

在贫困成为一个主要问题的同时，经济增长和多样化导致社会格局日益复杂，等级观念变得混乱，甚至受到挑战。这不仅影响到社会群体内部和群体之间的关系，也影响到家庭关系。妻子们可能会发现自己承担的任务越来越多，在某种程度上，她们也相应地定义了自己。教会法庭上的证人陈述表明，妇女对自己的职业描述比男子少（"纺纱女"是较为常见的称呼之一），但尽管如此，她们对自己所做的事情却给出了以动词为主的描述，许多妇女声称能够维持自己和他人的生活。[7]

　　城市扩张是城镇作为制造业、贸易、行政和休闲中心的产物。然而，这四种方式也都在农村进行着，正如在城镇围墙内出现许多商品蔬菜种植业，此外还有果园和牧场，后者主要用于生产牛奶，因为牛奶不能被冷藏、处理或保存。除了伦敦以外，其他城市都很小，即使对伦敦来说，乡村也总是近在咫尺。比如，在1523年，伍斯特人口在英格兰城镇中排名第16位，但当时只有寥寥4000人，到1646年也刚刚增加到6000人。伊夫舍姆是伍斯特郡（该郡毗邻莎士比亚的故乡沃里克郡，是一个繁荣富足的郡）的第二大城镇，16世纪中叶只有大约1400人，相当于今天一个普通村庄的规模。

　　农村集市对贸易仍然很重要，但它们的偶发性提醒人们，季节性活动的节奏构成了人们的生活，尤其是经济生活。它们的影响通过货郎来传播。在《冬天的故事》中，小丑被派去"为庆祝剪羊毛的欢宴买'三磅糖、五磅小葡萄干、米……番红花粉……豆蔻壳……豆蔻仁……生姜，一两块……乌梅，四磅……葡萄干'"（第四幕第三场）。这提醒我们宴会的社会影响，以及它们如何提供与众不同的食物。小丑遇到了奥托力格斯，这是一个从朝臣变成货郎的人，他偷了小丑的钱袋，然后去参加宴会，一个仆人夸赞他的货物：

> 他有给各色男女的歌儿，没有哪个女服店主会像他那样恰如其分地为每个顾客配上合适的手套。他有最可爱的情歌给姑娘们……他有彩虹上各种颜色的丝带；羽毛带、毛绒带、细麻布、细竹布。（第四幕第三场）

　　人口相对较少的城镇的生活和政府会更强调他们所代表的少数个人和家庭的观点、结盟和承诺，这种模式在农村也很常见。在此背景下，世仇可能是长期存在的，莎士比亚在《罗密欧与朱丽叶》中敏锐捕捉到了维洛那的这一特征，世仇塑造了生活，传递并确认了地位，并一再被揭示出其不仅是凶残的，而且在本质上是毫无意义的。在英格兰，这些争斗可以回溯到国家和地方的政治分歧和分裂上。这一进程先是借由玫瑰战争，继而通过宗教改革被大大推进了。尽管如此，在英格兰，家庭恩怨很少导致重大暴力事件，在都铎王朝统治下，情况更是如此。相反，越来越多的人通过诉诸王室权威和权力以及通过法庭来解决争端。[8]因此，莎士比亚以意大利故事为基础的戏剧往往反映了社会约定，尤其是家庭结构，尽管对英格兰观众有意义，但仍会显现出些许异国情调。

争斗是一种对地位更普遍、更广泛、更持久的追求。这种追求既能被积极看待，也能被消极看待（例如，婚姻和暴力），但竞争是一个共同的主题。这种对地位的追求发生于王朝统治之下，尤其体现在对个人及其继承人和有交往者都有好处的婚姻策略（如《罗密欧与朱丽叶》）上，同时也展现在土地获取和建筑展示的物质性方面，以及有别于实物存在的无形威望中。后者尤其体现在纹章学和有关纹章授予和再授予的组织、家谱卷宗的制作以及对自我标榜者的压制和管控上。纹章被证明是新来者展示地位的一种方式，在某种程度上，也是对那些盘踞有年者保持和加强自身地位的回应。因此，盾形纹章上的四等分格增加了，纹章也被印在装饰图案上，并在葬礼上呈现和展示。贪婪和势利在这个过程中扮演了重要的角色，本·琼森也因此批评了纹章学院。然而，纹章的颁送（visitations）确保了只有那些有资格的人可使用完整的纹章。[9]

除了强调莎士比亚时代英格兰经济（及其他方面）连续性的要素外，在此亦有必要提请注意经济变化的许多迹象。这一变化存在一个重要的社会维度。与大多数人的贫穷相对应的是较富有之人的愈发安逸，包括遗嘱中遗赠的家庭财产范围的扩大，这在16世纪90年代布里斯托尔市民遗嘱中体现得很明显。经过验证的沃里克郡斯通利村的遗嘱清单，便显示有包括床在内的更多家具。[10]更广泛而言，在大多数人体验周期性食物短缺时，也有少数人拥有进口的奢侈品和物件。富人在资本和收入方面的税收评估都很低，这有助于保持他们的消费模式。

这种反差也体现在政治和宗教变革中，除了在控制方面以外，大多数人既没有被征求过意见，也不是被考虑的对象。这种缺乏协商是自1066年诺曼征服以来最具破坏性的一次。变革不仅仅是君主和贵族派系争夺权力和特权的问题，而且，随着宗教改革的进行，它也体现了国家意识形态、文化以及像修道院之类建筑景观的深层次分裂性转变。正如后来1688—1689年光荣革命对政治制度和更广泛意义上的文化产生影响一样，这一转变的幅度在很大程度上被忽视了，因为从伊丽莎白统治时期开始，宗教改革便被视为国家命运以及国族认同的核心。尽管从伊丽莎白一世以降，君主被称为至尊统治者（Supreme Governor）而不是至尊首脑（Supreme Head），但英语成了上帝事工的语言，君主如今是教会的领袖。伊丽莎白所做的改变具有深刻的象征意义，对教会和政治皆很重要。

然而，宗教改革在象征与实践、文化和意识形态上的破坏是强烈的。例如，英格兰教会断言，炼狱并不存在，并因此废除了为死者祈祷的做法，这破坏了生者群体与死者群体之间的有力联系。这些联系产生过一系列后果，包括对鬼魂的广泛信仰。然而，对炼狱的攻击并没有终结这种信仰。

16世纪30年代修道院的消失也引发了很大的混乱，在很多地方，济贫和医疗救助出现了崩溃。然而，虽然短期内修道院的慈善活动被终结了，但受新教影响的慈善捐赠模式很快便发展了起来。

这些钱不再是留给死者和教堂牧师的遗赠，而是更多地留给教区慈善机构、教育机构和济贫院，这些都意义重大。[11] 医院被重新建立，如1549年在诺维奇的医院，现在被置于城市控制之下。[12]

另一个慈善的推动力是许多文法学校的建立，比如1553年在斯特拉特福重建的文法学校，莎士比亚很可能在那里接受了教育，并对他的创作实践产生了影响。[13] 虽然未与印刷术产生任何联系的教育在中世纪晚期的城镇中已经发挥了重要作用，但学校教育作为一种接触和使用印刷品的方式受到了新的肯定，这鼓励人们更加重视教育，重视学习在教育中的作用。然而，它也体现了社会分裂，因为学习的机会（例如在文法学校）是根据现有的社会结构和实践发展起来的。由于很多孩子外出务工，他们接受正规教育的机会有限。教育并不是由中央或地方税收支撑的，而是由学生的家庭（在文法学校通常是这样）或由已故或在世的捐赠人来支付的。地方上有许多小型慈善学校。夏季就学的人数较低，因为此时是农业收获劳作的高峰期。

教育也与社会流动性有关。一方面，与20世纪60年代之前的任何时期相比，这个时期上大学的男孩比例较高（尽管总数仍然很小）。但是，相对于每一个接受过一些正规教育的孩子来说，另一些孩子只接受了很少或根本没有接受过正规教育。女孩、农村人和穷人的受教育机会都更为稀缺。大多数人既读不起书，也买不起书；大多数男人以及更多的妇女缺乏正规教育，穷人难以甚或无法表达自己，在可用词汇方面更是如此。莎士比亚捕捉到这一难处，不过他经常以喜剧的方式予以呈现，而不是让穷人成为其戏剧中受关注的情感或心理中心。即使对那些受过一些教育的人来说，文法学校提供的古典教学——很可能包括莎士比亚在斯特拉特福受到的教育——在大多数学校也无法获得。

广义上的教育和戏剧之间的联系非常紧密。戏剧必然强调通过优雅的谈吐、得体的举止、适合的衣着等来展现一个人的身份。

莎士比亚在他的戏剧（包括喜剧、悲剧和历史剧）以及十四行诗中，都花了大量篇幅来描写两性关系。不论男女，家庭内部和代际之间的关系都是至关重要的动态因素。然而，当时包括性、求爱、结婚、离婚和代际关系的情况与现代英格兰迥然有别。婚姻是家庭结构、性、生育和抚养孩子的核心。大多数小孩都是在婚姻中生育的，当然，正如许多莎翁戏剧的对话所指出的那样，通奸是人们的主要焦虑所在，男女皆然。除了偶发的重婚和非法买卖妻子外，婚姻作为一种宗教行为是不可逆转的，不能以离婚来结束。因此，婚姻只有在一方死亡或逃离社区时才会结束：要么是真正的逃离，要么是通过假死来逃离。后者是莎士比亚在《冬天的故事》和《罗密欧与朱丽叶》中精彩描述的主题，尽管两部剧存在显著差异。

在《奥瑟罗》中，伊阿古的妻子爱米利娅是一个经常被低估的角色，莎士比亚强烈呼吁平等对待女性，这种平等将情感、爱恋和性忠诚交织了在一起：

> 照我想来，妻子的堕落总是丈夫的过失：
> 要是他们疏忽了自己的责任，
> 把我们珍爱的东西浪掷在外人的怀里，
> 或是无缘无故吃起醋来，
> 约束我们行动的自由或是殴打我们，
> 削减我们的花粉钱，
> 我们也是有脾气的，就是生就温柔的天性，
> 到了一个时候也是会复仇的。让做丈夫的人们知道，
> 他们的妻子也和他们有同样的感觉：

> 她们的眼睛也能辨别美恶，她们的鼻子也能辨别香臭，
>
> 她们的舌头也能辨别甜酸，正像她们的丈夫一样。
>
> 他们厌弃了我们，别寻新欢，是为了什么缘故呢？
>
> 是逢场作戏？
>
> 我想是的。是因为爱情的驱使吗？
>
> 我想也是的。还是因为喜新厌旧的人类常情吗？
>
> 那也是一个理由。那么难道我们就不会对别人发生爱情，
>
> 难道我们就没有逢场作戏的欲望，难道我们就不是
>
> 喜新厌旧，跟男人们一样？
>
> 所以让他们好好儿对待我们吧；否则我们要让他们知道，
>
> 我们所干的坏事都是出于他们的指教。（第四幕第三场）

在莎翁戏剧中，她远非唯一一个直率而敏锐的妻子。凯撒之妻凯尔弗妮娅曾对丈夫进过很多良言。她力劝凯撒不要在 3 月 15 日那天离开他们在罗马的家。凯撒出于其对目标和名誉的自信，也出于某种命中注定，无视了妻子的话，结果遭到谋杀。在另一个层面上，《温莎的风流娘儿们》中培琪太太和福德太太幽默而富有策略地战胜了男性角色。

正如莎士比亚表明的，性别和代际关系也会受到社会地位的极大影响。这个问题可以通过混淆身份和意图，以戏剧性和幽默的方式来解决，就像《第十二夜》中的性别关系那样，电影《莎翁情史》（1998 年）和《一切都是真的》（2018 年）也探讨过这个主题。尽管如此，性别、等级和美德之间的关系存在严重问题——对男性和女性来说皆是如此。性是一个关键因素，不过，对地位的追求或捍卫涉及的更多。在《第十二夜》中，马伏里奥为了追求更高的地位而与雇主结婚，受到了剧中其他角色以及剧作家的嘲笑，但

这是一次坦率的尝试。

当时人们缺乏安全有效和可用的避孕措施，合法手段更无从谈起，有鉴于此，堕胎可能导致一种作为所谓产后避孕方式的杀婴：1624年反对隐瞒新生儿死亡的行动专门针对未婚母亲。人们可能已经意识到麦角中毒——通过食用受麦角菌影响的谷物而中毒——可以起到流产的作用。尽管对女性贞洁以及由此而来的对父亲身份的质疑在戏剧中经常被提及，但记录在案的非婚生子率却很低。尽管《罗密欧与朱丽叶》给人的印象是年轻人的婚姻，而且这部剧的电影版本也维持了这种印象，但大体上，双方都是在20多岁时方才结婚。以现代标准来看，当时的婚前性行为比率很低，女性尤其如此。[14] 此外，尚有许多男女从未结过婚。

与此同时，正如莎士比亚在《量罪记》中所指出的，独身生活并不能满足所有人。事实上，除了诱奸，还存在卖淫行为——这是随意性行为的主要形式。妓女在莎翁戏剧中经常被描绘，如《错误的喜剧》中的娼妓受到以弗所的安提福勒斯垂青，而他的孪生兄弟叙拉古的安提福勒斯则拒斥她为"魔鬼的老娘"（第四幕第三场）。莎士比亚对妓女的行为多有观察，比如在《奥瑟罗》中，他让伊阿古这样描述比恩卡：

> 一个靠着出卖风情维持生活的雌儿；
> 她热恋着凯西奥；这也是娼妓们的报应，
> 往往她们迷惑了多少的男子，
> 结果却被一个男人迷昏了心。（第四幕第一场）

比恩卡随后否认她是一个"贱丫头"。莎剧中有许多与妓女有关的双关语，比如《维洛那二绅士》（第一幕第一场）中使用的"细腰的母羊"（laced mutton）。

卖淫在都铎时期的英格兰极为普遍，特别是在城镇。在伦敦，它在主要的剧院区萨瑟克尤为盛行。莎士比亚处理有关卖淫的剧情时，对男性行为提出了极具批判性的看法，最明显的是在《泰尔亲王配瑞克里斯》中，一个像科迪莉亚一样的角色玛琳娜被海盗卖到米提林的一家妓院。经营妓院的鸨妇带着苛刻的态度说道：

> **鸨妇**：咱们从来不曾像现在这样缺货。一共只有三个粗蠢的丫头。她们的本领只有那么一套，而且因为疲于奔命的缘故，都已经跟发臭的烂肉差不多了……咱们这铺子里都是又臭又烂的货色，经不起一阵大风吹，就会把她们吹碎的。
>
> **院主**：你说的不错，凭良心说，她们的确太破烂了点。那个可怜的德兰斯瓦尼亚人才跟那小蹄子睡了一觉，不几天就送了命。
>
> **龟奴**：嗯，她很快就送了他的命；她叫他给蛆虫们当一顿美味的炙肉。（第四幕第二场）

鸨妇让龟奴在市上去叫嚷，她有了一个新闺女，谁要是愿意出最高的价钱，就可以第一个买下她的童贞，并补充说："倘然男人们的脾气没有改变，这样一个闺女是可以赚一注大钱的。"鸨妇告诉玛琳娜："要是天神保佑你多结识几个知心的汉子，那么让他们安慰你，供养你，把你当作他们的心肝宝贝吧。"剧中还提到一个法国人对玛丽娜感兴趣以及他患有性病的事实（第四幕第二场）。拉西马卡斯要找一个女人"可以让人玩过以后，不必请教外科医生"，换句话说，不会从她身上感染性病。他问玛丽娜是否从5岁或7岁开始就做妓女了。在他被富有美德的她拒绝之后，鸨妇让龟奴"带她下去。你爱把她怎么样就把她怎么样，破坏她的贞操，看她以后再倔强不倔强"（第四幕第六场）。

性病，即"疱疹"在戏剧中经常被提及，比如在《雅典的泰门》中，梅毒从妓女那里传播以及治疗方法的严酷，展现了泰门对这个世界极度的恐惧的其中一个方面：

> 这一个狠毒的娼妓，
> 虽然瞧上去像个天使一般，
> 杀起人来却比你的刀剑还要厉害呢。
> 做你一辈子的婊子吧！
> 那些把你玩弄的人并不是真心爱你，
> 他们在你身上发泄过兽欲以后，
> 你就把恶疾传给他们。
> 利用你的淫浪的时间，把那些红颜少年
> 送进治脏病的浴缸，把他们消磨得形销骨立吧。
>
> （第四幕第三场）

当然，妓女的疾病是从男人那里传染的。《亨利四世》中一个角色奈尔死于"法国病"，该情节在《亨利五世》中亦被提及（第五幕第一场）。性病在包括《特洛伊罗斯与克瑞西达》在内的其他很多戏剧中都有所讨论。《量罪记》中，在安哲鲁命令下，维也纳郊区所有的妓院都被拆除，但欲望几乎没有受到影响，特别是安哲鲁也被证明是一个潜在的玩弄女性之人。再有，那出戏的主题便是一个少女受到一个凶残危险男子的威胁。

法律和社会习俗赋予父亲和丈夫权力，就像《错误的喜剧》中

未婚的露西安娜和已婚的姐姐阿德里安娜讨论的那样。阿德里安娜
抱怨男人有更多的自由，但露西安娜回答说：

> 你看地面上，海洋里，广漠的天空，
> 哪一样东西能够不受羁束牢笼？
> 是走兽，是游鱼，是生翅膀的飞鸟，
> 只见雌的低头，哪里有雄的伏小？
> 人是这一切的主人，他更为神圣，
> 大千世界和荒凉海洋的至高尊君，
> 上天赋予他智慧、知觉和灵魂，
> 比所有游鱼和飞禽远为优胜，
> 男子又是女子的主人和夫君，
> ……
> 我未解风情先要学习温顺服从。（第二幕第一场）

　　父权主义在法律中根深蒂固，如果女性可以诉诸法律，那么这
个过程就涉及向男性申诉以管制父权行为。[15] 然而，在实践中，男
性权威经常被家庭生活的变动、妻子和母亲的道德权威、个性的彰
显、男女之间合作的需要以及父权权威被女性文化的个人和集体特
征颠覆和妥协的程度所缓和。[16]
　　彰显个性是提高女性个人地位的一项关键因素。在莎翁戏剧
《安东尼与克莉奥佩特拉》《麦克白》和《驯悍记》以及更大范围的
戏剧中，这一点体现得尤为明显。在《奥瑟罗》中，伊阿古向他的
妻子爱米利娅不满地说道：

> 你们跑出门像图画，

> 走进房像响铃，
>
> 到了灶下像野猫；
>
> 设计害人的时候，面子上装得像个圣徒，
>
> 人家冒犯了你们，你们便活像夜叉。（第二幕第一场）

他们的关系很糟糕，伊阿古怀疑奥瑟罗和爱米利娅曾有过一段婚外情，这使他的愤怒和嫉妒之火熊熊燃烧。爱米利娅向苔丝狄蒙娜描述了一段带有偏见的婚姻：

> 好的男人一两年里头也难得碰见一个。
>
> 男人是一只胃，我们是一块肉；
>
> 他们贪婪地把我们吞下去，吃饱了，
>
> 就把我们呕出来。（第三幕第四场）

男女关系的各个阶段也值得注意，正如罗瑟琳在《皆大欢喜》中所说：

> 说一天，不用说永久。
>
> 不，不，奥兰多，
>
> 男人们在未婚的时候是四月天，
>
> 结婚的时候便成了十二月天；
>
> 姑娘们做姑娘的时候是五月天，
>
> 一做了妻子，
>
> 季候便改变了。（第四幕第一场）

求爱、婚姻皆与社会政治有关，而社会政治是等级森严的，而

且往往是严酷的。这种政治可以成为舞台上幽默反转的主题。在弗朗西斯·博蒙特（Francis Beaumont）生动的喜剧《烧火杵骑士》（*The Knight of the Burning Pestle*, 1607）中，学徒贾斯帕娶了师傅的女儿露丝，这违背了其商人师傅的意愿，因为师傅属意于另一位求婚者。露丝被她的父母逮着并被关了起来。贾斯帕装死，藏在棺材里被带进了房子，在那里，他以鬼魂的形式出现，吓唬了商人，从而获取了他的同意。托马斯·德克尔的喜剧《鞋匠的假期》（*The Shoemaker's Holiday*, 1599）讲述了一个贵族为了追求另一个鞋匠的女儿而伪装成一个鞋匠的故事。

等级制度可能与个人喜好发生冲突。这在《第十二夜》中表现出了喜剧效果。冲突也可能是如《奥瑟罗》中那般呈现野蛮的破坏力，伊阿古在开头抱怨道：

> 这也是没有办法呀。说来也叫人恼恨，
> 军队里的升迁可以全然不管古来的定法，
> 按照各人的阶级依次递补，
> 只要谁的路子活，能够得到上官的欢心，
> 就可以越级擢升。（第一幕第一场）

年龄是等级制度的一个重要方面，但也同其它方面一样存在张力。老牧人在《冬天的故事》中说道："我希望16岁和23岁之间并没有别的年龄，否则这整段时间里就让青春在睡梦中度了过去吧；因为在这中间所发生的事，不过是叫姑娘们养起孩子来，对长辈任意侮辱，偷东西，打架。"（第三幕第三场）

除了在其十四行诗中很有分量外，求爱也是莎士比亚戏剧中的一个重要主题：在几部剧中都是头号主题，并且涉及社会、国家和

宗教的分歧。在《无事生非》中，求爱提供了一系列的背景、变动以及从机智到悲伤的诸种情绪。莎士比亚描绘的求爱反映了社会规范，但也给出了如何行动的建议。

莎士比亚描绘了许多女强人，包括克莉奥佩特拉、安茹的玛格丽特、阿拉贡的凯瑟琳、麦克白夫人、伏伦妮娅和圣女贞德。她们的命运千差万别，但有几个角色表现出个性、勇敢、有目标与镇定。[17]许多传统和原型在展现上述及其他女性时发挥了作用，特别是来自古典世界的故事（最突出的是安东尼和克莉奥佩特拉），以及中世纪骑士的观念和语言。每一种传统非但没有过时，更没有消失，而且通过文艺复兴时期的宫廷文化，以及印刷方式得到传播和复兴。像伊丽莎白这样的女性统治者以及如苏格兰女王玛丽等其他王室女性，使情况变得更加显著和复杂。[18]许多戏剧的宫廷背景都强调了这些主题，并推动了主题的呈现，尤其是在主角之间的文字游戏以及最终成功（或失败）的爱情故事中。

其他主题也在发挥作用。直截了当的权力便是其中之一。它具有一定程度的威胁性，在一些求爱的谈话中亦有体现。这种威胁可能反映出某些人物的有害（如果不是邪恶的话）本性，比如埋查三世。他成功追求了安妮·内维尔（1456—1685年）——"造王者"华列克的女儿，1471年在图克斯伯里被屠杀的威尔士王子爱德华（1453—1471年）的年轻遗孀——一个被他杀害了第一任丈夫的女人。理查还以一种非常邪恶的方式接近爱德华四世的遗孀伊丽莎白王后，为他自己向其女儿伊丽莎白（也是他的侄女）求婚。伊丽莎白王后指出，他要为她的儿子——塔中王子爱德华五世和他的弟弟约克公爵理查的死负责：

伊丽莎白王后：可是你的确杀害了我的孩子。

理查王：但我又会在你女儿的子宫里种进你的孩子。

他们会像凤凰一样从那香木堆里孳生出新的自己。

（第四幕第四场）

这种威胁也可以是对滥用权力的正确评判，这确实是《量罪记》的主题，安哲鲁把这种滥用集中在对一个死刑犯的妹妹进行性控制上。除了威胁之外，无论是在战争中还是在涉及抢劫时，暴力本身往往被视为可能导向强奸。

1562年，英格兰恢复了禁止强奸的法令，1609年，被判强奸罪的人被从大赦中除名。强奸乃一项重罪，但通常会被作为袭击、绑架和财产犯罪遭到起诉，尤其是被控告方是地位较高的男性时更是如此。强奸罪的刑罚颇为严厉，包括终身监禁和高额罚款，在伊丽莎白一世时期的法律中，还增加了死刑。当以乱伦或通奸的形式出现时，强奸也被作为一种触犯教会法规的道德犯罪而遭到起诉。[19]权力的另一个面向表现为让女性充当妓女。正如莎士比亚所表明以及上文所讨论的，她们通常是（或成为）权威、权力和虐待的受害者。

涉及直接求婚的事情则是不同的，但可以表现为基于一定程度的暴力或几乎是恐吓性的追求。这不仅仅是因为在长期的动物狩猎模式中，失去童贞和贞操[20]通常被视为是求婚和求爱的一个要素——实际上是一个强有力的要素。这一聚焦点会让现代观众感到非常不适。例如，在《暴风雨》中，费迪南德谈到了与米兰达的会面，米兰达由于和父亲一起被困在岛上，并无其他人，她自己也从未见过任何年轻男子：

啊！如果你是个处女，

还没有爱上他人，我愿意立你为
那不勒斯王后。（第一幕第二场）

《驯悍记》中凯萨琳娜最终向丈夫屈服的情节对现代观众也产生了
同样的影响。它似乎是一种屈从，既是戏剧的高潮，也是对该剧关
于女性独立主题的背离，因此，这种屈从有时会被讽刺性地予以
展现：

你的丈夫就是你的主人，你的生命，你的所有者，
你的头脑，你的君王；他照顾你，……
他希望你贡献给他的，
只是你的爱情，你的温柔的辞色，
你的真心的服从。（第五幕第二场）

现实通常比任性或愚蠢地克服障碍要暗淡得多。1560年，伊
丽莎白的表妹凯瑟琳·格雷大人，即萨福克公爵亨利的女儿，也是
简·格雷夫人的妹妹，秘密嫁给了赫特福德伯爵爱德华，此人是
萨默塞特护国公在世的最年长儿子，伊丽莎白女王本人对此非常愤
怒。她把他们俩都送进伦敦塔，宣告其婚姻无效，并且也不承认凯
瑟琳的孩子。他们夫妇的长子爱德华——比彻姆勋爵，即出生在伦
敦塔，继承了萨福克宣称的王位继承权。

受父母或监护人权力支配的青涩爱情的困境乃是戏剧中经常出
现的主题，比如在托马斯·米德尔顿（Thomas Middleton）和托马
斯·德克尔的《咆哮的女孩》（*The Roaring Girl*, 1610）中。地位
与权威反复交织在一起。在菲利普·马辛杰（Philip Massinger）的
《还旧债的新方法》（*A New Way to Pay Old*，约1622年）中，主人

公贾尔斯·"不自量力"爵士的贪婪集中表现在通过家庭婚姻来算计社会地位得势，而失败导致他发了疯。在威廉·罗利、约翰·福特和德克尔合著的《埃德蒙顿女巫》（*The Witch of Edmonton*，约1621年）中，苏珊·卡特被弗兰克·索尼谋杀。苏珊是索尼父亲的意中人，为了保住他的遗产，索尼与苏珊重婚。然而，索尼有一个秘密的妻子，即仆人温妮弗雷德。《泰尔亲王配瑞克里斯》的序幕揭示了安提奥克国王与他的女儿有一段秘密的乱伦关系，这构成了一开始的欺骗与威胁的背景。事实上，整部剧都呈现了一种多变而持续的威胁色调。在《奥瑟罗》中，勃拉班修把女儿苔丝狄蒙娜寻求与奥瑟罗的爱情看作：

> 血肉的叛逆！
> 做父亲的人啊，
> 从此以后，你们千万留心你们女儿的行动，
> 不要信任她们的心思。（第一幕第一场）

勃拉班修确信他的女儿被"江湖骗子的符咒药物"所引诱，但他让女儿准备好"承认她本来也有爱慕他的意思"（第一幕第三场）。

对女性的态度也影响到同时代人对伊丽莎白女王的反应，当然，在此方面，她同父异母的姐姐玛丽·都铎是最切近的例子。[21] 尽管伊丽莎白为自己创造了一个图像学的和政治的空间，并被支持者描绘成一个卓异的女人，拥有高于常人的品质，因此作为当之无愧的统治者理应得到服从。但是，伊丽莎白的宫廷牧师仍然强调女性软弱的传统刻板印象，并将女王描绘成一个被上帝拯救的女人，而不是一个战士女王。[22] 不出所料，《圣经》强调了上帝的阳刚气质，因为神职人员都是男性，而社会压力显然不利于女性独立。伊

丽莎白时代的社会仍然非常传统，譬如，对于男女婚前与婚外性行为采取了不同标准，对同性恋加以非难，后者被看作是不道德和非法的。特别是同性性行为被视为一种罪恶，在当时的法律制度中会受到严厉惩治。具有讽刺意味的是，舞台上所有女性角色都由男性演员扮演，而社会却对改变性别身份无法接受。

在性行为方面的双重标准非常明显，男人们习惯于忽视他们的私生子和/或有私生子的名声，比如《李尔王》开头的葛罗斯特；然而，身处一种女性在维护（包括通过闲聊）贞节牌坊方面发挥关键作用的文化中，丢掉贞操的妇女通常会受到惩罚。但是在《李尔王》中，葛罗斯特因其私生子埃德蒙的背叛而遭受的残酷命运，是对他不负责任的罪恶行为的一种报应。如果他受的罪比犯的罪还多，那么后者就是前者的原因。不过，公道让葛罗斯特得以给自己赎罪：这个过程给他带来了高尚的精神。

除了《李尔王》中的埃德蒙，《约翰王》中的福康布里琪是一个更为积极的角色，他是另一个具有冲击力并挑战传统等级制度的私生子。他是约翰的哥哥、前任国王理查一世（狮心王）的私生子，他比约翰更富有个性。福康布里琪是一个虚构的人物，以理查的私生子——科尼亚克的菲利普为原型，不过，与剧中他作为福康布里琪夫人的儿子出现不同，科尼亚克的菲利普的母亲身份不明。[23]

女性的独立不受鼓励，实际上是不被允许的。伊丽莎白经常要应付关于她对男人的偏好的诽谤和在政治上妥协的谣言。除了女性不能出演戏剧之外，写信的女性还要被限制在传统书信体裁里。[24]与此同时，莎士比亚对女性的描写并非微不足道或一笔掠过。她们虽然是男人的影子，但她们的重要性并不取决于其作为影子的地位。在历史剧中，会出现父权的立场、角色和台词，但也有上文讨论过的重要女性，如克莉奥佩特拉、圣女贞德、《亨利六世》中的玛格莱特王后和《亨利八世》中的凯瑟琳王后。她们所有人皆是男人的牺牲品，前两个失去了生命，但没有一个可被描述为无足轻重者。实际上，克莉奥佩特拉是自杀而亡的。[25]

修女作为一个群体也是莎士比业讨论的对象，例如，他在《错误的喜剧》中提到女修道院，在《泰尔亲王配瑞克里斯》中以狄安娜女神的贞洁作为修女在前基督教时期的参照，而修女可能是宗教改革中受损最严重的群体。与此同时，宗教改革为女性的精神性提供了新机会，女性能够在宗教事务上取得并行使用良心自决的权利。殉道是一个极为重要的例子，福克斯在其《殉道者之书》中记录了48名女性殉道者，她们被描述为尖锐抗争且不被驯服者。从更广泛的意义而言，福克斯运用了女性意象。[26]然而，这些机会并没有完全超越性别限制。新教教派的态度在很大程度上代表了传统的社会理想和实践，很少有女性在其中上升到权威的位置。

然而，宗教改革确实导致人们对婚姻和婚姻中的性爱持更同情的态度，神职人员现在可以像大多数人一样结婚的事实反映并大大强化了这种态度。然而，人们担心性需求具有破坏性，且这种担心仍集中在单身和通奸的女性而非男性身上。此外，当时出现一个重要的转变，即从将道德上的不端行为视为教会法庭的事务，转到将其置于世俗权威之下，妓女和名声不佳的女性越来越多地由治安法官处置。这一进程先于宗教改革，但又被宗教改革大大推进一步，并与反流浪运动所表达的对社会控制的关注相匹配。

然而，当时的性标准既反映了男性的观点，也反映了女性的看法，这表明女性至少在某种程度上支持继续维持父权制。这是一个很难探究的主题，但它的重要性并不会因此而降低。被男性主导的法律体系当作女巫来加以惩罚的女性是极为痛苦的。然而，女性不仅仅是巫术指控的受害者；她们也积极参与揭发，充当证人并搜寻被认为是女巫的痕迹。此外，也有男性巫师。更普遍而言，女性或许会因犯罪而受到严厉惩罚，但大多数定罪的对象是男性，大多数惩罚的对象也都是男性。例如，除杀害婴孩外，女性犯杀人罪的几率低于男性。[27]总的来说，妇女在整个法律程序中更为积极，因此，女性对自己的生活拥有更多控制权，或至少比父权制规矩所暗示的更具影响力。[28]

非正式的法律程序亦是如此，告发和举证程序在许多莎翁戏剧中都扮演着不可忽视的角色，尤其是在接近戏剧尾声处。实际上，在一个对契约、誓言、承诺的回应有助于定义关系，并提供时机、能量和情节转折的世界里[29]，存在着一种结局或者启示。这是许多侦探小说的模式，在这类晚近出现的文学体裁讲述的故事里，道德、正义和救赎往往是最重要的。在《奥瑟罗》中，爱米利娅对伊阿古予以谴责，回应了她这位丈夫让其回家的命令，伊阿古试图让她保持沉默，把她从一个显而易见的具有保护性的半公开场景中带走。她说道：

> 各位先生，让我有一个说话的机会。
> 照理我应该服从他，可是现在却不能服从他。
> 也许，伊阿古，我永远不再回家了。
> ……我要像北风一样自由地说话；
> 让天神、世人和魔鬼全都把我嘲骂羞辱，
> 我也要说我的话。（第五幕第二场）

即使伊阿古用他的剑威胁爱米利娅，她也没有被吓倒。为了应对这

一威胁，葛莱西安诺不得不为她挺身而出，但这并不能阻止邪恶的伊阿古在戏剧结尾将她杀死，就像《哈姆莱特》一样，剧中死了太多人。

同样，女性在继承方面所起的作用也比法律规定的更大。许多丈夫在遗嘱的措辞中对妻子表现出信心，而对寡妇福祉的关心则表明了夫妻恩爱的程度。[30]妻子通常不允许立遗嘱，因为在法律上，她们不能与丈夫分开拥有财产。然而，未婚女人和寡妇具有独立性[31]，从牛津和剑桥很多学院收到的针对教育和宗教的捐赠就可看出，富有的女性或许称得上举足轻重。1540年的一项议会法案允许贵族遗孀任命两名牧师。此外，女性有许多方式来提出她们的观点，尤其是因为她们经常是丈夫遗嘱的执行人。[32]寡妇的特殊地位在家庭结构和继承模式的变动中发挥了重要作用，但产妇的高死亡率是另一个核心的影响因素。这种情况会导致男性再婚，从而使得大量继母出现。对莎士比亚而言，守寡是一种敏感的状态，就像在《皆大欢喜》中一样。社会实践与法律设定确保家庭被视为特别的属于女性的空间，家庭事务、各种各样的实践和展示的范围在此间被详细划定。[33]

莎士比亚描绘了许多婚姻中的亲密关系，不过这反过来可能也会产生问题，最明显的是麦克白夫人对她丈夫的破坏性、诱惑性的影响。的确，在她的诱惑性中含有一种破坏性的力量，在她的破坏性中也具有诱惑性。《哈姆莱特》中的克劳狄斯和葛特露不那么亲密，但也有一种破坏性的相互吸引力。安东尼和克莉奥佩特拉，奥瑟罗和苔丝狄蒙娜，以及某种程度上的哈姆莱特和奥菲利娅都是如此。

无论她们的个人情况和法律地位如何，努力工作是大多数女性的命运。她们通常要在丈夫身边努力工作。与此同时，家政服务是单身男女的一种常见工作形式。由于家务劳动是辛苦的体力劳动，而技术的贡献又微乎其微，因此，这类服务构成了许多人的日常生活。像处理人类排泄物这样的工作是不会令人愉悦的。此外，从井里和其他地方取水可能会造成身体畸形，而清洗和烘干衣服则需要相当大的体力。在《暴风雨》中，普洛斯帕罗让弗迪南德承担搬运木头的繁重工作，这是加热和烹饪所必需的常规任务。普洛斯帕罗把卡列班称为奴隶，如果他不工作便会受到惩罚。普洛斯帕罗告诉他：

> 去把柴搬进来。识相的话，赶快些……
> 要是你不好好做我吩咐你做的事，
> 或是满心不情愿的话，
> 我要叫你浑身抽搐。（第一幕第二场）

仆人的工资微薄，大部分以实物支付。这使得那些想在结婚后脱离劳作的人生活非常艰难，因为婚后做仆人的情况相对较少。此外，在面对主人和其他人时，女仆常会受到性侵害。[34]

莎士比亚经常捕捉到主仆之间关系的复杂性和所面对的困难。许多仆人都享有相当大的独立性，至少在他们说话和受托承担任务方面是如此，一如《错误的喜剧》中的两个德洛米奥和《罗密欧与朱丽叶》中的乳媪那样。仆人们常常被描绘成男女主人的知己。与此同时，男女主人可以惩罚他们；这种惩罚可被称为暴力，至少是一种威胁，而且不只是男性雇主会如此苛刻。在《维洛那二绅士》中，一个女仆露瑟塔挨了其女主人裘丽亚的一顿责骂，因为她"太放肆了"（第一幕第二场）。在戏剧靠后的部分，朗斯提到他因为他的狗而受到的严厉对待："我曾经因为它偷了人家的布丁而给人铐住了脚，否则它早就一命呜呼了；我也曾因为它咬死了人家的鹅而颈上套枷，否则它也逃不了一顿打。"（第四幕第四场）在《皆大欢喜》中，小丑也被鞭打了一顿。在《错误的喜剧》中，两个德洛米奥遭受了鞭打，以弗所的（小）德罗米奥说道：

> 我但愿没有知觉，那么您打我我也不会痛了。……我从出世到现在一直服侍他，在他手里除挨打没有得到什么好处。我冷了，他把我打到浑身发热；我热了，他把我打到浑身冰冷；我睡着的时候，他会把我打醒；我坐下的时候，他会把我打起来；我出去，他会把我打到门外；我回来，他用鞭打欢迎我。我肩上背着鞭痕。（第四幕第四场）

主人角色的部分影响在于有能力威胁和实施威胁，特别是对如学徒这样身处在一个家庭中并且在经济上依赖此家庭的人而言更是如此。虽然时常存在威胁与行动之间的反差，而且在戏剧中也会展现出这种反差，但主人和仆人之间也不会存在平等可言。与此同时，就像家庭内部的关系一样，由于对真正或表面上的高贵知己的倾心，情况会变得更加复杂，就像在《第十二夜》中薇奥拉形容自己的"家世超过于我目前的境遇"（第一幕第五场）那样。在那部剧中，地位问题在管家马伏里奥的出场中得到进一步体现，他被鼓励将自己看作与女主人奥丽维娅平等的人，奥利维亚本是伯爵小姐，据说她愿意嫁给他。反之，一旦这种错觉被暴露出来，他就受到非常残酷的对待，被打回到原有的下属地位。

与（作为一个方面）对孩子社会化程度的关心并置的，[35] 是体罚这种孩子们经常面临的命运。裘丽亚在《维洛那二绅士》中指出：

> 这一段痴愚的恋情是多么颠倒,
>
> 正像一个坏脾气的婴孩一样,
>
> 一忽儿在他保姆身上乱抓乱打,
>
> 一忽儿又服服帖帖地甘心受责。(第一幕第二场)

在同一场戏中,裘丽亚责骂了她的仆人露瑟塔。大多数仆人可以像对孩子那样被对待,因此很容易受到伤害。孩子可以被关爱,但关爱往往会专注于扫除罪恶和灌输纪律,这可能是令人不寒而栗和/或具有暴力性的。[36]

这种情况在统治者及其臣民中更为广泛。就像《李尔王》中弄人的疑虑和残酷命运一样,君主是否施行真正和合适的统治是至关重要的。因此,主仆间关系是整个社会内部更为广泛的紧张关系的一个方面。这在以《哈姆莱特》为代表的包括统治家族在内的家庭所提供的微观世界里,体现得尤为明显。莎士比亚的许多戏剧都聚焦于父亲与儿子或女儿之间的关系。《李尔王》分别以国王和葛罗斯特为关键人物,讲述了李尔王与女儿以及葛罗斯特与儿子的关系。另外,王朝的主题——因而也是政治的主题通常有助于将父子关系推到最显要位置,尽管《李尔王》并非如此,但在《亨利四世》中却有体现(尽管《亨利四世》是莎士比亚英格兰历史剧中唯一以此为主题的剧作)。

在某种程度上,父亲的角色不仅是等级制度和顺从的一种具象,而且也展现出了关于过去的一种更普遍的重压。在《罗密欧与朱丽叶》《冬天的故事》以及《仲夏夜之梦》的戏中戏(为了达到喜剧效果而借助"尼内老人的坟")里,情节设置在坟墓和丧葬纪念碑内或旁边,从而赋予这种重压以戏剧性力量。这些场景反映了"纪念性"在这一时期英格兰文化中发挥的主要作用,在葬礼仪式和布道中，以及在慈善机构、坟墓、纹章、装饰盘和肖像画中皆可看到。[37]莎士比亚不仅在其历史剧中捕捉到"纪念性"的角色，而且在其他戏剧的对话和布景中也同样如此。

纪念活动可能与代际之间的紧张关系联系起来，特别是责任和意愿之间的紧张关系。因此，《罗密欧与朱丽叶》在某一层面上可说是年轻的爱情和古老的家族联盟之间的冲突；当然，莎士比亚在情节和人物塑造中反复表现出的丰富性，使双方所涉及的内容不止于此。在《哈姆莱特》中，代际冲突要复杂得多，但是，该剧再次出现一种关于过去的重压感，至少可说是上一代人中一些人的自私和恶意，以及年轻人的受害者意识。因此，历史剧并不是唯一提供历史的戏剧。事实上，不同类型的历史剧之间的关系很有启发意义。它揭示了由过去施加的想象压力——无论是真实的还是虚构的。

注释

1. 人们将其称作棕林鸫。琼正在往锅里倒冷水，使锅冷却，以免沸腾。

2. S. Schoenbaum, *Shakespeare: A Documentary Life* (Oxford, 1975); R. Bearman, *Shakespeare in the Stratford Records* (Stroud, UK, 1994).

3. P. Lloyd, *Food and Identity in England, 1540–1640: Eating to Impress* (London, 2015).

4. P. Crawford, *Parents of Poor Children in England, 1580–1800* (Oxford, 2010).

5. S. Hindle, A. Shepard, and J. Walter, eds., *Remaking English Society: Social Relations and Social Change in Early Modern England* (Woodbridge, UK, 2013).

6. M. K. McIntosh, *Poor Relief in England, 1350–1600* (Cambridge, 2012); A. L. Beier, *The*

Problem of the Poor in Tudor and Stuart England (Lancaster, UK, 1983), *Masterless Men: The Vagrancy Problem in England, 1560-1640* (London, 1985), and *Social Thought in England, 1480-1730, from Body Social to Worldly Wealth* (Chicago, 2016).

7. A. Shepard, *Accounting for Oneself: Worth, Status and the Social Order in Early Modern England* (Oxford, 2015).

8. Hugh Vaux, "Violence and the Law in Tudor Cumberland: 'The Malice of the Lowthers,'" *Transactions of the Cumberland and Westmorland Antiquarian and Archaeological Society 17* (2017): 121-35.

9. N. Ramsay, ed., *Heralds and Heraldry in Shakespeare's England* (Donington, UK, 2014).

10. S. Lang and M. McGregor, *Tudor Wills Proved in Bristol, 1546-1603* (Bristol, 1993); N. Alcock, *People at Home: Living in a Warwickshire Village, 1500-1800* (Chichester, UK, 1993).

11. A. Nicholls, *Almshouses in Early Modern England: Charitable Housing in the Mixed Company of Welfare, 1550-1725* (Woodbridge, UK, 2017).

12. E. Phillips, ed., *Health and Hygiene in Early-Modern Norwich: Account Rolls of the Great Hospital, Norwich, 1549-1550 and 1570-1571* (Norwich, UK, 2013).

13. L. Fox, *The Early History of King Edward VI School, Stratfordupon-Avon* (Stratford-upon-Avon, 1984); N. Rhodes, *Shakespeare and the Origins of English* (Oxford, 2004).

14. P Laslett, *The World We Have Lost* (London, 1965) and *The World We Have Lost: Further Explored* (London, 1983).

15. R. Fritze, "'His Evel Life, His Troublesome Behavior': George Puttenham and His Marital Problems," *Archives* 29 (2004): 38-49.

16. A. Wilson, *Ritual and Conflict: The Social Relations of Childbirth in Early Modern England* (Farnham, UK, 2013).

17. T. Jankowski, *Women in Power in the Early Modern Drama* (Urbana, IL, 1992); I. Bell, *Elizabethan Women and the Poetry of Courtship* (Cambridge, 1998); G. Greer, *Shakespeare's Wife* (London, 2007); R. Houlbrooke, *Love and Dishonour in Elizabethan England: Two Families and a Failed Marriage* (Woodbridge, UK, 2017).

18. C. Bates, *The Rhetoric of Courtship in Elizabethan Language and Literature* (Cambridge, 1992).

19. C. Dunn, *Stolen Women in Medieval England: Rape, Abduction, and Adultery, 1100-1500* (Cambridge, 2013).

20. B. Johnson, *Chastity in Early Stuart Literature and Culture* (Cambridge, 2015).

21. J. M. Richards, "Mary Tudor as 'Sole Quene'?: Gendering Tudor Monarchy," *Historical Journal* 40 (1997): 895−924.

22. R. B. Waddington, "Elizabeth I and the Order of the Garter," *Sixteenth-Century Journal 24* (1993): 97−113.

23. H. V. Bonavita, *Illegitimacy and the National Family in Early Modern England* (Abingdon, UK, 2017); K. Pritchard, "Legitimacy, Illegitimacy and Sovereignty in Shakespeare's British Plays" (PhD, Manchester, 2011).

24. J. Daybell, *Women Letter-Writers in Tudor England* (Oxford, 2006); G. Schneider, *The Culture of Epistolarity: Vernacular Letters and Letter Writing in Early Modern England, 1500−1700* (Newark, DE, 2005); J. M. Gray, *Oaths and the English Reformation* (Cambridge, 2013).

25. N. Levine, *Women's Matters: Politics, Gender, and Nation in Shakespeare's Early Plays* (Newark, DE, 1998).

26. M. Hickerson, *Making Women Martyrs in Tudor England* (Basingstoke, UK, 2005).

27. J. Sharpe and J. R. Dickinson, "Revisiting the 'Violence We Have Lost': Homicide in Seventeenth-Century Cheshire," *English Historical Review* 131 (2016): 302−3.

28. J. Kermode and G. Walker, eds., *Women, Crime and the Courts in Early Modern England* (London, 1994).

29. J. Kerrigan, *Shakespeare's Binding Language* (Oxford, 2016).

30. E. Spring, *Law, Land, and Family: Aristocratic Inheritance in England, 1300 to 1800* (Chapel Hill, NC, 1994).

31. J. Spicksley, ed., *The Business and Household Accounts of Joyce Jeffreys, Spinster of Hereford, 1638−1648* (Oxford, 2012).

32. S. James, *Women's Voices in Tudor Wills, 1485−1603: Authority, Influence and Material Culture* (Farnham, UK, 2015); B. Moring and R. Wall, *Widows in European Economy and Society, 1600−1920* (Woodbridge, UK, 2017).

33. M. Wiesner-Hanks, ed., *Mapping Gendered Routes and Spaces in the Early Modern World* (Farnham, UK, 2015).

34. J. Whittle, ed., *Servants in Rural Europe, 1400−1900* (Woodbridge, UK, 2017).

35. M. Bailey, *Socialising the Child in Late Medieval England, c. 1400−1600* (Woodbridge, UK, 2012).

36. A. Fletcher, *Growing Up in England: The Experience of Childhood, 1600–1914* (New Haven, CT, 2008).

37. I. Archer, "The Arts and Memorialization in Early Modern London," in *Imagining Early Modern London: Perceptions and Portrayals of the City from Stow to Strype, 1598–1720*, ed. J. F. Merritt (New York, 2001), 89–113, esp. 96–113.

九 健康与医学

　　由于预期寿命较短，那一时期人们对生活和生活事件的平均体验年龄必然比现在的普通人更年轻。这种体验是在死亡、疾病、伤害和痛苦的威胁下被形塑的。生活中的欢乐、愉悦、狂喜和兴奋依然存在，莎士比亚对这方面着墨颇多；但人口统计数据则令人不寒而栗。除少数幸运者活到了老年，并因此获得了受人尊敬的地位之外，另有很多人的生命很快便戛然而止，对女性而言，在分娩时尤其如此。儿童死亡率继续保持高位，按现代标准来看确实很高。例如，1650年至1700年间，在英格兰西北部彭里斯镇出生的孩子中，有38%在6岁前便夭折了。

　　在斯特拉特福，莎士比亚的家人付出了惨重代价，特别是他的两个姐姐琼和玛格丽特在婴儿时期夭亡，他的妹妹安妮在少女时期离世，而他的儿子哈姆内特在11岁时撒手人间。在伦敦，其家人也难逃一劫，曾做过演员的弟弟埃德蒙在那里去世。诗人约翰·邓恩（John Donne）（1572—1631年）的妻子安在生下一个死胎后，于1617年过世，作为丈夫的邓恩即使在1621年成为圣保罗大教堂的主任牧师，也长期郁郁寡欢。苦难是他诗歌中经常出现的主题，尤其在他脱离了早期作品的神话主题并发生转向之后，他最后一次布道的主题则是"死亡的决斗"。邓恩创造过一句著名的格言："不要问大钟为谁而鸣；它在为你而鸣。"这大钟指的便是教堂的丧钟。没有证据表明邓恩和莎士比亚彼此认识。

　　尽管人们意识到命运的无常，或许也会理解和接受它，但许多人很可能都切实经历过痛苦、悲惨与失望。对疾病的抵御仍然非常脆弱，特别是因为医学知识还相当有限，这是被剧作家们注意到的一个话题。像涂抹起泡剂（blistering）、放血和注入水银（最后一种是治疗梅毒的方法）这样的治疗通常是痛苦、危险并使人萎靡不振的，或者三者兼而有之。手术还相当原始且会引起剧痛，在没有麻醉的情况下进行，病人经常因败血病而死亡。奇奇怪怪的观念四处流传，就像《皆大欢喜》里所说的那样，与处女结合也是一种疗法。

　　更普遍地说，健康和医学是困扰同时代人、剧作家及其他作家的问题。当时并没有任何类似于现代人的那种期望，即一切疾病都能有医学疗法来治愈；人们不得不求助于江湖郎中、民间偏方和祈祷。不过，现代对医学整体方法的态度，以及目前对安慰剂效应的知识表明，这些疗法或许远非毫无价值。事实上，考虑到当时对其适宜性（如果不是有效性）的信念，上述疗法很可能比之在今日更为有效。

　　致命的鼠疫，即《无事生非》中的"瘟疫"（第一幕第一场），在1593年令剧院关门，且不仅如此。然而，鼠疫并不是唯一的危险疾病。天花是最严重的疾病之一，与鼠疫不同，它是通过空气传播的，城镇化的发展和人口的增加降低了对这种疾病的抵御能力。在主要的城镇地区，天花不仅成为流行病，而且成为地方病，对婴儿和儿童来说尤其致命。即使是幸存者，身上也会带有瘢痕。和其他疾病一样，天花也具有社会选择性，尽管伊丽莎白一世本人在

1562年差点死于天花，但穷人更容易受到感染，原因在于穷人居住地的人口密度比富人高。此外，天花病毒可保持活性长达一年，并可通过衣物或被褥传染。穷人不太能够在一个人死后销毁衣服和被褥，因此会更容易受到侵害。要知道当时还没有研制出任何接种疫苗。

斑疹伤寒、伤寒、流感、痢疾、水痘、麻疹、猩红热和梅毒都是严重的威胁。其他一些如今可以治愈或控制的疾病也会使人变得虚弱。在《终成眷属》中，国王因"瘘管"（第一幕第一场）——一种体内异常的管道或通道——而日渐衰弱。性病的危害是最突出的，在莎翁戏剧中有很多此类桥段，既有幽默（尽管很残酷）的，也有不怎么幽默的。这种情形决定了对卖淫和非法性行为的处置，使之变得严酷，又由于其公开标识着与疾病的斗争，从而让道德问题变得尖锐化。

生活条件也是造成这些问题的原因之一，不过，由于莎士比亚并没有创作所谓"英格兰状况"[1]的剧作，这些问题在他的作品中并不突出。由于床的相对稀缺，共用一张床睡觉（不是为了性目的）是很正常的，这助长了疾病的传播，特别是呼吸道感染。大多数住宅既不温暖也不干燥，卫生习惯是一个大问题。很少有人洗澡，用干净的水洗衣服也很鲜见，而且虱子严重泛滥：

> 无数奸恶的天性
> 都丛集于他的一身

---

[1] Condition of England，"英格兰状况问题"是托马斯·卡莱尔在1839年创造的一个短语，用来描述工业革命期间英国工人阶级的状况。

在《麦克白》（第一幕第二场）中对一个反叛者的描述，"那残暴的麦克唐华德……已经征调了西方各岛上的轻重步兵"，指的便是害虫。类似的观点也适用于莎士比亚戏剧中的许多其他人物。虽然外套要穿很长时间，而且不能洗，但那些负担得起的人会穿亚麻布或棉布的贴身衣服，这些衣服可以定期清洗。然而，大多数人会尽可能长时间穿同样的衣服，这意味着他们仍然衣衫褴褛。

臭虫和老鼠是真正的恐怖物种，而且，按照现代的标准，人们的呼吸和皮肤一定很难闻。要重现那个时代的气味和泥土的印记是非常困难的，而前者特别难以被现代人想象，尤其是因为它不能在电影或电视上被呈现。然而，通风肯定不够充分。人类住得离动物和粪堆很近，这种近距离损害了健康。储存在建筑物附近的粪肥具有危害性，可能会污染供水系统，而来自旱厕和动物圈舍的污水会通过多孔的墙壁进入屋内。带有露天土坑的厕所就位于住宅旁边和卧室下面。在《无事生非》中，唐·约翰的侍从波拉契奥受雇做"调香师"（第一幕第三场），他通过燃烧散发香味的木头来处理令人不快的屋内气味。

尽管人们努力改善着城镇环境¹，但不论富人和穷人都会暴露在受污染的环境中。约翰·斯托在他的《伦敦考察记》（1598年）中指出，伦敦的弗利特河（Fleet River）肮脏不堪，被人类的排泄物堵塞。1633年，查理一世抱怨酿造业对圣詹姆斯宫空气的影响：其产生的煤烟是有毒的。约翰·伊夫林（John Evelyn）在其《烟雾：或曰伦敦空气与烟雾消散的困难》（*Fumifugium: or the Inconvenience of the Air and Smoke of London Dissipated*，1661）中写道，"地狱般阴沉的海煤云"（含硫量高的煤）永远笼罩着伦敦。他提议将酿造、染色、煮皂、煮盐、烧石灰等行业赶到几英里之外。伊夫林形容这座城市"笼罩在浓烟和硫黄的云雾中，充满了恶

臭和黑暗"，而这并不是它在画布或版画上所呈现的样貌。在实践
中，这一问题几乎没有得到任何解决。

正如李尔王逐渐认识到的那样，穷人的生活要艰苦得多：

> 可怜赤裸的不幸的人们啊，无论你们在什么地方
> 忍受着这样无情的暴风雨的袭击，
> 你们的头上没有片瓦遮身，
> 你们的腹中饥肠辘辘，你们的衣服千疮百孔，
> 怎么抵挡得了这样的天气呢？啊！我一向
> 太没有关心这种事情了。安享荣华的人们啊，
> 服一剂药吧；
> 暴露你们自己去感受这些不幸的人们的感受，
> 你们才会分一些多余的东西给他们，
> 表示一下上天还是公正的吧！（第三幕第四场）

在《冬天的故事》中，赫美温妮"被拒绝享受产褥上的特权"
（第三幕第二场），仿佛她很可怜。在《泰尔亲王配瑞克里斯》中，
主人公谈到他那本应死去的妻子泰莎时说："你经过了一场可怕的
分娩……没有灯，没有火。"（第三幕第一场）此外，营养不良也会
降低对疾病的抵抗力，阻碍生长，影响活力水平。[2]水果和蔬菜价
格不菲，它们的供应取决于季节的可供性，这些食物在城镇穷人的
饮食中只占很小的比重。无论在城镇还是乡村，穷人吃的肉都比其
他人要少。不良的饮食习惯会导致结肠寄生虫感染、肝炎、沙门氏
菌和其他许多疾病。食物的有限性使得宴会在故事中扮演着重要角
色，这表明对于富足的渴望控制了人们的想象力。

而且，情况或许会变得更糟。植物贮存尚未经过科学改良，无

法抵御疾病和恶劣天气条件并提高产量，而歉收推高了死亡率。紧跟在1555年和1556年的糟糕收成之后的是一场灾难性的流行病，很可能是流感。这种模式在16世纪90年代反复出现，1594年之后的歉收导致了高死亡率，特别是在冬季和春末食物特别稀缺和昂贵的时候。此外，穷人普遍衣衫褴褛，鞋子底经常有洞（《维洛那二绅士》第二幕第三场）。

莎士比亚的医学知识堪称渊博。他提到了当时的医学学说，尤其是体液学说（人体由火、气、土和水四种元素组成）；他列出了长长的疾病清单，如《特洛伊罗斯和克瑞西达》（第五幕第一场）；他知晓很多治疗方法，如《奥瑟罗》中提到过灌肠管。莎士比亚的女婿约翰·霍尔是一名医生，在斯特拉特福行医，只比莎士比亚小7岁。

医生在剧中只扮演相对次要的角色，而且并不总是一个讨人喜欢的角色。在《无事生非》中，贝特丽丝用医学上的比喻来形容一段灾难性友谊的代价，她说："一定要花上一千镑钱才可以把他赶走哩。"（第一幕第一场）然而，健康在戏剧里是很重要的。《李尔王》中的医生建议焦虑不安的国王休息："休息是天性的奶娘。"（第四幕第四场）在《麦克白》中，一位苏格兰医生准确观察到了麦克白夫人的梦游，描述了大多数观众从未见过的情景：

> **医生**：这是心理上的一种重大的扰乱，一方面入于睡眠的状态，一方面还能像醒着一般做事。在这种睡眠不安的情形之下，除了走路和其他动作以外，你有没有听见她说过什么话……她的眼睛开着呢。
>
> **侍女**：嗯，可是她的视觉却关闭着。（第五幕第一场）

医生继续按他的观察说，这种情况超出了他的治疗范围，需要一个更高的存在——上帝来处理，当麦克白追问时，他指的是通过病人面对自己处境的能力来施救，这种对抗将得到来自上帝的帮助：

> 这种病我没有法子医治。可是我知道
> 有些曾经在睡梦中走动的人，
> 都是很虔敬地寿终正寝。
> ……反常的行为
> 引起了反常的纷扰，良心负疚的人
> 往往会向无言的衾枕泄漏他们的秘密；
> 她需要教士的训诲甚于医生的诊视。
> 上帝，上帝饶恕我们一切世人！留心照料她，
> 避开一切足以惹她烦恼的根源。（第五幕第一场）

麦克白敦促医生治愈她，颇值得注意的是，他选择了医生而不是教士，但苏格兰似乎并没有提供医生这种选项：

> 为她医好这种病。
> 你难道不能诊治那种病态的心理，
> 从记忆中拔去一桩根深蒂固的忧郁，
> 拭掉那写在脑筋上的烦恼，
> 用一种使人忘却一切的甘美的药剂，
> 把那堆满在胸间、重压在心头
> 的积毒扫除干净吗？

他得到的答复是：

> 那还是要仗病人自己设法的。

对此，麦克白断然回应道：

> 那么把医药丢给狗子吧，我不要仰仗它。
>
> （第五幕第三场）

麦克白夫人最终的自杀表明，这位病人无法自我解救，此乃无可比拟的罪恶所导向的结局，是"耶稣受难"中弑神者的一个再现版本。

失眠本身似乎对莎士比亚而言就是一个问题：

> 我急欲上床休息，
> 好安顿旅途倦乏的肢体。
> 然而身体的远足劳作刚停，
> 心灵上却开始了新的长征。
>
> （《十四行诗集》第27首）[3]

在判断问题、理解事物的本质并以积极的方式解决问题时，医学与某种形式的白魔法（善意的法术）相互重叠。因此，《辛白林》中的医生考尼律斯能够欺骗王后，让她放弃自杀的计划，他选择了能让王后进入深度睡眠的药物：

> 可以使感觉暂时麻木昏迷。

也许她最初在猫狗身上试验，

然后再进行进一步的计划；可是

虽然它会使人出现死亡的症状，其实并无危险，

不过暂时把精神封锁起来，

一到清醒以后，反而比原来格外精力饱满。

她不知道我已经用假药骗她上了当；

可是我要是不骗她，

我自己也就成了奸党了。（第一幕第五场）

罗密欧与朱丽叶缺乏这种善意的控制，其中一个原因在于他们的冲动，但也是为了呈现一部最终以对立、"多舛"命运为中心的戏剧。

医学作为真正的知识，与社会价值和个人目的相联系，在《泰尔亲王配瑞克里斯》的描述中，塞利蒙既是医生又是贵族：

塞利蒙：我一向认为

道德和才艺是远胜于富贵的资产；

堕落的子孙可以把贵显的门第破坏，

把巨富的财产荡毁；

可是道德和才艺却可以使一个凡人成为不朽的神明。

你们知道我素来喜欢研究医药这一门奥妙的学术，

一方面勤搜典籍，请益方家，

一方面自己实地施诊，结果我已经

对于各种草木金石的药性十分熟悉，

不但能够明了一切病源，而且对症发药，百无一失。

这一种真正的快乐和满足，

> 断不是那班渴慕着不可恃的荣华，
> 或是抱住钱囊，使愚夫欣羡，
> 使死神窃笑的庸妄之徒所能梦想的。
> **绅士乙：**您是以弗所的大善人，
> 多少人感戴您的再造之恩。
> 您不但医术高明，力行不倦，
> 而且慷慨好施。
> 塞利蒙大人的声名，
> 有口皆碑，时间不会使它湮没的。（第三幕第二场）

与此同时，宗教疗法也被认为是解决问题的一种方式，尤其是对精神问题而言。这一做法会在不同背景下使用。这其中也可能会产生一些喜剧效果，比如在《错误的喜剧》中，当教师平奇试图从以弗所的安提福勒斯身上驱除魔鬼时说道：

> 撒旦，我用天上列圣的名义，
> 命令你快快离开这个人的身体，
> 回到你那黑暗的洞府里！（第四幕第四场）

平奇认为，安提福勒斯和以弗所的德洛米奥"脸色惨白"，表明他们两人都给鬼附上了。《第十二夜》（第四幕第二场）中对马伏里奥的严厉对待也是如此，他被当作一个疯子，应该将撒旦从其体内逐出。在一个反差巨大的背景下，亨利六世采取了类似的做法：

> 噢，推动一切的永生的主啊！
> 怜惜一下这个可怜虫吧。

请把猛攻他灵魂的多事的魔鬼赶走吧，

将阴暗的失望从他的胸中驱逐出去吧。

（《亨利六世中篇》第三幕第三场）

　　健康不佳可以从精神的角度来理解，会被视为对信仰的挑战以及对个性的考验。[4]此外，疾病服务于各种政治目的，如在《特洛伊罗斯和克瑞西达》中，忒尔西忒斯详细列出了"南方的各种恶病"（第五幕第一场）。这种做法与英格兰人对地中海的蔑视相吻合，并提供了又一例证。作为手段和隐喻，健康和疾病对莎士比亚戏剧的情节和氛围皆很重要。

注释

1. C. Rawcliffe, *Urban Bodies: Communal Health in Late Medieval English Towns and Cities* (Woodbridge, UK, 2013).

2. D. Gentilcore, *Food and Health in Early Modern Europe: Diet, Medicine and Society, 1450–1800* (London, 2016).

3. 更全面的论述，见 S. Handley, *Sleep in Early Modern England* (New Haven, CT, 2016).

4. O. Weisser, *Ill Composed: Sickness, Gender, and Belief in Early Modern England* (New Haven, CT, 2015).

十 文化潮流

人家说奇迹已经过去了。

——拉佛,《终成眷属》(第二幕第三场)

都铎时期的文化至今仍有回响,这在很大程度上归功于莎士比亚。莎剧是使用英语写就和表演的戏剧。实际上,标准英语的使用是在14、15世纪发展起来的,在都铎王朝时期得到进一步推动,成为权力和文化的用语。方言的兴起对大众文化来说至为重要[1],它削弱了拉丁语和盎格鲁-诺曼语(在英格兰使用的法语)的作用。13世纪,英语逐渐被英格兰民众乃至整个民族所认同,14世纪,英语在文学中变得更为重要,尤其是威廉·朗格兰的《农夫皮尔斯》(不同版本,1362—1392年)和杰弗里·乔叟的《坎特伯雷故事集》(*Canterbury Tales*,约1387—1400年)。

英格兰与法国的百年战争(1337—1453年)在许多方面为16世纪宗教改革提供了文化先导。百年战争开始之时,英格兰贵族的视野是国际化的,法语是宫廷和任何有志于向上跃升者的语言。然而,由于政治原因,两国陷入了长期战争,使得英格兰上流社会模仿法国的风格、礼仪和习俗的行为变得颇为尴尬。政府开始标榜爱国特性，并在此过程中有意利用了语言意识。最早的英语议会请愿书出现在1386年。亨利五世本人于1417年改用英语书写，考虑到当时英法战争的激烈程度，这一年意义重大。从1420年起，衡平法院书记员开始推动英语成为政府官方语言。

民族特色还体现在垂直式风格（perpendicular style）上，这是一种14、15世纪的本土建筑样式，给莎士比亚及其同时代人留下了深刻印象，此外，这种民族特色也体现在英格兰音乐的独特风格上。宗教改革前的英格兰是国际文化世界的组成部分，尤其是通过天主教会和拉丁语与世界相连，但到了宗教改革时期，它对欧洲大陆影响力（尤其是法国）的依赖便小多了。此外，教会生活中也有民族色彩的元素，比如将亨利六世尊为圣人和殉道者，并将奇迹都归功于他。

英格兰在欧洲文艺复兴中尽管不是中心角色，但也发挥了某种作用。卡斯蒂廖内（1503年）和伊拉斯谟（1499年）等杰出人物曾造访过亨利七世宫廷，伊拉斯谟还在剑桥待过几年。亨利八世的宫廷也具有国际气息，比如画家汉斯·荷尔拜因（Hans Holbein）和文森佐·沃尔普（Vincenzo Volpe）就在那里工作过。1519年，亨利任命巴伐利亚天文学家尼古拉·克拉策（Nikolaus Kratzer）为宫廷天文学家和钟表师，当时他已经是牛津大学的学者。

尽管与意大利的联系仍然很重要，尤其是在购买画作方面，但宗教改革使英格兰在宗教、思想及文化联系方面从南欧转向北欧。在宗教改革期间及之后，文化和思想的变迁都蕴含着转变的因素。然而，这种情况也包含着对既有环境和实践的延续，比如对圣乔治的崇拜（尽管不是对亨利六世的崇拜）便为莎翁戏剧提供了有关统治的一种背景。[2]同时也有实践上的新进展，特别是人们对盎格鲁-撒克逊时代的英格兰产生了新兴趣[3]，而这种兴趣也包括其语言，反映出了对拉丁语的抗拒，同时，英语已由都铎时期的剧作家发展起来，并被搬上舞台。书面英语在印刷时代变得同质化，大量作品被翻译成英语，而英语也大量借用了外来词。这一过程为莎士比亚戏剧提供了某种背景，这些戏剧表达了新兴民族国家的愿望与紧张气氛，而戏剧中的词汇和短语反过来又在语言中占据了重要地位。

《圣经》亦是如此。它在亨利八世时期被翻译成英语，并在教堂中被强制使用，此举产生了巨大影响，从莎士比亚对《圣经》短语的使用便可窥见一二。1604 年，詹姆斯一世成立了一个专家组，并于 1611 年完成了钦定本（Authorized Version），以作为《圣经》的权威译本。就像莎士比亚戏剧一样，钦定本被证明对英语的整体发展殊为重要，也让许多短语流行起来。

用英语呈现既有作品的进程也涉及了经典作品，例如，奥维德《变形记》（*Metamorphoses*）的翻译出版。[4]莎士比亚修辞的另一个主要来源是伊拉斯谟的《格言》（*Adages*），一部从经典作品翻译而来的段落合集。托马斯·诺斯爵士（Thomas North）翻译的普鲁塔克《希腊和罗马名人传》（*Lives of the Noble Grecians and Romans*）的英译本（实际上是依据法语译本的翻译）于 1579 年出版，乔治·查普曼（George Chapman）翻译的《伊利亚特》第一部分于 1598 年出版，其完整作品于 1611 年问世。查普曼还创作过剧本以及一首关于英格兰跨洋伟业的诗作《德·圭亚那》（*De Guiana*）。翻译被视为一项爱国任务。[5]莎士比亚能够利用大量的翻译资源，其中包括法语和意大利语故事。他使用了诺斯版的普鲁塔克作品，在《科利奥兰纳斯》和《安东尼与克莉奥佩特拉》中体现得尤为明显。古典主题在这一时期英格兰文化的其他方面也很重要，包括修辞、插图和母题等。事实上，对于一些评论家来说，莎士比亚作品或许在展现古典形式方面还不够充分。[6]

莎士比亚在其戏剧中非常关注历史，尤其是英格兰的历史，也关注罗马和苏格兰。终其一生，他都怀有一种更强烈的感觉，即过去与现在是不同的，是分离的。这种感觉与一种特殊历史意识的出现有关，这种意识首先来自文艺复兴时期的类型学和历史时代的演进观（古典—中世纪—现代），以及早期教会—中世纪教会—改革教会的相关新教提法，其中中世纪教会（即罗马天主教）乃是罪恶之地。在某种程度上，这种特殊历史意识的出现是人文主义普遍影响的一种体现，特别是它强调对经文和经典作品的字面而非寓言式解释，以及对文本准确性和清晰度的看重。

时间的重要性以及过去与现在的区别，都被更强烈地予以声张，也更易于被理解。历史地图——即描绘过去事件的地图作为有意识的历史陈述，立足于将过去视为一个独立领域的认识。约翰·斯皮德（John Speed）的《世界最著名地区鸟瞰图》（*A Prospect of the Most Famous Parts of the World*，1627）包括了"英格兰、威尔士和爱尔兰的内部战争和战斗的简要描述"，配有一张名为"自〔诺曼〕征服以来对英格兰和爱尔兰的入侵及其所有内战"的双页黑白地图，这张地图于1601年首次出版。该地图存有缺陷，尤其是它按照传统做法，将时间上相隔很远（实际上从五百多年前）的事件同时描绘在一起，所以，人们应该相对宽容地看待莎士比亚处理历史时代的方式。斯皮德的郡地图也包括了如战斗地点等历史信息。

第一部历史地图集出现在莎士比亚的有生之年，是一位著名制图师亚伯拉罕·奥特利乌斯（Abraham Ortelius）（1527—1598年）的作品。奥特利乌斯的《寰宇大观》（*Theatrum Orbis Terrarum*）于1570年在安特卫普出版，是一本关于当代世界的地图集，到1612

年已有大约40个版本。约翰·迪伊和理查德·哈克卢特（Richard Hakluyt）都有该地图集的副本，1609年詹姆斯一世曾买下一个藏有该地图集副本的图书馆。奥特利乌斯于1577年造访伦敦，与古物学者威廉·卡姆登（William Camden）、约翰·迪伊和汉弗莱·劳埃德（Humphry Llwyd）相识，并有通信往来。他对古代世界的地理也很感兴趣，尤其是莎士比亚笔下的所谓罗马世界时期。从1579年开始，奥特利乌斯在"附带插页"（Parergon）中提供了对古代世界最重要的空间描绘。"附带插页"是《寰宇大观》的历史描述部分，从1584年拉丁文版的12张图版增加到了1603年的38张。附文也出自奥特利乌斯之手。"附带插页"被翻译成法语、意大利语、德语和英语，《寰宇大观》英文版的"附带插页"部分包含43张图版，问世于1606年。"附带插页"对古典世界的描绘非常详细，尽管其对罗马而非希腊着墨更多。

　　在地图的排列组合上并没有给人以年代顺序的感觉。因此，亚历山大的征战地图之后便是尤利西斯[1]的旅行地图：历史由神话接续，在这一时期是司空见惯的混合。正如莎士比亚那样，奥特利乌斯也受到当时的关注点和当时图像的影响。亚历山大的舰队被描绘成由16世纪的船只组成，而在奥特利乌斯的罗马时期低地国家地图上，低地国家由属于哈布斯堡王朝的17个省组成。这创造了一种领土的连贯性，而在描绘早期历史时，这种连贯性是被错置的。

　　"附带插页"反映了人们对《圣经》世界的认知程度，而教师和王公们都认为古典文学是博雅教育的重要组成部分。这一点在沃尔特·罗利爵士的《世界史》（*History of World*）一书中得到了明确体现，该书内容止于公元前168年。[7]

---

[1] 希腊神话中的男子。

此外，除了对中世纪主题、体裁和文学的持续兴趣[8]，古物研究的特征中也有文艺复兴时期新文本主义的元素。盎格鲁-撒克逊研究者和制图师劳伦斯·诺埃尔（Laurence Nowell）（约1576年）在他16世纪中期的十三段英格兰和威尔士地图手稿中，用古英语给出了地名，并使用了古英语字母形式。诺埃尔的学生、肯特古物学家和制图师威廉·兰巴德（William Lambarde）（1536—1601年）不仅出版了英格兰第一部郡史《肯特郡漫游记》（*Perambulation of Kent*，1576），还绘制了一幅盎格鲁-撒克逊诸王国地图。这一工作指向了李尔王对其王国的分裂。1601年，伊丽莎白任命兰巴德为伦敦塔的记录保管员，并与他讨论过历史。[9]

此外，将时间与地点联系起来的愿望也越来越普遍。人们常说，地理是历史的重要补充——即第二只眼——但这些话在1580年以前（可能在以后）基本上都属虚夸之词。然而，有迹象表明，当时的兴趣和观念已发生了重大转变，尤其是对历史和地理之间密切关系有了更深的理解，一如彼得·黑林（Peter Heylyn）在《微观世界》（或曰《广阔世界的细微描述》）（*Microcosmus, a Little Description of the Great World*）中所展现的那样。他的另一著作《论历史、政治、地理和神学》（*A Treatise Historical, Geographical, Political, Theological*，1621）是根据在大学演讲内容编辑而成的。

莎士比亚戏剧假定受众对古典地理学已有一定了解，或至少不会被古典地理学所吓倒。因此，《配瑞克里斯》的完整名称为《泰尔亲王配瑞克里斯》，并将配瑞克里斯和国王安提奥克斯作为最初的重要人物予以介绍，国王的宫殿位于安提奥克，该剧序幕正确地指出其在叙利亚。以弗所、塔色斯和米提林也被列为故事发生地。《配瑞克里斯》主要取自希腊神话故事《推罗的阿波罗尼乌斯》（*Apollonius of Tyre*），故事发生在基督教之前的世界，狄安娜神庙在其中亦发挥了作用。地中海（包括爱琴海）在《泰尔亲王配瑞克里斯》中至关重要，不仅由于它是暴风雨情节的场景所在，还因为它是连接各地的纽带，这在《安东尼和克莉奥佩特拉》以及《错误的喜剧》中也有体现。所以，配瑞克里斯改变了前往塔色斯的路线，因为他已离开了塔色斯的海岸。他的女儿玛琳娜在海边被海盗绑架，并被带到米提林，在那里被卖去妓院。在她与配瑞克里斯团聚后，他们跟随狄安娜传达的幻象航行到达以弗所，配瑞克里斯在那里找到了其失散多年的妻子。将地中海作为参照相对较为容易，因为它不仅是英格兰人所知的古代世界场景，并被描绘在了地图上，而且也是他们所处的当代世界的一个场景。

古代世界的地理学也在其他戏剧中发挥了作用。因此，可以说《安东尼和克莉奥佩特拉》无论在概念上抑或政治上都是根据罗马和埃及的反差来编排组织的。然而，剧中涉及的地缘政治远不止这些。在第二场戏中，安东尼被他与埃及女王克莉奥佩特拉的关系所诱惑，被警告说罗马帝国正面临威胁：

> 拉卞纳斯——
> 这是很刺耳的消息——已经带着他的帕提亚军队
> 长驱直进，越过亚洲境界；沿着幼发拉底河岸，
> 他的胜利的旌旗从叙利亚招展到吕底亚和伊奥尼亚。
> （第一幕第二场）

这种描述实际上是对以波斯为基地的帕提亚人所发起挑战的一种夸大，但对同时代人来说，它捕捉到一种东方力量，并根据已知古典世界的景观定位了地理位置。帕提亚人被描述为从伊拉克（幼发拉底河流经之处）向伊奥尼亚前进，而伊奥尼亚是现代土耳其在

爱琴海沿岸的一部分。反过来，文提狄斯作为在叙利亚战胜帕提亚人的罗马胜利者，实际上名叫普布利乌斯·文提狄斯·巴苏斯（Publius Ventidius Bassus），乃裘利斯·凯撒的前上司，玛克·安东尼的盟友，他被描述为可以选择通过米底亚和美索不达米亚，也就是今天的伊朗和伊拉克来追捕他们。当提到埃及的亚历山大里亚时，它的位置也是众所周知的。

地　图

地图印刷在欧洲始于15世纪70年代，在16世纪欧洲成为大多数地图制作的中心。由于使用木版，地图可以更迅速地制作和更广泛地发行，因此，它作为一种为大众市场设计的版式是有利可图的。从16世纪中叶开始，木刻版画被铜刻版画取代，因为后者更容易校正和修改，不过两者对强调新奇和精确的地图制作皆很重要。与此同时，人们设计出了不同的地图投影，以回应西方对世界物理外形知识的扩展，最重要的当属佛兰德斯数学家和地图制作者格哈德斯·克拉默（Gerhardus Kramer）（1512—1594年）的工作，他的名字被拉丁化为墨卡托（Mercator）。1569年，墨卡托制作了一个将世界视为圆柱体的投影，这样子午线便是平行的，而不是像实际上那样汇聚在极点上。在这个投影中，两极被扩展成与赤道相当的周长。

地图成为应用型知识的一种关键形式，像地理书一样，知识可以在其中被积累、组织和调配。正如莎士比亚所示，这个问题可能会引起争议。在《特洛伊罗斯与克瑞西达》中，俄底修斯回应了埃阿斯和阿喀琉斯对希腊战争的批评，这些批评延伸到了"地图绘制者"身上：

> 他们斥责我们的政策，说成是懦怯；
>
> 他们以为在战争中用不到智慧；
>
> 先见之明是不需要的，唯有行动才是一切。
>
> 至于怎样调遣适当的军力，怎样估量敌人的强弱，
>
> 这一类运筹帷幄的智谋，
>
> 在他们的眼中都不值一提，
>
> 认为只是些痴人说梦，纸上谈兵。
>
> 所以在他们看来，
>
> 一辆凭着它的庞大的蛮力冲破城墙的战车，
>
> 它的功劳远过于制造这战车的人，
>
> 也远过于运用他们的智慧，
>
> 指挥它行动的人。（第一幕第三场）

　　地图愈发成为重要的国家政治与文化表现形式。在都铎王朝统治下，地图作为象征和现实的效力不断增强。1535年，当一幅描绘《圣经·出埃及记》路线的插图被印刷出来时，地图的权威性得到了强化。圣经故事借此被确证。地图的视觉效果鼓励了对它们进行展示，但地图也被制作并用于实际目的，包括政治、军事和经济目的。

　　从克里斯托弗·萨克斯顿（Christopher Saxton）生产的富有吸引力的地图便可看出地图制作的发展情形。他的早年生活几乎不为人知。萨克斯顿大约于1542年至1544年出生在约克郡，他学习过测量，并受王室监护法院（the Court of Wards and Liveries）测量师托马斯·塞克福德（Thomas Seckford）委托，绘制了各个郡的地图。塞克福德与伯利过从甚密，伯利收藏有大量地图，有些还是他亲手注释的，同时他也是劳伦斯·诺埃尔在16世纪60年代从事制

图和其他学术工作的赞助人。1576 年，枢密院指示威尔士的治安
法官和市长们在萨克斯顿旅行考察威尔士时给予一切协助。

　　萨克斯顿地图在随后两个世纪的复制中几乎没有任何改动，在
很大程度上是因为新的调查成本和努力似乎是多余的，这不仅是出
于商业原因，也是因为萨克斯顿地图的权威性。结果，地图出版商
取代了地图制作者。萨克斯顿的调查是约翰·诺登（1548—1629
年）等其他人绘制地图的基础。他们的地图进一步帮助建立和巩固
了各郡的视觉形象和意识。这是在向更广泛公众介绍并鼓励使用地
图时，体现特定图像传播程度的一个重要方面。戏剧也是如此，它
与地图、几何图形一样，都需要使表现形式发挥作用。[10]

　　莎士比亚剧中人物使用地图。在《李尔王》的第一场戏中，主
人公为了展示他如何在女儿们之间分配其王国，便拿起了地图。李
尔王告诉其中一个女儿戈纳瑞：

> 在这些疆界以内，从这条线到这条线，
> 所有浓密的森林、膏腴的平原、
> 富庶的河流、广大的牧场，
> 都要奉你为女主人。（第一幕第一场）

这段发生在前基督教时期的故事所描绘的使用地图之事在当时是不
可能发生的。然而，对于莎士比亚的读者来说，这种对地图的使用
是有可能的，尤其是因为英格兰的地图无论多么不精确，都足以达
到这种目的。

　　地图上的分区显然引起了莎士比亚的兴趣。在《亨利四世上
篇》中，反对亨利四世的阴谋者在班戈与"烈火骑士"亨利·珀西
会面，一开始他很懊恼，因为他"把地图忘了"。"烈火骑士"和威

尔士领袖葛兰道厄已经互相怨恨，随即又在各自预期收益的分配问题上争吵起来：

> **葛兰道厄**：来吧，这是地图。我们是否
> 按我们三方的协定把三方的权益作一个分配？
> **摩提默**：副主教已经把它很平均地分作了三份。
> 特伦特河以南、塞汶河以东的英格兰部分归我。
> 塞汶河以西的威尔士和这个范围内的肥沃土地
> 归奥温·葛兰道厄。划归你的，
> 亲爱的姐夫，则是余下的特伦特河以北的全部土地。
> **烈火骑士**：我觉得从这儿——伯顿往北分给我的土地
> 比你们少了些。你们看，这条河往我这边弯了进来，
> 把我最好的土地划出去了半月形的一大块。
> 我要把河水从这儿堵住，让特伦特河平静的银色流水
> 换一条平直的新河道，不让它绕这个大弯，
> 把这么富饶的河谷从我手里剡走。
> **葛兰道厄**：不让它绕弯？那怎么行，必须绕弯，
> 你看它原本就是弯的。
> **摩提默**：不错，但是你看它的走向，
> 在另一面也让我受到同样多的损失，
> 切去了对面一大片平川地，其损失跟你差不多。
> **华斯特（托马斯·珀西，烈火骑士的叔叔）**：不错，
> 只要花一点钱就可以在这里开辟一条新的河道，
> 让河水平直地流走，把北面这一片土地划进来。
> **烈火骑士**：我要它改道，花几个钱就可以办到的。
> **葛兰道厄**：我不同意。（第三幕第一场）

他们的争吵使得分割土地看起来很荒谬，而改变特伦特河河道的想法亦是如此。然而，使用地图是有启发性的。

实际上，在1403年阴谋发生时，阴谋者们不会这么做：因为当时地图还没有被广泛使用，而且地图的质量通常来讲也不够高，根本无法为阴谋者提供详细注解。相比之下，1597年的观众受益于印刷术对视觉图像的固定化，同时也反映出伊丽莎白时期地图的更广泛使用，让戏剧中这三个阴谋者参考地图的情节变得十分可信，而且完全可以理解来自英格兰北部的亨利·珀西因特伦特河河道对其份额产生影响引发的愤怒。

更普遍来说，观众希望知道或至少接受将地理参考作为对不列颠更广泛了解的一部分[11]，例如，《辛白林》中米尔福德港（Milford Haven）在威尔士；《理查三世》中说，哈弗福德韦斯特（Haverfordwest）、米尔福德港和布雷肯（Brecon）都在威尔士；而《亨利五世》中说哈莱克（Harlech）也位于威尔士。在《理查二世》中，观众见证了一场导致国王被推翻的战役，未来的亨利四世——博林布鲁克[1]，在约克郡的"雷文斯堡"登陆。随后，在"葛罗斯特郡荒野"，也就是在科茨沃尔德，博林布鲁克问第一代诺森伯兰伯爵亨利·珀西（在什鲁斯伯里被杀的"烈火骑士"的父亲）："此处距离巴克雷还有多远，大人？"他得到的答复是：

> 高贵的大人，不瞒你说，
> 我对葛罗斯特郡完全陌生。
> 这些高峻荒凉的山峦和崎岖不平的道路
> 使我们的征程显得漫长而且沉闷。（第二幕第三场）

---

[1] 即朱生豪译本中的"波令勃洛克"。

具有讽刺意味的是，对于珀西来说，科茨沃尔德实际上并不像是"荒野"：它们几乎无法与切维厄特山（Cheviots）或北奔宁山脉（northern Pennines）相比。这在很大程度上是莎士比亚以自己有限的经验为基准的一个例子。对于一个到过伦敦的斯特拉特福居民来说，科茨沃尔德可能会显得"高"和"野"，但对于更熟悉英格兰地理的人，尤其是对奔宁山脉甚而对湖区更为了解的人而言，科茨沃尔德就不是那样了。在《理查二世》中，身处巴克雷城堡外的博林布鲁克决定在布里斯托尔城堡内攻击理查的支持者。然后，战斗切换到威尔士，观众被认为已经知晓弗林特城堡的位置。

上演宗教与另一种戏剧的兴起

宗教变化是一个民族文化发展过程中更为突兀和变革性的变化因素。例如，宗教改革对既存的戏剧形式产生了直接影响，尤其是终结了神秘剧。如同壁画那样，它们以传统方式描绘了善恶世界。在1415年约克的基督圣体节戏剧里，库珀的盛大演出展示了"亚当和夏娃之间有一棵树，还有一条用苹果欺骗他们的蛇，上帝对他们讲话并诅咒这条蛇，一个天使则用剑将他们赶出了伊甸园"。宗教活力在宗教改革前的地方文化及许多形式中得到了明显体现。神秘剧与行会的活动、宗教和团体精神相联系，并使行会成员能够在其城镇的社会与政治议程中发挥作用[12]，该剧种在这一时期（尽管不是在伦敦）有所发展。约克的戏剧创作于15世纪60年代或70年代，托纳利/韦克菲尔德的戏剧写于16世纪20年代，切斯特和考文垂的戏剧创作于16世纪30年代。

在伊丽莎白统治下，这些神秘剧基本上走向了终结。在约克、考文垂和切斯特的最后一次有记录的演出分别是在1569年、1571

年和1575年，而1579年在约克和1591年在切斯特试图恢复演出的尝试俱以失败告终。然而，也有人反对这一变化。1600年，在离斯特拉特福不沅的图克斯伯里，教堂内仍在上演戏剧，晚至1576年，圣公会的圣餐杯（communion cup）仍未取代原来的圣杯（chalice）。神秘剧在兰开夏郡的兰开斯特和普雷斯顿一直延续到詹姆斯一世统治时期。[13]

另外还有其他形式的公共戏剧，比如一年一度的演出，又如，可能源自16世纪20年代的伦敦市长大游行。王室入城式的场面也堪称盛大。1599年，切斯特市长亨利·哈德维尔（Henry Hardware）

> 禁止仲夏节表演中出现巨人，不让披着羽翼的魔鬼为屠夫骑马，而是让一个同其他人一样的男孩骑马，还将杯子、罐子、龙和赤身裸体的男孩弃置一旁，却让一个全副武装的人在演出前代替他们上场。

这位市长改变了许多古老习俗，例如，为郡长的早餐而打猎以及仲夏节的巨人表演，并且取缔戏剧演出，逗熊游戏和逗牛游戏；直到下一任市长才恢复了包括圣乔治节在内的所有古老的游行。[14]

在神秘剧、传统游行、为伦敦行会演出的戏剧以及伊丽莎白时期英格兰戏剧的各个方面（包括莎士比亚的作品）之间都存在重要联系。这些联系涵盖精神宇宙，例如，魔鬼这一角色、故事情节、舞台特征、戏剧可利用的物品，特别是道具以及音乐。[15]同样，其他艺术也体现了连续性，包括教堂音乐，像复调唱法在许多教区一直持续到16世纪80年代。[16]

通过削弱或至少挑战对于表达的控制模式，宗教改革为戏剧

（尤其是在可覆盖范围内）提供了新的机会，尽管这并非改革者的意图。戏剧是从本土发展起来的，而伦敦是戏剧变革的首发地。职业剧院与伦敦有着密切联系。大剧院（Theatre）是英格兰第一家专门建造的公共剧场，于1576年由演员兼木匠师傅詹姆斯·博贝奇（James Burbage）在肖尔迪奇（Shoreditch）开业，其后，他于1577年经营了幕布剧院（Curtain），1587年和1599年又分别开张了玫瑰剧院（Rose）和环球剧院（Globe）。博贝奇的大剧院场地租约于1597年到期，于是他将之拆除，并用部分木材建造了环球剧院。

与伦敦城内的新公共建筑——如格雷沙姆交易所和证券交易所不同，这些剧院都位于城墙外，大剧院和幕布剧院位于肖尔迪奇，而玫瑰剧院和环球剧院则在泰晤士河南岸的萨瑟克。这是由于市政当局采取了反对戏剧的措施，这些措施是通过布道来宣扬的。从16世纪70年代开始，伦敦就颁布了一项禁止在公众场合演出的禁令，并于16世纪90年代开始实施。尽管如此，在1595年，每周约有1.5万人造访伦敦各个剧院，这个数字包括了大量不处于社会上层的人。可容纳2800人的环球剧院比之前的剧院能够容纳更多观众。而现代对于安全的要求意味着1997年开放的重建剧场只能容纳1400名观众。[1]

所有这些剧院都是基于带长廊的客栈庭院模式建起的露天圆形剧场。剧院里票价较高的地方是长廊内带顶棚的观众席，而票价一般为一便士的庭院场地则没有顶棚，那里的观众可能会淋雨。剧院代表了戏剧的制度化，类似于诸种交易所里的经济市场。17

另有一种占地更小且带有全覆盖顶棚的大厅式剧场，这类剧场

---

[1] 威尔·托什（Will Tosh）指出此处数据实际上应为"可容纳3000人的环球剧院"和"重建剧场只能容纳1600多名观众"，而非2800和1400人。威尔的说法更为准确。

容量更小，票价更高——通常是六便士。第一家此类剧场是1575年为圣保罗男子学校学生开设的保罗大剧院（Paul's Theater），而博贝奇的演出剧团从大约1606年开始在黑衣修士（Blackfriars）区使用另一家剧院，为莎士比亚提供了新的舞台机会。[1]由于其修道院背景，黑衣修士区成为一个代表宗教改革危机的场所。18尽管两种类型的剧院在成本上存在差异，但在观众方面却有很大重叠。19专门建造的场地鼓励专业化，这意味着需要更多戏剧来吸引观众。莎士比亚便是一位勇于接受挑战的剧作家。

来自富人的私人赞助——比如莱斯特伯爵剧团及其他剧团内受赞助的音乐家和演员以及富有机构的支持皆很重要。除此之外，公众的赞助以及商业市场的需求和机遇对文化发展至为关键，对戏剧而言更是如此。戏剧的题材范围很广，但那一时代伦敦的活力是一个常见话题，而城市社会群体的财富和自命不凡也是一个常见主题。伦敦人可以看到自己以及他们认识的人被呈现在舞台上。这种呈现不仅是对伦敦的描绘，也是对其他城市的描绘。因此，像雅典、以弗所、墨西拿、米兰、米提林、罗马、威尼斯、维洛那和维也纳等各个城市的社会动态都是莎翁戏剧情节的背景，而伦敦的社会动态至少在次要情节中有所展示。与此同时，把剧情设在国外提供了一种异域风情，连同莎士比亚的创作来源一道，有助于增加戏剧的趣味性。这些城市的名单清楚表明了剧情对古代和现代地中海的依赖，因此，这一假设的要点在于地中海文化在许多方面与英格兰相似，至少在某种程度上是同一文化的组成部分。

对伦敦的认同也适用于其他剧作家。本·琼森（1572—1637

---

[1] 据张泗洋主编《莎士比亚大辞典》（商务印书馆2021年版），博贝奇的演出剧团开始在黑衣修士区使用另一家剧院的年份不是1606，而是1609年。

年）可能出生在威斯敏斯特，并在威斯敏斯特学校接受教育，1628年接替托马斯·米德尔顿成为城市编年史家。[20]他那充满活力的戏剧《巴塞洛缪市集》(*Bartholomew Fair*，1614)以伦敦为背景，描绘了一个乡绅的智谋以及一个卖烤猪肉摊位的吸引力。

虽然同样表现穷人的困境，但戏剧及其所展现的德性主要囿于富裕世界之内，这是它逃避现实的一种体现。即使观众获邀去嘲笑腐败而好色的富人，比如米德尔顿的喜剧《齐普赛德的贞女》(*A Chaste Maid in Cheapside*，1611)中的沃尔特·胡沆得爵士，但地点同样设置在了伦敦。社会地位是戏剧的一大主题，但在戏剧和其他文化形式中，也有对社群和国家的自豪感与自我认同。书籍在其中发挥了重要作用，比如约翰·斯托的《伦敦考察记》。

书籍之所以重要，在于宗教改革强调地方语言，因此使得人们更容易理解和阅读《圣经》，这确保了在重要的布道之外，对善与恶的展现变得更加书面化，而不是口语化和视觉化。这种宗教信息轮廓上的变化在社会上向识字人群倾斜，因此使许多人感到困惑。另外，此种变化并没有减少人们从善恶间斗争的角度来理解其所处世界的需要。事实上，变化的冲击甚至可能助长了这种趋势。

莎士比亚的作品不仅反映了赎罪、复活和诱惑等精神主题，而且还反映了更具体的圣经故事、情节和语言；而观众的反应基于集体的宗教体验。例如，在《罗密欧与朱丽叶》最后一幕中，朱丽叶的苏醒体现了复活的概念。[21]由于设定在一个基督教信仰、信徒、参照物及争论的世界中，所以这些戏剧经常可以从宗教争论和信仰的角度来解读，就像《哈姆莱特》中伶甲和鬼魂的角色那样。这些角色与天主教和加尔文主义之间的差异有关，尤其体现在自由意志和圣餐变体论以及其他诸多方面上。[22]冒着过度分析这部从戏剧性场面中获得能量的戏剧的风险，哈姆莱特的痛苦困境在很大程度上取决于让故事展开并继续下去的需要，在聚焦于拒绝自己的母亲、在家庭中犯下谋杀和杀死篡位者等问题的同时，营造出戏剧性的焦虑。在一个分裂的基督教世界里，道德困境的复杂性也不可忽视。另外，由于需要将基督教与古典教义、设定、形象与例证调和起来，道德困境的复杂性进一步加剧。[23]这在以古代世界为背景的戏剧中表现得非常明显。

与此同时，在寻找政治参照物时也需要谨慎。观众的看法及他们对类比的理解证据是有限的，因此，"可能"和"也许"应是分析中的关键术语。政治和宗教的参照物不仅确实或潜在地令人不安，而且在一个分裂和恐惧的世界里，还可能存在法律层面的问题；但具体的参照物对同时代人意味着什么，不甚明了。这些观点也反映在戏剧的现代呈现上。例如，烟草工厂（Tobacco Factory）是布里斯托尔最令人印象深刻的剧团，它在充满活力的2017年出品的《奥瑟罗》宣传单中是这样描述该剧的：

> 《奥瑟罗》是莎士比亚在当代最令人惊心的戏剧之一，它精彩描绘了被种族主义和破坏性偏见撕裂的生活。西方殖民政权威尼斯，雇佣了新婚的穆斯林将军奥瑟罗，由他带领军队抵抗土耳其的入侵。融入一个被歧视、恐惧和不信任撕裂的社会的困难，很快就开始对奥瑟罗产生影响：在伊阿古的操纵下，他的生活迅速瓦解，他背叛了他所珍视的一切。《奥瑟罗》是一部真正永恒的戏剧，它以全新的方式向每一个社会发出了警告：这个警告在悲剧的结构中被编织，比以往任何时候都更加迫切，迫使我们超越种族、宗教或文化的分歧，承认我们普遍的人性。[24]

对今天而言可能是这样，但这能告诉我们有关1604年《奥瑟罗》上演时观众的情况吗？这个问题并没有考虑传单中对威尼斯作为西方殖民政权的误导性描述，尤其是它抵御奥斯曼帝国对信仰基督教的塞浦路斯的进攻计划，更没有考虑个人的背叛和动机在剧中的突出程度。关于奥瑟罗，问题的关键在于他是摩尔人，而非穆斯林。

莎士比亚的宗教信仰一直是人们争论的焦点，尤其是他从一个新教国家的民族英雄变成了某些叙述中的一个天主教徒，甚至是一个反宗教改革的活动家，尽管其他人对这种解释持有异议。实际上，有关他观点和立场的证据是零碎、间接和模棱两可的，并没有确凿证据可以表明莎士比亚的宗教信仰。莎士比亚的作品可以被解读为在面对国家强制的宗教变革时对正直的捍卫，这是一种天主教的方式[25]，当然，这种解释也会受到质疑。还有一种观点认为，《公祷书》所呈现的具象性圣餐教义为莎士比亚（和其他人）提供了一个政治模板，鼓励将政治象征与现实相分离。[26]这一时期的背景、经验和遗产既含有新教因素，也包括天主教因素，这种情况有助于凸显证据的模糊性。戏剧性效果（而非神学的复杂性和连贯性）在戏剧中脱颖而出，正如对鬼魂等神秘事物的处理一样。[27]

自由意志对抗决定论是一个传统的宗教主题，它仍然强大，并提供了戏剧性力量。海伦娜在《终成眷属》中观察到：

> 一切办法都在我们自己，
> 虽然我们把它诿之天意。注定人类运命的上天，
> 给我们自由发展的机会，只有当我们自己冥顽不灵，
> 不能利用这种机会的时候，
> 我们的计划才会遭遇挫折。（第一幕第一场）

自由意志和决定论之间的张力延伸到了剧院及其观众那里，尤其是剧作家、演员和场景设置在多大程度上试图引导观众的反应，但同时又不得不面对观众的独立选择能力。语言和场景设置看起来就像药物，而剧院则是由戏剧提供安眠药的场所。[28]

更重要的是，序幕和尾声往往展示了谦逊与机智，以及明确意涵与意义，使得观众的自由反应成为关键因素。普洛斯帕罗在《暴风雨》尾声作为一个主要的情节推动者，迫切需要这样的掌声：

> 不是终身被符箓把我在此幽锢，
> 便是凭借你们的力量重返故都。
> 既然我现今已把我的旧权重握，
> 饶恕了迫害我的仇人，请再不要
> 把我永远锢闭在这寂寞的荒岛！
> 求你们解脱了我灵魂上的系锁，
> 赖着你们的善意殷勤的鼓掌相助；
> 再烦你们为我吹嘘出一口和风，
> 好让我们的船只一齐鼓满帆篷。（第五幕第一场）

除舞台上的刻画之外，借助于更加逼真和数量更多的肖像画，我们得以看到作为个体的伦敦人形象，而我们却不常看到其15世纪祖先的模样。汉斯·荷尔拜因（1497—1543年）在16世纪早期画的肖像画颇为著名，但在16世纪后期创作的数量更多的肖像画则更为重要。其中不仅包括国家和宫廷的主要人物——最引人注目者是伊丽莎白一世，也包括那些地位较低的人。人们在莎士比亚生前创作了一幅他的肖像画，画中他戴着耳环。事实上，男性的装饰和展示在这一时期尤为重要，尤其是五彩斑斓的衣服既彰显了地位，也显示了对地位的野心，这种野心与《第十二夜》中的马伏里奥非常吻合。[29]

印刷物的世界

用地方语言印刷的《圣经》给了普通人思考上帝的机会，并从他们自身对圣经权威的理解角度来质疑传统教义。因此，与其说知识是如此的自由，不如说知识是要求自由的原因。民众并非被动接受更有权势者的政策和举措。然而，虽然宗教改革在很大程度上依赖于出版物的能力以克服传统上对思想讨论和传播的限制，但它也反映了国家的权力。新教礼拜仪式是通过《公祷书》（1549年）引入的，其中包含了每一场宗教活动所必需的祈祷和圣公会礼拜形式。议会通过了一项《信仰划一法案》，规定只有《公祷书》才能用于圣公会礼拜仪式，且所有礼拜仪式都必须使用英文。在1571年教士会议（国教的牧师会议）之后，主教座堂也获得了福克斯《殉道者之书》的副本，该书对玛丽统治期间被杀害的新教徒给予了雄辩有力的描述；[30]许多教区教堂也选择悉数照做。

到那时为止，民众读写能力和印刷革命对口头文化的影响尽管重要，但程度仍然有限。视觉体验依然不可或缺，其中也包括书籍。福克斯的《殉道者之书》有插图，这些图像可以说比文字更为有力，关于女巫的图像也发挥了同样作用。虽然这些图像助长了这个时代的焦虑感，但还有其他图像或许是令人快乐和慰藉的。视觉文化的重要体现也包括盛典与华服。

到17世纪，大约80%的伦敦工匠具有读写能力，但穷人、妇女和农村人口的识字率较低，甚至低得多。大多数人既不读书也买不起书。因此，印刷术加剧了社会分化，并为社会等级制下法令、思想和模式的流动提供了另外一种维度。这更加凸显出穷人缺乏表达自身的能力。当然，即使他们可能会受到嘲笑，但穷人也具有表达的可能性。在《仲夏夜之梦》中，波顿从他与童话世界的邂逅中醒来，宣告了童话世界的独特性，并试图通过一首将被朗诵的诗歌作品让子孙后代铭记之：

> 人们的眼睛从来没有听到过，人们的耳朵从来没有看见过，人们的手也尝不出来是什么味道，人们的舌头也想不出来是什么道理，人们的心也说不出来究竟那是怎样的一个梦。咱要叫彼得·昆斯给咱写一首歌儿咏一下这个梦，题目就叫做"波顿的梦"。咱要在演完戏之后当着公爵大人的面前唱这个歌——或者还是等咱死了之后再唱吧。(第四幕第一场)

有文化的昆斯是一位木匠，分配到了"皮拉摩斯和提斯柏"的角色，他创作并念了开场诗。波顿对感官的混乱有圣经的渊源，甚至他自己也模糊地意识到这是一个谜。

教育、印刷物、政府的影响以及伦敦的角色，都促使绅士们越来越多地从国家角度看待政治和社会。伦敦主导了印刷业，通过出自伦敦的印刷品，语言被标准化了，这减少了地方语言差异的影响。标准化关系到印刷业和资本之间相互关联的权威性。

印刷物的影响往往是间接和微妙的，但在形成设定方面却很重要。例如，印刷术通过简化和推动用于记录和存储禁令、信息与结果的过程，从而改变法律。为了取代口头传递信息和习俗具有的变动性，出现了对书面记录确定性和准确性的诉求。凭借着习惯法，一个基本算是口头的系统转变成了书面系统。这种变化提高了文本的威望及其作为一种已确认系统所具有的仲裁和作为解决办法的能力。莎士比亚在《终成眷属》中提到了一个新世界：

> 人家说奇迹已经过去了，我们现在这一辈博学深思的人，惯把不可思议的事情看作平淡无奇，因此我们把惊骇视同儿戏。当我们应当为一种不知名的恐惧而战栗的时候，我们却用谬妄的知识作为护身符。（第二幕第三场）

印刷过程中出现了文本上的变动，这主要是讹误、新版本带来的变化以及审查制度使然。然而，印刷术是一种将文本内容固定下来的方式，它有别于手写文本，甚而不同于口头传递信息和思想所造成的变动不居的不稳定性。因此，文本记忆以及作为一个整体的记忆的特性发生了变化。印刷品更具固定性的特征与公众对所发表内容做出更多的反应有关，而这种反应也可见于评注性印刷著作的发展。

报 道 与 谣 言

这一时期仍然繁荣的手抄本文化[31]和当时人将印刷文本视为不可靠之物的理解值得注意。[32]然而，与此同时，印刷文化带来了新的权威和新的授权过程。有人认为，印刷物的声望同现实与虚构之间的关系发展到新阶段有关，是以特定虚构思想的感知和力量形式出现的。[33]授权在一定程度上与审查有关，而审查服务于一系列目标，从宗教和政治控制，到试图将图书贸易作为一种商业活动加以监管，不一而足。然而，审查和许可不仅是限制的手段，也是合法化的手段，标明了值得尊敬之物的界限。许可包括授予具有商业价值的出版特权，这是专利权的一种变体。

这对新形式下新闻报道的发展至关重要。正如莎翁戏剧所表明的，许多新闻并非以今天看来非常聚焦的形式呈现。相反，它可能是重复和循环的，就像教区钟声敲响的时间周期，以及对熟悉的故事和迷信的反复讲述。这些活动在一个不甚安全的世界中为人们提供了某种安全感。新闻的频繁呈现，甚至每天呈现，并不代表世俗对宗教世界观的拒绝，相反，与戏剧有一些相似之处的是，新闻是社会的共同话题，是以连续性叙事的形式提供吸引力和解释。与此同时，印刷物、戏剧以及对记录和"讲述"时间的更大兴趣都构成了文化转向的一个方面。基于时间的出版形式的发展，如占星术出版物、新闻小册子和报纸，是这种转变的一部分。

因此，小道消息被赋予了新的形式和权威性。在更传统的形式中，小道消息是莎士比亚许多情节中的关键元素，尤其是喜剧，而在《奥瑟罗》中则被证明是致命的。正如《奥瑟罗》所展现的，小道消息存在于社会的各个阶层，经常引起权贵和强者的焦虑。

在英格兰，政府对谣言的关注始于1580年，其时，政府曾发布一份文告，反对谣言传播，因有谣言称菲利普二世和教宗即将入侵，而这些谣言确实是不准确的。报道的世界是由政府管控、企业活动和许多人决定购买、阅读和观看而塑造的，对他们来说，这些选择是对政治和/或宗教的肯定，同时也是兴趣的标志。在一种让人想起凯斯卡在《裘利斯·凯撒》（第一幕第二场）的演讲模式里，由（新）信息提供的知识分支——如占星术和"奇闻异事"的新闻体裁，可以被用作表达对时事不满的工具。在《亨利六世中篇》（第一幕第四场）中也使用了神秘学。

不管人们如何表达（包括在舞台上），传播的信息和意见并不局限于政府指导的控制体系或令人服从的等级模式中，本·琼森在戏剧《重要新闻》（*The Staple of News*，1626）中便曾发出过警告。试图控制不受欢迎的材料的流动传播，源于对印刷物在戏剧的政治、宗教和（在较小程度上）社会可能性的关注，包括它对那些无法阅读或负担得起进剧院观看但会受到有阅读能力者左右的人的影响。政府要求下的情报收集属性也会受到印刷物和戏剧的影响。

　　小册子、报纸和戏剧的发展是在一种更广泛的文化转变中发生的，其重点在于什么可以呈现为新闻：那些来自其他地方的信息。这种信息在16世纪变得更加突出，不仅伴随着公开或半公开形式（如手抄新闻信）的增加，而且也由于明显的日记作者越来越多，其中许多人的记录呈现了公共新闻趋于内化的趋势。这种与明确定义的新闻相接触的过程，特别是来自遥远地方的新闻在多大程度上与制度发展——比如公共邮政联系和商业通信系统的增加——而非文化变化有关，我们目前尚不清楚。

　　企业活动促进了一个过程，在此过程中不同的媒介加入其中、彼此重叠或又分道扬镳。在英格兰，"奇闻异事"体裁被用来描述天意故事，这种做法吸引了富有企业家精神的出版商。戏剧中的情节设计在我们看来或许是牵强附会的，但在阅读这类故事的读者看来却未必如此。然而，尽管天意故事仍然是报道的重要主题，不过，新闻和事实越来越多地与典范式文章（其中道德被视为定义准确性的标准，例如布道）区分开来。戏剧也是如此，尽管其回应了一系列体裁的可能性。政治信息成为一种有价值的商品，被新闻记者们用来赚钱，同时也为讽刺作品提供了素材，这些作品在某种程度上关注道德的内容与启示。[34]

　　人们对国内外新发展，尤其是自16世纪20年代以来国外的宗教冲突甚至战争的兴趣，使得信息传播更为广泛。这一过程受到政府和教会活动以及新闻翻译的激励。如同戏剧一样，出版物促进并利用了公共舆论具有的拔高、聚焦以及一定程度上的极化作用。16世纪80年代、90年代和17世纪20年代的政治争论更加激烈，反映了特定政治时期的独特议题并使其持续被讨论。因此，托马斯·德克尔在1606年为一种激进的新教辩护，在1603年詹姆斯一世即位和1605年火药阴谋之后，不论在国内和国际事务中，反天主教都被置于首位。"沙士比亚在《亨利四世下篇》序幕中将谣言搬上舞台，而谣言正是公共（和私人）舆论的某种体现。这在伊丽莎白统治时期就可见，但詹姆斯的宫廷以及他通过亲信进行统治的个人风格更加助长了谣言的出现。[36]

结　　论

印刷业中戏剧的出版是一个关键因素。这在很大程度上是莎士比亚作品被固定下来的一种方式，借此他（的作品）可以被识别，也可以被批评。1598年，莎士比亚的名字第一次出现在其印刷版剧本（四开本形式印制的《爱的徒劳》）的扉页上。原创的"全集"在莎士比亚死后才在1623年以"第一对开本"（First Folio）即大开本的形式出现。这是由莎士比亚的同事约翰·海明（John Heminges）和亨利·康德尔（Henry Condell）收集整理的，他们都是国王剧团的演员，莎士比亚曾为他们写过剧本。

出版的维度固然重要，但戏剧是要上演的；它们主要不是作为书面文本而被欣赏的。这种舞台表演涉及对当时作品和剧院限制的适应，但这些限制既提供了机会，也可能构成了阻力。此外，戏剧性还包括展示，这是构成戏剧视觉吸引力的重要组成部分。悲剧结束时庄重的游行或喜剧终场时的舞蹈这类展示是颇引人注意。庄重的游行和舞蹈都不是那一时期文化的新特征，但将它们设置于剧院内却是一种新尝试，人们付钱去看那些为商业目的而写就的戏剧也是新事物。民族文化的语境和内容都在发生着变化。

注释

1. D. Gray, *Simple Forms: Essays on Medieval Popular Literature* (Oxford, 2015).

2. J. Good, *The Cult of St George in Medieval England* (Woodbridge, UK, 2009).

3. R. Brackmann, *The Elizabethan Invention of Anglo-Saxon England: Laurence Nowell, William Lambarde and the Study of Old English* (Cambridge, 2012).

4. J. Bate, *Shakespeare and Ovid* (Oxford, 1993); A. Taylor, ed., *Shakespeare's Ovid: The "Metamorphoses" in the Plays and Poems* (Cambridge, 2000).

5. L. Oakley-Brown, *Ovid and the Cultural Politics of Translation in Early Modern England* (Aldershot, UK, 2006); R. S. Miola, *Shakespeare and Classical Tragedy: The Influence of Seneca* (Oxford, 1992).在更广阔背景下的讨论, K. Newman and J. Tylus, eds., *Early Modern Cultures of Translation* (Philadelphia, 2015).

6. J. Armitage, *Arbella Stuart: The Uncrowned Queen* (Stroud, UK, 2017), 170.

7. N. Popper, *Walter Raleigh's "History of the World" and the Historical Culture of the Late Renaissance* (Chicago, 2012).

8. G. McMullan and D. Matthews, *Reading the Medieval in Early Modern England* (Cambridge, 2007).

9. R. Warnicke, *William Lambarde: Elizabethan Antiquary* (Chichester, UK, 1973).

10. H. S. Turner, *The English Renaissance Stage: Geometry, Poetics and the Practical Spatial Arts 1580–1630* (Oxford, 2006).

11. J. Cramsie, *British Travellers and the Encounter with Britain, 1450–1700* (Woodbridge, UK, 2015).

12. G. Rosser, *The Art of Solidarity in the Middle Ages: Guilds in England, 1250–1550* (Oxford, 2015); N. R. Rice and M. A. Pappano, *The Civic Cycles: Artisan Drama and*

Identity in Premodern England (Notre Dame, IN, 2015).

13. D. George, ed., *Records of Early English Drama: Lancashire* (Toronto, 1991).

14. Anne Lancashire, *London Civic Theatre: City Drama and Pageantry from Roman Times to 1558* (Cambridge, 2002) and, ed., *Records of Early English Drama: Civic London to 1558,* 3 vols. (Cambridge, 2015); Anon., *History of the City of Chester* (Chester, UK, 1815), 282, 284–85.

15. H. Cooper, *Shakespeare and the Medieval World* (London, 2010); K. A. Schreyer, *Shakespeare's Medieval Craft: Remnants of the Mysteries on the London Stage* (Ithaca, NY, 2014).

16. J. Willis, *Church Music and Protestantism in Post-Reformation England: Discourses, Sites and Identities* (Farnham, UK, 2010).

17. D. Bruster, *Drama and the Market in the Age of Shakespeare* (Cambridge, 1992).

18. J. Shapiro, *1606: The Year of Lear* (London, 2015); S. Dustagheer, *Shakespeare's Two Playhouses: Repertory and Theatre Space at the Globe and the Blackfriars* (Cambridge, 2017).

19. A. Gurr, *Playgoing in Shakespeare's London* (Cambridge, 1987).

20. S. Gossett, ed., *Thomas Middleton in Context* (Cambridge, 2011).

21. B. Groves, *Texts and Traditions: Religion in Shakespeare, 1592–1604* (Oxford, 2007).

22. J. E. Curran, *Hamlet, Protestantism, and the Mourning of Contingency: Not to Be* (Aldershot, UK, 2006).

23. A. F. Kinney, ed., *Hamlet: New Critical Essays* (London, 2002).

24. 传单于2017年5月9日至13日在埃克塞特诺斯科剧院制作。

25. C. Asquith, *The Hidden Beliefs and Coded Politics of William Shakespeare* (New York, 2005).

26. T. Rosendale, *Liturgy and Literature in the Making of Protestant England* (Cambridge, 2007).

27. D. S. Kastan, *A Will to Believe: Shakespeare and Religion* (Oxford, 2014).

28. T. Pollard, *Drugs and Theater in Early Modern England* (Oxford, 2005).

29. E. Goldring, *Nicholas Hilliard: Life of an Artist* (New Haven, CT, 2019).

30. T. Freeman, "Fate, Faction and Fiction in Foxe's Book of Martyrs," *Historical Journal* 43 (2000): 601–23.

31. H. R. Woudhuysen, *Sir Philip Sidney and the Circulation of Manuscripts, 1558–1640*

(Oxford, 1996).

32. F. E. Dolan, *True Relations: Reading, Literature and Evidence in Seventeenth-Century England* (Philadelphia, 2013).

33. H. Turner, *The Corporate Commonwealth: Pluralism and Political Fictions in England, 1516–1651* (Chicago, 2016).

34. A. McRae, *Literature, Satire and the Early Stuart State* (Cambridge, 2004).

35. J. C. White, "Militant Protestants: British Identity in the Jacobean Period, 1603–1625," *History* 94 (2009): 154–75.

36. D. Coast, *News and Rumour in Jacobean England: Information, Court Politics and Diplomacy, 1618–1625* (Manchester, 2014).

十一　英格兰与欧洲

阁下字里行间仿佛是欲在外邦土地上面见国王或其使臣的外国王公。我们抛弃篡夺权力的罗马主教已有些时日，以至于此等事情似乎显得有些奇怪……经验表明，与法国和苏格兰的公开敌对或猜忌的友谊对我们没有任何损失；我们习惯了两线作战并赢取胜利……我们希望所有的王公贵胄都能意识到他们的权威，并憎恶罗马篡夺的权力……国与国之间的友谊不应受阻于宗教仪式的不同，因为我们都信仰同一个上帝与基督。

——护国公萨默塞特致红衣主教波尔的信，见C. S.奈顿编，《国务文书记事录》，保存于英国公共档案馆，第108—109页

红衣主教波尔是一位教宗使节（也是一位英格兰流亡者，事实上的约克家族后裔），在玛丽治下被任命为坎特伯雷大主教。[1]萨默塞特公爵爱德华是外甥爱德华六世时期的英格兰护国公[2]，他在给雷金纳德的上述信中捕捉到宗教改革对英格兰后来历史的影响。同时，英格兰与欧洲大陆的接触既愈发密切，又愈益疏离。除了不断

增强的民族认同感之外，还有一种模棱两可的矛盾心理，在后来伊丽莎白统治时期的对欧关系处理上可窥得一二。

民族独立的理念和实践是衡量伊丽莎白时代英格兰具有多少欧洲意识的尺度之一。在政治和军事上，尚存来自罗马和西班牙的威胁，以及逐渐形成关于法国宗教战争和荷兰起义所持立场的需要（包括军事干预）。天主教的反宗教改革、菲利普二世治下的西班牙霸权（特别是因法国内战而出现）、英格兰的继承权问题以及苏格兰和爱尔兰的归宿，这些因素结合在一起，使得英格兰不可能与其邻国隔绝。事实上，伊丽莎白和亨利八世治下所主张的"英国特性"在某种程度上可说是对充满敌意的国际环境带来严峻挑战的一种焦虑性回应。在经济上，他们在更广阔的欧洲寻找机会，其中包括俄罗斯和地中海。[3] 在宗教方面，许多英格兰人将目光投向新教或天主教的欧洲，特别是日内瓦或罗马。在文化上，法国和意大利文化成为令人着迷的壮游（Grand Tour）的目的地。

敌对的国际环境并非新鲜事。正如莎士比亚所展示的，外国统治者曾干涉过英格兰过去发生的内部分裂，特别是在约翰统治时期和玫瑰战争时期。莎士比亚认为这种干涉是不光彩的。在《约翰王》中，入侵的法国军队首领梅吕恩伯爵向对抗约翰的叛军透露，法兰西王太子路易即将背叛他们：

> 逃命吧，高贵的英国人，
> 有人拿你们做交易呢！
> 从叛变的险恶针眼里退出线来，
> 恢复你们已放弃的信念吧！
> 去找约翰王，跪在他的脚下去！
> 若是法国人得胜，

> 路易便打算砍掉你们的头，
>
> 用以报答你们的效劳。（第五幕第四场）

宗教改革的结果是外来干预的加剧，这既代表了国家独立的主张，也遭到了敌对的回应。在国家独立的主张中，亨利八世受到强烈支持。在《限制上诉法》（1533年）中，英格兰被宣布为一个独立的"帝国"，因此不受制于教宗或皇帝查理五世。莎士比亚在《亨利八世》（1613年）中对这位君主的统治予以描述时便是循着这一路径。该剧是莎翁与约翰·弗莱彻（John Fletcher）合作完成的作品，在20世纪长期被忽视，但它也使历史剧颇为危险地接近了当时的现实。

在该剧首演期间，当扮演亨利的演员上场时，人们为了助兴而放了大炮，结果茅草屋顶被点燃，环球剧院因此被火烧毁。这剥夺了观众听到大主教托马斯·克兰默说出颂词的机会，即对1533年出生的婴儿（后来成为伊丽莎白一世）所说的（虚构的）颂词，这是上天让他说出的颂词，其中预言她的美德将像凤凰一样在詹姆斯一世（当时在位）身上重生，并且：

> 他定会兴盛，
>
> 并且像高山上的松柏一样，
>
> 把他的枝叶伸向他周围的平原。（第五幕第四场）

当麦克白被女巫们拿班柯后代的样貌展示王朝未来时，就又是截然不同的另一番语境了。在《亨利八世》中上演的历史，不仅提供了阿拉贡的凯瑟琳的剧情，而且还提供了对当下的某种绚丽预期和正名，实际上是以一个差异极大的女性统治者样貌展现了一种强有力的合法化形式。[4]

这种做法是必然的，因为英格兰本身就处于一个充满敌意的世界里，宗教改革更使其身陷囹圄，而戏剧将王室的合法性与当前的斗争联系起来，并让它们与历史产生共振。最明显的是，在英格兰建立起新教教会的历史性以及相应的合法性成为新教和天主教争论者之间展开辩论的主题。为了弱化教宗的作用，1559 年至 1575 年担任坎特伯雷大主教的马修·帕克（Matthew Parker）在其著作《论不列颠教会的古老历史》（*De Antiquitate Britannicae Ecclesiae*，1572）中强调了不列颠教会存在年代之久远。教会坚持其主教所代表的使徒传承（apostolic succession），借以强调其与过去的一脉相承。而教宗的权威被认为是一种侵扰。与之相对，天主教徒则强调圣奥古斯丁[1]的皈依，他由教宗伟大的格里高利从罗马派遣而来。这些辩论一点也不抽象。辩论与教宗绝罚伊丽莎白并将其逐出教会的合法性以及反天主教立法有关，特别是与 1585 年和 1591 年针对神学院神父和耶稣会士的声明有关。

一种将英格兰与欧洲大陆区别开来的新的民族历史正在形成。这在很多书中皆有阐述，最著名者为霍林斯赫德的《编年史》（1577 年），它实际上是一部合作完成的书，在 1587 年又成功出版了更大部头的版本。这种传统的历史写作形式为剧作家和其他人提供了大量素材，其中一些素材因涉及的作家数量多而变得更加复杂多样。[5]在某种程度上，莎士比亚的作品符合这种语境。

与西班牙的战争（1585—1604 年）培育了民族意识，一如每

---

[1] 此处似作者原文有误。圣奥古斯丁（St. Augustine）一般指希波的奥古斯丁（354—430 年），其主要活动范围为北非，且比格里高利一世（540—604 年）要早。这里作者实际上指的应该是坎特伯雷的奥古斯丁（St. Augustine of Canterbury）。

年庆祝无敌舰队战败那样，为纪念民族历史提供了一个新的聚焦点。在《约翰王》（可能写于1596年）的最后一段演说中，私生子菲利普——即英勇的理查一世的私生子宣称：

> 我们的英格兰从没有也绝不会匍匐在
> 傲慢的征服者足前，除非英格兰自己先
> 戕害了自己。现在，她的王公们都已幡然
> 归来，即使从南北东三个方向都有人尖兵来犯，
> 我们也能叫来者胆战心惊。只要是英格兰
> 对自己忠诚，无论谁也难以叫我们悔恨。
>
> （第五幕第七场）

庆祝1588年无敌舰队战败是推进新的全国性庆祝日的一个方面，它让人回想起晚近的新教历史，并取代了早年间由圣徒纪念日占据的主导地位，在天主教国家，圣徒纪念日在肯定身份方面仍然发挥上述作用。[6]在每年的11月17日，教堂都会敲响钟声，庆祝1588年[1]伊丽莎白即位以及天主教统治的完结。1605年天主教火药阴谋的失败为每年11月5日提供了新的庆祝活动，因为这个日子传递出威胁和天佑的讯息。

英格兰和欧洲大陆之间的联系是多样且不断发展的。翻译作品及各类出版物带来了其他国家的信息，如乔治·诺斯（George North）的《瑞典、哥特兰岛和芬兰概述》（*The Description of Sweden, Gotland and Finland*，1561）。伊丽莎白统治时期，伦敦出版了许多新闻小册子，尤其通过出版商约翰·沃尔夫（John

---

[1] 原文如此，应为1558年。

Wolfe）的小册子，一个活跃的报纸世界呼之欲出。这些小册子连同其他小册子一道促成了一个低成本的印刷物市场，并鼓励企业家在短期出版物中寻求利润。1620年，第一批英文报纸从阿姆斯特丹传入伦敦。这些报纸鼓励了伦敦自1621年开始出版"科兰特"（"corantos"，新闻书或报纸）。上述新闻书或报纸很快便通过每周从伦敦发送的邮政服务，在英格兰各地广泛传播开来，从而增强了伦敦作为新闻中心的重要性，无论就其传播者地位还是形象而言皆是如此。

与此同时，英格兰与欧洲大陆的长期领土联系也被切断。继1453年失去在法国的领地后，1558年加来（自1347年以来一直是英格兰国王的领地）的陷落给英格兰带来了最后的余震，英格兰在一定程度上与世隔绝，这是几个世纪以来从未有过的情形。这对英格兰的外交形势和地位也产生了影响。根据1585年签订的《诺斯切条约》（Treaty of Nonsuch），英格兰在布里尔（Brill）和法拉盛（Flushing）驻有军队，两地成为其掌握的"警戒城镇"（cautionary towns），这是英格兰在荷兰反抗西班牙的独立战争中帮助荷兰的结果，并一直驻扎到1616年。英格兰于1658年从西班牙手中夺取了敦刻尔克，直到1662年敦刻尔克被查理二世卖给法国国王路易十四。除了这些例外，英格兰从1558年开始在欧洲大陆便没有了任何领地，直至1704年从西班牙手中夺得了直布罗陀这一非常重要的海港。

更重要的是，对大陆领地的关注和声索借口曾激励着英格兰的中世纪君主，并在亨利八世统治时期依然发挥着重要作用，但对伊丽莎白和她的斯图亚特继任者来说却不再有什么影响。伊丽莎白于1562年寻求归还加来，但两年后以失败告终继而放弃了这一努力。在与法王弗朗西斯二世、查理九世和亨利三世的兄弟安茹公爵

（Duke of Anjou）的婚姻谈判以及其他场合中，她再次寻求归还加来，但这个问题并没有得到重视。尽管英格兰统治者仍然自称是法兰西国王（直到乔治三世统治时期），但现在却在对其领地和关注之事的处理方面显得孤立，这是自1066年诺曼征服以来所未见的情形。

然而，英格兰的统治者和政治精英仍然与大陆事务存在紧密联系，在某些方面甚至比15世纪后期更加紧密。其中有两个重要方面，一是宗教改革的结果，二是因法国势力崛起，哈布斯堡家族与法国统治者间的争斗使低地国家对英格兰的战略意义日益增强。

宗教改革对英格兰与欧洲大陆宗教关系的影响是模糊不清的。一个旗帜鲜明且独立的英格兰国教会的成立，再加上与信奉新教的北欧而不是与罗马建立起新的宗教联系，导致英格兰与北欧地区形成了新的重要关系。此外，英格兰的外交政策也具有了宗教色彩。从16世纪50年代开始，宗教改革无法取得普遍成功的迹象已很明显，天主教会及其盟友予以坚决反击，因此，英格兰与海外新教徒的利益共同体意识迅速发展，尤其是与德意志北部诸公国和丹麦。[7]此外，在16世纪60年代早期，法国爆发了宗教暴力事件，随后英格兰于1585年正式介入荷兰起义。

法国新教徒（胡格诺派）的困境引起了世人关注，英军曾于1562年和1589至1597年被派遣至法国。伊丽莎白给予胡格诺派领袖纳瓦拉的亨利（Henry of Navarre），亦即1594年加冕为国王的亨利四世以相当大的支持，而且在亨利1593年重新皈依天主教后继续予以支持，这表明宗教并非女王的首要关注问题：她支持亨利在很大程度上是因为他反对西班牙，因为直到1598年，他一直在与西班牙交战。在《爱的徒劳》中，法国的宗教战争被记录在剧中大部分男性角色的名字里，其中包括"纳瓦拉"。据观察，在某种语境下使用"纳瓦拉"这个名字反映了对语言使用水平不可靠性的担忧，另外也包括使用时的延绵冗余。

就像英格兰外交政策展现的那样，原则与精明之间的相互作用作为政治复杂本质的一部分，为莎剧观众提供了背景。然而，在观看其戏剧时，观众并不总是需要利用这种背景。这种相互作用通常不会被置于显眼之处，因为莎士比亚经常呈现明智的权威人物，一如在《错误的喜剧》和《罗密欧与朱丽叶》中出场的统治者那样，而不是在探索权力的模糊性。此外，他常常是在道德层面上处理权力模糊性的问题，比如《量罪记》和《哈姆莱特》。体现在统治者及其谋臣身上的原则与精明间的相互作用，通常并不是关键问题。相反，道德描写是存在争议的，尤其是在对权力的追求中，正如安东尼奥和塞巴斯蒂安在《暴风雨》中表现的那样。一旦麦克白和理查三世掌握了权力，他们的目的便在于保留权力，而不是使用它。罪恶感是这种道德描写其中的一项元素，同时也是政治道德的组成部分，在剧中被鬼魂一角戏剧化了。

到目前为止，在回应上述及其他问题时，莎士比亚利用了其观众的设定以及他自己的知识。所以，他很可能使用了约翰·弗洛里奥（John Florio）的意大利语指南，从意大利的悲喜剧模式中获益，并将其本土化。[8]莎士比亚对历史资料的处理也是如此。

战争与政治并不是建立或表达民族认同的唯一方式。在《奥瑟罗》中，伊阿古唱了一首他在英格兰学来的饮酒歌，让气氛暂时得到了缓解。大概是为了博得观众的欢呼，伊阿古补充说：

> 英国人的酒量才厉害呢，
> 什么丹麦人、德国人、大肚子的荷兰人
> ——酒来！——比起英国人来都不算得什么。

凯西奥：你那英国人果然这样善于喝酒呢？

伊阿古：嘿，他会不动声色地把丹麦人灌得烂醉如泥，面不流汗把德国人灌得不省人事，还没有倒满下一杯，那荷兰人已经呕吐狼藉了。（第二幕第三场）

国家的边界实际上就是民族的边界，就这个术语的使用而言，它不是指现在的边界，这使得我们在应对"国家"或"民族"等名称时要多加小心。若将莎士比亚出生的1564年与现在进行比较的话，就会看到有必要谨慎使用"国家"等现代名称，而不能将其视为毫无变化。从那时起就有连续性的例子。就欧洲边界而言，尽管瓜迪亚纳河（Guadiana River）以东的一块地区在1801年被西班牙占领，但葡萄牙的边界基本保持不变。然而，"西班牙"是西班牙国王领地的简称，与今天的情况大不相同。西班牙皇帝查理五世/查理一世对广泛继承而来的遗产的划分，使在莎士比亚出生时，西班牙菲利普二世统治的领土包括了半个意大利（西西里岛、撒丁岛、那不勒斯、米兰-伦巴第和托斯卡纳沿海要塞城镇），以及由查理扩大的勃艮第遗产，即弗朗什孔泰（现属法国的贝桑松周围地区）和低地国家（主要是现代比利时、荷兰和卢森堡，也包括现代法国的部分地区，尤其是阿图瓦，但不包括列日采邑主教区）。

最后一个地方（列日采邑主教区）是众多教会国家之一，它的存在表明，神职人员统治的想法对天主教徒来说仍是一个可行的选择。这其实不是莎士比亚考虑的问题。他将历史上强大的英格兰神职人员搬上舞台，比如《亨利六世上篇》《亨利六世下篇》中的亨利·波福（温彻斯特主教）和《亨利八世》中的托马斯·乌尔西，但并没有像韦伯斯特在《马尔菲公爵夫人》（The Duchess of Malfi，

1612—1613）中塑造红衣主教那样展现出现代欧洲邪恶的天主教亲王主教（prince-bishops）。

当亨利八世寻求盟友对抗法国时，哈布斯堡王朝在低地国家的强大存在对其而言具有重要战略意义，但在菲利普二世统治下，英格兰人对低地国家的关注成为西班牙和英格兰之间爆发重大冲突的导火索。在莎士比亚生活年代的英格兰人看来，西班牙最大的对手或许是英格兰，但实际上却是法国。这一点在17世纪亨利四世统治下的强权复兴时体现得就很明显。事实上，在1595年，西班牙拥有10万名武装人员，而英格兰只有区区2万人。但是，在16世纪80年代和90年代初法国衰落之时，英格兰的确是西班牙主要敌人。1585年至1604年，英格兰在海上与西班牙交战，同时在低地国家、法国和爱尔兰也有交战。在与西班牙战争期间，总共有10.6万名士兵被派往海外。而在此之前的1539年至1540年间，法国与西班牙的联合曾对英格兰构成迫在眉睫的严峻威胁。考虑到莎士比亚的许多戏剧都是在1585年至1604年间一场漫长、艰难、明显难以驾驭的战争期间创作的，战争对许多戏剧而言皆很重要，可以构成如《无事生非》等非普遍意义上的战争剧的部分剧情背景，但颇令人意外的是，他并没有对当下或历史上处于威胁中的国家这一主题添加更多笔墨。

在莎士比亚出生前不久，法国在亨利二世统治下展开扩张，于1552年获得梅茨、图尔和凡尔登的亲王主教教区，1558年取得加来（来自英格兰）的亲王主教教区；布洛涅虽于1544年被英军攻陷，但在1550年重又被法国人收复。然而，法国至此还没有取得重大进展，一旦成真则将大大改变其东部边界：独立的萨伏伊公国（由皮埃蒙特和尼斯组成）直到1601年仍可达到索恩河畔；1766年以前，洛林是一个独立的公国，且在1737年以前由与法国敌对的公爵统治；法国在1648年仅获得阿尔萨斯，后于1659年吞并阿图瓦和鲁西永，1678年则将弗朗什孔泰收入囊中。上述大部分扩张地区曾属于公元9世纪从法兰克人那里继承建立的中王国之一部分。

在15世纪，也就是莎士比亚历史剧所展现的时期，这个历史上的中王国的很多地区在勃艮第公爵统治下获得国际范围的活力，成为向外扩张的国家，勃艮第公爵亦在这些戏剧所描述的事件中扮演了重要角色。勃艮第遗产的很大一部分由查理五世获得，随后又由他的儿子菲利普二世获取。因此，哈布斯堡王朝和瓦卢瓦王朝、西班牙和法国之间的斗争在某种程度上是延续了长期以来勃艮第和法国之间的冲突。然而，由于其好战的天主教信仰，菲利普无法采取勃艮第一贯所推行的有利做法，特别是针对亨利五世和约克家族的做法。

在北欧，瑞典的独立战争导致曾经将丹麦、瑞典、挪威、芬兰及其附属领土连为一体的卡尔马联盟在1523年瓦解，但留下的并不是《哈姆莱特》中描述的局面，而是两个相互竞争的国家。芬兰是瑞典王国的一部分，而丹麦国王统治着挪威、石勒苏益格和荷尔斯泰因，以及现代瑞典的部分地区，尤其是哥特兰岛和瑞典南部的斯堪尼亚地区。波兰是一个庞大的复合国家，包括现代立陶宛和现代乌克兰、白俄罗斯、拉脱维亚的大部分地区，以及对普鲁士公国（东普鲁士）的宗主权，后者由霍亨索伦家族的一个分支统治。

1564年的德意志、意大利和东南欧与今天的情况大不相同。巴尔干半岛由奥斯曼（土耳其）帝国统治，这是一个自1453年以来以君士坦丁堡（现代伊斯坦布尔）为中心的伊斯兰君主制国家，同时还统治着叙利亚（从1516年开始），埃及（从1517年开始），包括伊拉克在内的西南亚大部分地区，以及黑海北岸，而位于此地的克里米亚汗国从15世纪70年代开始即为一个独立国家。奥斯曼帝国征服了匈牙利大部分地区，在1526年苏莱曼大帝取得在莫哈奇（Mohacs）的胜利之后，奥斯曼帝国与哈布斯堡王朝的势力得以直接接触，而当奥斯曼帝国在1529年围攻维也纳失败时，更加剧了此种态势。

　　这些历史背景使得奥瑟罗而非莎士比亚笔下的许多其他战士能与土耳其人作战。然而，《理查二世》却讨论了第一代诺福克公爵托马斯·毛勃雷在1398—1399年间的命运。现实中他死在威尼斯，目的只是为了去耶路撒冷朝圣，但在莎士比亚戏剧中，卡莱尔主教却说道：

> 被放逐的诺福克曾经多次高举着
> 基督教的十字旌旗，在基督徒光荣
> 的沙场上为主耶稣而战。他打击
> 邪恶的异教徒、土耳其人、撒拉森人，
> 饱经战火，备尝辛苦，后来在意大利
> 退休，把他的遗骨留给了那片快活的
> 土地，把他纯洁的灵魂交给了他的主帅
> 基督——他曾在他的旗帜下长期战斗。
>
> （第四幕第一场）

在与土耳其人的对照中，卡莱尔还预测，如果理查被推翻，英格兰将陷入混乱：

> 英国人的鲜血化作地里的肥料，
> 使世世代代的子孙痛苦呻吟，

> 而土耳其人和异教徒却可以高枕无忧。
>
> （第四幕第一场）

这也是对当下的一个警示，以鼓励人们支持伊丽莎白。

哈布斯堡王朝也受益于莫哈奇之战，因为波希米亚王国和匈牙利王国从1490年开始就统一在同一顶王冠下，而随着国王路易二世在莫哈奇死去，哈布斯堡王朝能够获得奥斯曼帝国未能征服的土地。结果，哈布斯堡王朝在现在奥地利和斯洛文尼亚大部分地区的地位得到加强，这不仅包括后来成为哈布斯堡王朝一部分的匈牙利（现代斯洛伐克的大部分地区和现代克罗地亚和匈牙利的部分地区），还包括波希米亚和摩拉维亚（现代捷克共和国），以及西里西亚（现代波兰西南部）和卢萨蒂亚（位于柏林东南方向）。

自1438年以来，每一任奥地利哈布斯堡王朝统治者都会被选为神圣罗马帝国皇帝，这为他（从来都是男性）在帝国中提供了一定的权威，只不过实际权力较少罢了。有时被称为神圣罗马帝国的这片地区，与现代德国、奥地利、荷兰、比利时、瑞士、捷克共和国和意大利北部的大部分地区大致重合。在这些地区，主权遭到分割，大量领地诸侯——主要是世俗王公，但也有一些教会领袖，以及如法兰克福和汉堡这样的帝国自由市，在帝国宪法的松散范围内行使着有效权力。

欧洲大部分地区由世袭君主统治，因此，其政治也会受到所谓专属王朝统治（proprietary dynasticism）的影响。在他们自己和大多数评论家看来，最重要的基督教王朝当属哈布斯堡王朝。在莎士比亚的有生之年中，瓦卢瓦家族以及1589年亨利四世即位后的波旁家族统治法国；都铎王朝和其后的斯图亚特王朝统治英格兰；瓦萨家族统治瑞典；斯图亚特家族统治苏格兰；霍亨索伦家族统治勃兰登堡；韦廷家族统治萨克森，维特尔巴赫家族统治巴伐利亚；美第奇家族统治托斯卡纳。如此等等，一直延伸至德意志和意大利的小公国。这些公国可能不会被赋予多少权力，但统治它们的家族，比如曼图亚的冈萨加家族和帕尔马的法尔内塞家族，却都有着自己的王朝目标，与他们更显赫的对手一样雄心勃勃。事实上，他们因缺乏权力而强调精心操纵联盟系统，这种操纵被剧作家视为马基雅维利式欺骗和复仇悲剧的一种体现。

　　最显著采取选举君主制的要属神圣罗马帝国和罗马教宗职位，同时还包括波希米亚、匈牙利等一众国家，从16世纪70年代开始，波兰也加入此列，但英格兰从未采用，而且选举制也永远不会成为解决英格兰王位继承问题的办法。瑞士联邦、威尼斯和热那亚是主要的共和国。在1564年，威尼斯统治着一个仍然庞大的帝国，范围包括塞浦路斯、克里特岛、爱奥尼亚群岛、达尔马提亚和意大利东北部的大部分地区，尤其是布雷西亚、克雷莫纳、帕多瓦、维洛那和维琴察等城市。热那亚则统治着科西嘉和利古里亚。

　　莎士比亚出生于1564年，而新一波影响欧洲大部分地区的宗教战争也于此间爆发了，尤以16世纪60年代的法国、低地国家和不列颠群岛为著。尽管出现叛乱少不了精英阶层内部紧张关系等因素的推动，但每一次叛乱都与宗教不满有关。此外，作为一个体现伊斯兰威胁性的显著事例，1568年格拉纳达起义最终被残酷镇压，大量摩里斯科人（显然是从伊斯兰教皈依基督教的摩尔人）被屠杀。

　　在低地国家，作为统治者的西班牙菲利普二世（伊丽莎白的姐夫，前任女王玛丽一世的丈夫）不受欢迎的宗教和财政政策，以及他对荷兰贵族诉求和利益的漠视，导致了1566—1567年的骚乱，继由阿尔巴公爵率领强大的西班牙军队重新平定。对英格兰人而言，这种平叛成了残暴军事力量和最残酷暴政的有力形象和现实情形。在低地国家，有超过1000人被处决，大约6万人被流放。莎士比亚历史剧中的英格兰流亡者似乎便是对莎翁时代欧洲大陆新教徒流亡者的映照。

在沙士比亚一生的大部分时间里，英格兰如何应对荷兰起义是政府面临的一个关键问题。由于大臣们的不同观点和公众的广泛关注，这也成了一个政治问题。伯利特别强调谨慎行事，而莱斯特和沃尔辛厄姆则支持干预。

由于国王查理九世（苏格兰女王的丈夫弗朗索瓦二世之弟）转而反对胡格诺派，因此，在1572年8月23日至24日晚的圣巴托洛缪大屠杀中，法国胡格诺派（新教）领袖及其数千名追随者被杀害，这进一步加深了天主教在镇压荷兰起义时所表现出的残忍。它也为马洛创作其令人不安的戏剧《巴黎大屠杀》（The Massacre at Paris）提供了素材，该剧大约于1594年出版。此外，这一事件展现了一个莎士比亚经常使用的情节点——特别是在其历史剧中，即，不同国家的关系是不断发展演进的：阿尔巴从法国干预的风险中解脱出来，专注于1572年荷兰的新一轮叛乱活动。

战争不仅牵涉战场上的战斗，还涉及更广泛的活动，其中一些活动捕捉到了人类互动的阴暗面。宗教活动、教育、出版、审查、婚姻、家庭和济贫皆是战场，同时也被时人视为战场。这场冲突既关乎"软"实力，也关乎"硬"实力，这是莎士比亚在讨论权力时捕捉到的一个元素。这也难怪1534年由依纳爵·罗耀拉（Ignatius Loyola）建立的耶稣会（或称耶稣会士）会被视作一个准军事的天主教组织。第一批耶稣会传教士埃德蒙·坎皮恩（Edmund Campion）和罗伯特·帕森斯（Robert Parsons）于1580年到达英格兰，此举让政府有所警惕。次年，坎皮恩被捕，他抵抗劝服和严刑拷打，终以叛国罪被处决。1594年，帕森斯出版了《论英格兰王位的继承》（*A Conference about the Next Succession to the Crown of England*），在书中，他力推一位西班牙贵族作为伊丽莎白的继承人。

"硬"实力和"软"实力是相互叠加的，例如，在低地国家和法国，神职人员遭到双方屠杀，礼拜者即便不被杀，也会受到恐吓。同样，偶像破坏对新教徒夺取教会控制权的过程也很重要。对所有宗教冲突而言至关重要的是民众参与暴乱和屠杀活动的程度。出于对民众行动的担忧，政府建立了防御工事。不过，莎士比亚对这种暴乱的思虑是由政治暴力而非宗教暴力带来。

长期来看，荷兰起义推翻了菲利普二世在北部省份（现代荷兰的基础）的统治，但在当时人口更多、经济更发达的南部（现代比利时的基础），他却有可能重新掌握控制权。这在很大程度上要归功于一支西班牙的地方武装——弗兰德斯军，自1579年以来在其杰出指挥官帕尔玛公爵亚历山大·法尔内塞指挥下取得不俗战绩，包括1585年夺取了安特卫普。然而，菲利普的代表也必须做出让步，以达成一个能被富有影响力并信仰天主教的瓦隆（Walloon）贵族所接受的解决方案。相比之下，作为国家的荷兰在经济上由荷兰省的城镇所主导，尤其是阿姆斯特丹，这种主导地位形成了与南部省份不同的社会政治情形。

帕尔玛的成功掩盖了先前的想法，即西班牙的对手法国可能会通过将低地国家主权交给安茹公爵弗朗西斯以寻求安全，弗朗西斯是法王亨利三世在世的弟弟，他自己也是伊丽莎白的追求者。1580年，安茹公爵获得了这一主权，1581年，法国人试图就这桩婚姻进行谈判。伊丽莎白以极为模棱两可的方式予以回应，她明确表示的是希望与法国结盟，而不是结婚。亨利三世回复到，两人必须结合在一起，但伊丽莎白只愿意给1581—1582年留在英格兰的安茹公爵钱财和一个吻。政治上无能的安茹在荷兰被证明是失败的，他于1583年前往法国，并于1584年去世。第二年，伊丽莎白同意向荷兰提供7400名士兵和每年126000英镑，直到战争结束，只可惜这笔赠款在1585年至1587年被指挥官莱斯特伯爵罗伯特挥霍殆尽了。

与此同时，法国国内纷争的根源，尤其是宗教分裂、贵族派系斗争和王室的软弱依然存在。1584年12月，天主教联盟[1]正式与菲利普二世结盟，外国的干预使局势变得复杂化。16世纪80年代，法国的王权和威信崩塌，1589年达到最低点。无子嗣的天主教国王亨利三世（苏格兰女王玛丽的丈夫弗朗索瓦二世的另一个弟弟）在围攻巴黎失败时被一名天主教狂热分子暗杀，此前他被天主教联盟中更激进的城市分子赶出了巴黎。

西班牙和英格兰随后以支持对战双方介入了在法国发生的战争，英格兰人在布列塔尼和诺曼底当地产生了重大影响，但没有实现人们寄予的厚望。然而，在皈依天主教后，波旁王朝的第一个国王纳瓦拉的亨利巩固了权力，并于1594年加冕为亨利四世。尽管现代学者对他是否真的说出了"巴黎值得一场弥撒"这句话存有争议，但这句话所表达的情绪反映了他的政治实用主义。亨利收买了重要的天主教贵族，承认他们的地方权力基础，从而削弱了天主教联盟，并在1598年的《南特敕令》（Edict of Nantes）中通过向新

---

[1] 法国宗教战争的主要参与方、该联盟由第一代吉斯公爵亨利创立和领导，旨在阻止胡格洛派夺权，维护天主教徒的礼拜权利。后同联盟内部分裂和纳瓦拉的亨利的有效对抗措施而逐渐瓦解。

教礼拜仪式让步来满足胡格诺派教徒，实现了国内和平，但同样在那一年，法国与西班牙实现和平的条件却是接受西班牙的霸权。这一条件使西班牙在延绵不绝的战争中可以对荷兰人和英格兰人施加压力。然而，詹姆斯一世在1604年与西班牙达成协议，而西班牙的财政重负也带来了1609年与荷兰人的十二年停战协定（Twelve Years' Truce）。

莎士比亚后半生，英格兰的局势确实发生了一定程度的变化，法国宗教战争以及法国与西班牙的战事在1598年双双停止，英格兰与西班牙的战争于1604年结束，奥地利与土耳其的战争在1606年终结，而荷兰与西班牙的战事也于1609年告一段落。自1604年之后，在莎士比亚的余生里，英格兰没有再卷入战争，而欧洲大陆也已偃旗息鼓。

然而，"警报"仍在时时作响。1610年，莱茵河地区的于利希-克利夫斯（Jülich-Cleves）继承危机似乎预示着法国与西班牙之间的大规模冲突，直到法国国王亨利四世在巴黎费隆内里街（Rue de la Ferronnerie）被天主教狂热分子弗朗索瓦·拉瓦亚克（François Ravaillac）刺死，才避免了这场冲突。这一幕本可为莎士比亚戏剧增光添色，对这一弑君行为的惩罚也会达到同样效果：拉瓦亚克被四马分尸。尽管围绕于利希-克利夫斯的大规模战争得以避免，但荷兰、法国和神圣罗马帝国军队以及德意志王公的新教联盟也都参与了敌对活动。此外，在1618年"三十年战争"爆发之前，神圣罗马帝国（德意志和哈布斯堡王朝的土地）、意大利北部和法国都局势不稳。1611年，波希米亚议会与哈布斯堡王子利奥波德大公（Archduke Leopold）率领的军队发生冲突。1613年至1616年，威尼斯与奥地利交战；1613年，萨沃伊-皮埃蒙特的查尔斯·伊曼纽尔一世入侵蒙费拉托；1614年，荷兰与西班牙军队在莱茵兰对峙。同样是在1614年，亨利的儿子——法国的路易十三率领军队向南进军，在法国南部一块独立领地贝阿恩（Béarn）强行确立其权威，这是一块王家封地，但并不允许举行天主教礼拜仪式。其对手面对南下的军队惊慌失措，眼看着贝阿恩正式被吞并。贝阿恩与莎士比亚提到过的纳瓦拉有共同边界，同时也靠近他提及过的鲁西永（Roussillon）。

因此，若考虑到所有这些冲突，很容易会理解为什么莎士比亚同时代人会把更广阔的世界看作是混乱的，暴力是永远存在的前景，且构成了人们追求其他方面（比如浪漫和贸易）生活的背景。然而，直到"三十年战争"于1618年爆发，继又在1620年至1621年大规模扩大，焦虑和宗教对抗的主题才在英格兰强烈复苏。[9]

在更遥远的地方，俄罗斯在"恐怖的"伊凡四世（1533—1584年在位）统治下成为扩张性国家，16世纪50年代，英格兰与其建立了贸易联系。1552年，伊凡四世征服了喀山，1556年占据了阿斯特拉罕，但他没能在波罗的海赢得统治地位。伊凡吞并利沃尼亚（现在拉脱维亚的大部分地区）的企图被巴托里·斯特凡（Stephen Báthory）挫败，此人乃是精力充沛的波兰国王（1576—1586年在位），他从1578年开始进行阻击并取得成功，并迫使伊凡在1582年媾和。俄罗斯也没能打败瑞典人。在《冬天的故事》中，受审判的赫美温妮说道："俄罗斯的皇帝是我的父亲。"（第三幕第二场）。

丹麦国王克里斯蒂安四世是詹姆斯一世的姻亲，1606年，他对英格兰进行了为期三周的国事访问。考虑到波罗的海混乱的强权政治局面，莎士比亚在《哈姆莱特》中表现出的动荡景象也就不足为奇了：挪威国王（当时是丹麦的一部分）的侄儿福丁布拉斯在其伯父劝说下没有攻打丹麦，而是转而进攻波兰人。哈姆莱特向福丁布拉斯军队中的一名队长询问行军目标，被告知道：

> 我们是要去夺一小块只有空名
> 毫无实利的土地。
> 叫我出五块钱去把它租赁下来，
> 我也不要。（第四幕第四场）

欧洲的政治地理没有耗尽莎士比亚时代英格兰的空间观念和表达范围。事实上，基本的观念形式每周都在教堂和集市上得到重申。前者使得一种跨越天堂与地狱的地理世界观得到充分表达。而更广泛的包括伊斯兰世界在内的宗教地理也同样如此，不仅有阿尔及尔和耶路撒冷，同时还有新教的地缘政治，覆盖了从所谓反基督的教宗到新教的共同信仰者。威尼斯在《威尼斯商人》中参与了与犹太人的互动，《奥瑟罗》的背景位于塞浦路斯，在1570年至1571年土耳其征服之前，它是威尼斯的殖民地。实际上，这一故事情节来自意大利作家詹巴蒂斯塔·吉拉尔迪·钦齐奥（Giambattista Giraldi Cinzio）的故事集《寓言百篇》（*Hecatommithi*，1565）。《奥瑟罗》的情节则结合了另一种不同面向，在主角的塑造上，出现了一个皈依基督教的摩尔人。

赶集日提供了一种与众不同的地理。它们关注的是当地对空间联系的理解，尤其是斯特拉特福和沃里克等城镇与其腹地之间的联系。同时，城镇之间的联系亦可作为补充。这些空间联系既是对分割管辖之各郡的补足，又与之相冲突。在更高的层面上，还存有英格兰内部的地区认同问题。北方边区委员会（Council of the North）的终结意味着尚未形成具体的制度形式，例如，可以与覆盖某些区域、作为个体的法国高等法院（*parlement*）或帝国（德意志）巡回机构相比较的某种制度安排。1569年北方伯爵起义的彻底失败证明，大贵族们没有掌握足够强大的权力以采取区域政治行动。尽管如此，像在东盎格利亚、西部乡村或"北方边区"，仍有区域的概念，"北方边区"是历史剧中常会引起动荡的区域，特别是《亨利四世上篇》《亨利四世下篇》，同时这些区域内也存在许多条块分割，无论是在经济、政治、治理、社会还是宗教等方面皆如此。地区内部和地区之间的联系并没有受到交通发展状况的影响，因为与其他方面相比，莎士比亚死后一个世纪的交通进展较为缓慢。当时的道路连接依然很差，也几乎没有建成多少运河，距离影响了人们的体验，并为确定性和信心设置了现成的障碍。

另一种关于空间的概念与物理运动的概念截然不同，它来自像塞西尔家族这样的血缘集团或大家庭。亲属关系极为重要。这是王朝统治的一种体现，在莎士比亚戏剧中被反复讨论，涉及血统、父母关系和婚姻，就像《罗密欧与朱丽叶》所展现的那样。这些联系也可以具有空间维度，让来自不同地区的人物汇入一种关系之中。空间和时间由此联结在一起，亲缘关系则有涉于血统问题。由于家庭通常会在同一地区居住很长时间，所以这一过程也与邻里关系有关。

总的来说，莎士比亚认为他的观众对欧洲的地理熟稔于心。夏洛克谈到安东尼奥时说："他有一艘商船开到特里坡利斯，另外一艘开到西印度群岛，我在交易所里还听人说起，他有第三艘船在墨西哥，第四艘到英国去了。"（第一幕第三场）作家假定这些提及的内容都是可被理解的，就像摩洛哥亲王提到他的肤色（第一幕第七场）以及他代表苏丹苏莱曼大帝（1520—1566年在位）与波斯（伊朗）萨法维王朝作战一样。

也许这些细节对观众来说并没有那么重要，实际上远没有提供明显的距离感和差异性。在《冬天的故事》的开头提到"我们的波希米亚和你们的西西里有很大的不同",放在今天就是捷克共和国和西西里岛的差异。实际上,在莎士比亚的有生之年中,这些地方都是由哈布斯堡家族的不同分支,即奥地利和西班牙的分支统治的,他们的关系并不是敌对的。莎士比亚也曾错误地将波希米亚描述为"荒乡"(第三幕第三场),安提贡纳斯的船曾到达过其海岸:波希米亚是既肥沃又遥远的内陆。他自然是根据他的资料进行描绘,但所有可见的地图都表明这是错误的。

在《量罪记》中,涉及欧尔博、弗洛斯和庞贝的冗长案件让安哲鲁评论道:

> 这样说下去,就是在夜长的俄罗斯
> 也可以说上整整一夜。(第二幕第一场)

有时,这种距离感会带来诗意的效果,比如在《理查二世》中,国王驱逐了他的堂弟博林布鲁克以及后者的对手——第一代诺福克公爵托马斯·毛勃雷。博林布鲁克与他的父亲兰开斯特公爵冈特的约翰讨论了这次放逐。后者敦促博林布鲁克把它当作一次逍遥游,并补充道:

> 上天目光所到之处
> 对智者都是快乐的避风港。

冈特的约翰鼓励儿子要通过重新想象来体验要去的地方。博林布鲁克则问道:

> 谁能心想着冰雪的高加索山
>
> 便敢把炭火握在手里？（第一幕第三场）

高加索地区当时是诸帝国竞相争夺之地，奥斯曼人（土耳其人）、萨法维人（波斯人）和俄罗斯人都试图统治该地区。剧中人物的语气即使变得轻松些，但依然刺耳，就像在《错误的喜剧》中，锡拉丘兹的德洛米奥把耐尔描述为"厨房里的丫头"，她是《爱的徒劳》（第五幕第二场）中"油腻的琼"的另一版本。耐尔太油腻了，"要是把她身上的破衣服和上面的油腻点着了，可以足足烧过一个波兰的漫长冬天"——换句话说，就是极为漫长而寒冷的冬天。正如博林布鲁克所说，寒冷有助于固定位置。德洛米奥将球形的耐尔比作地球仪，并声称：

大德洛米奥：我可以在她身上找出世界各国来。

大安提福勒斯：她身上哪一部分是爱尔兰。

大德洛米奥：呃，大爷，在她的屁股上，那边有很大的沼地。

大安提福勒斯：苏格兰在哪里？

大德洛米奥：在她的手心里有一块不毛之地，大概就是苏格兰了。

大安提福勒斯：法国在哪里？

大德洛米奥：在她的额角上，从那蓬松的头发，我看出这里很乱，人民拿起武器在造反，向自己的王储打仗。

大安提福勒斯：英国在哪里？

大德洛米奥：我想寻找白垩的岩壁，可是她身上没有一处地方是白的；猜想起来，大概在她的下巴上，因为它和法国是隔着一道鼻涕相望的。

大安提福勒斯：西班牙在哪里？

大德洛米奥：我可没有看见，只感到她嘴里的气息热辣辣的，大概就在那边。

大安提福勒斯：美洲和西印度群岛呢？

大德洛米奥：啊，大爷！在她的鼻子上，她鼻子上点缀了许多红玉和玛瑙。

大安提福勒斯：比利时和荷兰这些低地国家呢？

大德洛米奥：啊，大爷！那种地方太低了，我望不下去。（第三幕第二场）

以弗所、墨西拿、维洛那和维也纳几乎不是特定戏剧的关键地点，相反，它们与经济有关。对于《错误的喜剧》中的以弗所来说，这是一个据称能够让神秘学发挥作用的城市（实际上它并没有），而不是一个详细的城市景观。与此同时，就像其他戏剧的场景一样，以弗所作为被描绘的场景，对于动作以及人物塑造、描述和戏剧的特定动态来说都是必要的。有时候，与地理位置的偏离是显而易见的，即使这并没有破坏情节。如在《维洛那二绅士》中，明显缺乏关于地点的统一性，事实上，对于统治者的身份——无论是公爵还是皇帝——也是如此。

在场景设置方面重复出问题的地方往往是法庭、码头和市场，而不是整座城市。尤其是第一个，剧作家允许故事脱离环境，当剧中的统治者被流放时也可看到这种情形，比如《皆大欢喜》和《暴风雨》。《暴风雨》的故事发生在一座荒岛上，地点在一场神奇的风暴中消失了，而《无事生非》的故事则发生在西西里岛的墨西拿，这远不如它们涉及法庭的类型时来得重要。《哈姆莱特》也是如此，这部复仇悲剧本可以发生在意大利或其他任何地方，而不是必须发生在丹麦。其主要材料来源是由丹麦历史学家写就的一个挪威民间故事，然后被翻译成了法语。在《亨利六世上篇》中，信使甲于亨利五世葬礼上公布的失守的法国城市名单，重在让人对失败的情境留下深刻印象，而不是出于准确：

> 吉耶讷、香槟、兰斯、奥尔良、巴黎、
> 纪索、普瓦捷全都失守了。（第一幕第一场）

在那个舞台上，这是一种夸张，也是一种节略手法。亨利是在1422年去世的，但信使乙却带来了查理七世在兰斯加冕的消息，事实上，这是在1429年发生的事情，而信使丙也报告了塔尔博特在帕泰的失败。实际上巴黎直到1436年才被法国人占领。

　　这并不是说莎士比亚的戏剧——尤其是那些非历史剧是无地点的，而是说观众不需要为这个场合带入太多东西。不过，这倒是将人们的注意力引向了他们确实带入的东西：对一个迅速变化的世界的认知（和知识水平），而随着探险所揭示的事物越来越多，欧洲的政治也处于巨大变动之中。地理、历史和政治汇集在一起，为虚构和真实的人类戏剧提供了场景。

注释

1. J. Edwards, *Archbishop Pole* (Farnham, UK, 2014).

2. C. S. Knighton, ed., *Calendar of State Papers Preserved in the Public Record Office: Domestic Series, Edward VI, 1547–1553* (London, 1992), 108–9.

3. M. Fusaro, *Political Economies of Empire in the Early Modern Mediterranean: The Decline of Venice and the Rise of England, 1450–1700* (Cambridge, 2015).

4. T. Merriam, *The Identity of Shakespeare in "Henry VIII"* (Tokyo, 2005).

5. P. Kewes, I. Archer, and F. Heal, eds, *The Oxford Handbook of Holinshed's Chronicles* (Oxford, 2012). 关于一名不追求名声的古董商, 参见, J. D. Alsop, "William Fleetwood and Elizabethan Historical Scholarship," *Sixteenth Century Journal* 25 (1994): 155–76.

6. J. A. Marino, *Becoming Neapolitan: Citizen Culture in Baroque Naples* (Baltimore, 2011).

7. D. S. Gehring, *Anglo-German Relations and the Protestant Cause: Elizabethan Foreign Policy and Pan-Protestantism* (London, 2013).

8. J. Lawrence, *"Who the Devil Taught Thee So Much Italian?": Italian Language Learning and Literary Imitation in Early Modern England* (Manchester, 2005); M. Marrapodi, ed., *Shakespeare, Italy and Intertextuality* (Manchester, 2004).

9. S. Brietz Monta, *Martyrdom and Literature in Early Modern England* (Cambridge, 2005).

十二　普洛斯帕罗所处的更广阔世界

　　随着伦敦作为一个跨洋港口的发展，莎士比亚戏剧的观众看到了更广阔的世界。当船只停泊在泰晤士河上时，它们从事着贸易，并从那里出海获取和销售货物。到那时为止，还没有合适的湿船坞（wet dock）好让船只可在任何潮汐或河流状态下安全地卸货。小型船只仍然可以穿过伦敦桥逆流而上，停靠在昆希德（Queenhithe）和文垂（Vintry）附近很多较小的码头，但随着船只体积的增大，伦敦桥下游的码头变得愈发重要。事实上，伦敦的第一个干船坞（dry dock）是1599年在罗瑟希德（Rotherhithe）建造的，随后是1614—1617年在布莱克威尔为扩张中的东印度公司建造的另一个干船坞。下游锚地从昆希德和比林斯盖特到德特福德、沃平和拉特克利夫的不断转移，为航运提供了更大的空间，从而增加了贸易能力。

　　贸易公司的成立使得广大参加者更易于筹集资金和分担风险。1591年，英格兰第一次远征印度洋，结果却铩羽而归，但荷兰在1598年和1599年的航行却获得了利润，这驱使英格兰人做出新的尝试。1600年在伦敦成立的东印度公司，是莎士比亚有生之年里英国最重要的长期发展事业之一。它奠定了英格兰人以及后来不列颠人在印度洋及附近陆地和海洋扩大权力与影响力的基础。该公司于1601年发起了第一次航行，1604年又进行了一次航行。返航所花费的时间延误了利润的获取，这导致出现现金流问题，而股份制结构有助于解决这一问题。这种结构分散了风险，在某种程度上使《威尼斯商人》中的安东尼奥得以从夏洛克手中获救。张伯伦勋爵剧团也是一家股份公司，利润由包括莎士比亚在内的投资者分配。这家非常有凝聚力的剧团即是一种相对稳定的组织形式。

东印度公司是一家特许垄断贸易机构，就像与西班牙的私掠战争一样，是与政府形成"伙伴关系"的一个例子。随着绅士阶层的作用越来越大，这种方式也更普遍地出现于英格兰国内。其他类似的公司还包括到俄罗斯做生意的莫斯科公司（1555年）和前往奥斯曼帝国的黎凡特公司（1581年），以及一些不那么成功的公司，例如前往西非地区的几内亚公司（1618年）。1609年，詹姆斯一世来到这里参加东印度公司商船"贸易增长"（*Trade's Increase*）号的下水仪式，这是英格兰航运业在那个时期——尤其是自16世纪80年代以来大规模扩张的重要一步。贸易增长得益于英格兰充足的木材供应，但也给其带来了压力。通过贸易带来的货物或远或近，有一些具有异国情调，如麦克白夫人提到的"阿拉伯香料"（第五幕第一场）。在追寻"富庶的东方"（《麦克白》第四幕第三场）的商品时，荷兰的竞争也是一个严峻的问题。16世纪60年代，约翰·霍金斯（John Hawkins）和/或他的船员将烟草从新大陆引入伊丽莎白时代的英格兰。1573年，曾有人提到英格兰出现了吸烟现象。

在莎士比亚的有生之年里，由于西方的探索，世界发生了巨大变化。至少对一些人来说，这有助于让他们认识到，随着时间的推移，变化是一个转型的过程，而不是像人们普遍认为的是一个循环的过程，从而产生了一种现代化和现代性的感觉。就后者而言，其自出现直到现在，为人们提供了一种时间及相应的空间描述，而在这两个标准（时空）之间却存在着显著差异。

中世纪背景为英格兰都铎王朝的继承观念奠定了基础。传统上，耶路撒冷是世界的中心，正如它是基督徒朝圣的灵感来源一样。耶路撒冷代表了历史上的关键事件，即基督的救赎使命，它同时也是人类空间的中心。1421年，亨利五世曾说要远征耶路撒冷，但和他的父亲一样，诸事阻碍了他的计划。然而，在莎士比亚的有生之年，耶路撒冷在文化素材和政治讨论中的重要性已经小得多了。他从来没有描写过参加十字军东征的英格兰君主理查一世和（作为继承人的）爱德华一世。

除了宗教象征意义之外，在中世纪的世界地图（*mappae mundi*）以及有关欧洲以外的土地——特别是撒哈拉以南非洲地区的描述中，也描绘了奇妙的生物。这些生物在《奥瑟罗》中也有重现，主人公描述了他早期的旅行，包括他曾

> 在傲慢的敌人手中
> 被俘为奴。

他曾看到

> 那些突兀的崖嶂、巍峨的峰岭，
> 还有彼此相食的野蛮部落和
> 肩下生头的化外异民。（第一幕第三场）

这类描述可以追溯到古典时期，并使人联想到一个已知世界是被一

种神秘的存在所笼罩的。

文艺复兴激发了人们对古典世界的兴趣，这便让莎士比亚能在其受教育过程中吸收到更详尽的地理知识。在《安东尼与克莉奥佩特拉》中，凯撒在罗马告诉他的部下将佐，安东尼在克莉奥佩特拉的首都埃及亚历山大里亚已经瓜分了中东：

> 他宣布以克莉奥佩特拉
> 为埃及帝国的女皇，
> 全权统辖叙利亚、塞浦路斯和吕底亚各处领土。
> ……当场他又把王号分封他的诸子：
> 米太、帕提亚、亚美尼亚，
> 他都给了亚历山大；
> 叙利亚、西利西亚、腓尼基，他给了托勒密。
> ……他们现在正在召集各国的君长，
> 准备进行一场大战。
> 利比亚的国王鲍丘斯、卡巴多西亚
> 的阿契劳斯、巴夫拉贡尼亚的国王
> 菲拉德尔福斯、色雷斯王哀达拉斯、
> 阿拉伯的玛尔邱斯王、本都的国王、
> 犹太的希律、科麦真的国王密瑟里台提斯、
> 米太王坡里蒙和利考尼亚王阿敏达斯，
> 还有别的许多身居王位的人。（第三幕第六场）

这是一个展现无限东方力量的版本，它将文艺复兴时期人们对古代世界的兴趣与马洛在其戏剧《帖木儿大帝》中所描绘的东方风格戏剧联系在一起，该剧于1587年在伦敦上演，并取得了巨大成功。

该剧借助希律王而引入了基督教故事。

与此同时，探险和旅行提供并确认了新的地理信息。在《无事生非》中，培尼狄克在西西里岛的墨西拿提出了这句令人印象深刻的话，当时他确信自己宁愿远行，也不愿与贝特丽丝交谈：

> 我现在愿意到地球的那一边去，给您干无论哪一件您所能想到的最琐细的差使：我愿意给您从亚洲最远的边界上拿一根牙签回来；我愿意给您到埃塞俄比亚去量一量护法王约翰的脚有多长；我愿意给您去从蒙古大可汗的脸上拔下一根胡须，或者到侏儒国里去办些无论什么事情。
>
> （第二幕第一场）

最后一个地方指的是撒哈拉以南的非洲，一如提到祭司王约翰那样。在《第十二夜》里，费边说："您在她的心里就像荷兰人胡须上悬着的冰柱一样。"（第三幕第二场）这是指威廉·巴伦支（William Barents）在1596年至1597年间在北极新地岛（Nova Zembla）北部一带的航行。

在15世纪，对黄金的兴趣促使葡萄牙探险家沿着西非海岸向南航行。同时，宗教也是一种动力，葡萄牙人——特别是航海家亨利王子在对耶路撒冷的再征服中寻求盟友来对抗伊斯兰教。这一再征服运动被视为耶稣再临的重要起步，是教会的承诺，也是千禧年思想家的目标。同样，克里斯托弗·哥伦布在1502年第四次航行到加勒比海之前编写的《预言书》（*Book of Prophecies*）中认为，世界末日将在155年后发生，而他自己的发现也在《圣经》中早有预言。他希望通过向西航行找到一条通往亚洲的航线，筹集资金夺回圣地，从而救赎基督教世界。收复耶路撒冷是一个关键主题，这表明十字军意识形态在16世纪仍具有重要意义。

　　哥伦布在1492年向西航行，他本以为是前往日本，结果却到达了西印度群岛。这一信息被迅速传播，1493年的第二次航行意义重大，因为它帮助建立起一条可行且可重复的航线。1519年至1522年，费迪南德·麦哲伦开始了第一次环球航行（尽管他于途中在菲律宾宿务岛被杀），这极大地影响了人们对地球形状的理解。这是第一次环绕南美洲南端的航行（1520年末），随后又实现了第一次有记录的穿越太平洋的航行，当然，波利尼西亚旅行者早已经在太平洋上进行过长途航行，而有关中国人环球航行的报道乃不实之词。

　　麦哲伦开启的环球航行也证明了新信息需要新方式来展示和探讨。它使地球仪（实际上是基础地图）成为了解世界的更显著工具，从而提醒人们需要愈发注意在描绘世界时所使用的投影。地球仪的概念在莎翁戏剧中被反复使用。出现在《亨利四世下篇》序幕的"谣言"——他会披着一件带有舌头图案的斗篷——宣称：

> 我把风儿当做我的驿马，
> 从东方奔向低垂的西方，
> 不断报道着地球上的种种活动。

奥布朗在《仲夏夜之梦》中说：

> 我们环绕着地球，
> 快过明月的光流。（第四幕第一场）

作为夜间的球体，月亮也是神秘的象征。在同一部剧中，赫米娅提到了一个引人注目的画面，但她认为这个画面本质上是不可信的，即月亮穿过地球上的一个洞：

> 我宁愿相信
> 地球的中心可以穿成孔道，月亮
> 会从里面钻了过去，
> 在地球的那一端跟她的兄长白昼捣乱。
> （第三幕第二场）

在《特洛伊罗斯与克瑞西达》中，俄底修斯提到混乱将有"毁灭这宇宙间的和谐"的危险（第一幕第三场）。在《错误的喜剧》中，锡拉丘兹的德洛米奥以更常见的方式描述了"厨房里的丫头"耐尔："从她屁股的这一边量到那一边，足足有六尺半；她的屁股之宽，就和她身子的长度一样。她的身体像个滚圆的地球。"（第三幕第二场）

新信息显示出还有多少东西有待发现，因为地球必须被填满。通过提醒人们注意太平洋的大小，环球航行不仅明确了地球的大小，而且明示了还有多少地方有待绘制。在麦哲伦穿越太平洋的航线的北部或南部，可能存在着大片陆地，这促使人们提出一种观点，即南半球被认为也有必要存在大片陆地，以平衡北半球更大的已知大陆。尽管南方大陆并没有真正被发现，但在地图上却对其进行了描绘，有时甚至标出了一整套地名。由于船上的观测者只能看到人眼所允许的距离，然后再辅以望远镜，所以太平洋的大部分地区仍然是人们猜测的对象。

对于莎士比亚戏剧的观众来说，英格兰人的探索才是最值得关注的。在莎士比亚的有生之年里，英格兰人与世界的直接互动得到了极大的扩展，除了其他探险的新闻之外，这当中的关键名字包括德雷克、卡文迪什、弗罗比歇、戴维斯、哈得孙和罗利。这种探索在戏剧中留下了回响，比如在《温莎的风流娘儿们》中，当约翰·法尔斯塔夫爵士思考两个女人的魅力和财富时，错误地认为这两个女人都渴望着他："她是圭亚那的一个地区，盛产黄金。我要去接管她们两人的全部富源，她们两人便是我的两个国库；她们一个是东印度，一个是西印度，我就在这两地之间开辟我的生财大道。"（第一幕第三场）因此，《温莎的风流娘儿们》中提到了南美，与《亨利四世》中福斯塔夫所描述的地理截然不同。

在这部剧中，莎士比亚借鉴了罗利在1595年对现代委内瑞拉的探索，这一探索使其写出了《发现庞大、富裕和美丽的圭亚那帝国》（*The Discovery of the Large, Rich and Beautiful Empire of Guiana*）（1596年）一书。罗利认识剧作家马洛和数学家哈里奥特，并为搜集海外旅行信息的哈克卢特出谋献策。在寻找黄金国（El Dorado）[1]的过程中，罗利声称在奥里诺科河流域发现了黄金。他继续致力于探险活动，例如，他在1596年和1597年分别派出过船只，并维护英格兰人在该地区的利益。尽管1604年英格兰已经与西班牙通过谈判达成和平协议，西班牙声称对整个地区拥有主权，但在17世纪10年代，罗利仍把注意力集中于此。1617年，他不顾詹姆斯一世的反对，组织远征队攻击西班牙人，但却没有发现任何金矿。罗利回国后即被斩首，这与伊丽莎白时代的社会风气截然不同。

海 上 命 运

在《维洛那二绅士》中，潘底诺提到了那些追求自我提升的年轻人：

---

[1] 指西班牙传说中的一个富饶之地，也常用来形容人们寻求财富和成功的理想之地。

> 有的投身军旅，一试命运；
> 有的到远洋去发现海岛。（第一幕第三场）

起初，英格兰人不如西欧其他国家人做得好。从不列颠群岛向西航行时，会在那一纬度地区受到盛行的西风带影响，这阻碍了通往美洲的航行。相比之下，葡萄牙人和西班牙人从更远的南方航行到加勒比海时，从顺风中受益匪浅。此外，不列颠群岛上的居民缺乏亚速尔群岛、马德拉群岛和加那利群岛这样为葡萄牙人和西班牙人进入大西洋提供的"垫脚石"，而在不列颠群岛北部，维京人早先曾受益于法罗群岛、冰岛和格陵兰岛。此外，英格兰人也无法与葡萄牙人和西班牙人的扩张传统相提并论，后二者在与穆斯林的长期战争中以牺牲异教徒作为代价，实际上在1415年开始向非洲扩张时也采用了这种方法。

尽管如此，不列颠的岛屿特征以及渔业和对外贸易的突出地位使得海上传统得到了良好的发展。无论是在海上还是在内陆捕鱼的行为都比20世纪要普遍得多，更遑论21世纪了，这有助于解释与之相关形象的共振。莎士比亚对捕鱼的关注要少于对贸易的关注。然而，在《泰尔亲王配瑞克里斯》中，遭遇海难的亲王被三个乐于助人、热情好客的渔夫救了起来。配瑞克里斯说道：

> 这些渔夫们借着海中的水族做题目，
> 把人类的弱点影射得多么恰当！（第二幕第一场）

伦敦即是从泰晤士河口以及北海进口鱼类。[1]

近海的航海经验远比今日更容易转化为深海活动。到15世纪晚期，每年都有100多艘英格兰船只勇闯北大西洋，并进行为期

6个月的往返旅程，航行到冰岛捕鱼或购买鳕鱼。这些航行促进了英格兰造船业的发展，也使人们对北大西洋的洋流和风向——特别是对3月到5月短暂的东风季有了更多了解，东风季使得船只可以航行到冰岛。该项贸易主要由赫尔、东盎格利亚，尤其是金斯林和布里斯托尔主导，但在某些年份里，英国东西海岸的其他港口也发挥了作用，包括波士顿港、达特茅斯港、格里姆斯比港、纽卡斯尔港和斯卡布罗港。

在16世纪，前往更为遥远的纽芬兰捕鱼已经发展起来。到冰岛捕鱼的方式强有力地持续到17世纪，在此基础上，赴纽芬兰捕鱼的业务最终使得每年都有大量船只和人员横渡大西洋并返回，这为未来的活动奠定了两个重要基础：第一，关于大西洋航行的知识，特别是洋流、风向和北大西洋的海岸线；第二，一种认为航海横渡大西洋乃寻常之举的感受。葡萄牙人、法国人和巴斯克人最初在赴纽芬兰捕鱼的业务中最为活跃，但从16世纪70年代开始，英格兰人开始发挥更重要的作用，到16世纪末，每年有数百艘英格兰船只航行到那里。英格兰和西班牙的菲利普二世（从1580年起也是葡萄牙的菲利普一世）之间的冲突也延伸至这片遥远的海域，英格兰人和法国人以牺牲葡萄牙人和巴斯克人为代价赢得了胜利。

鳕鱼是捕捞的主要目标，被带回的数量足以打击在北海的鳕鱼捕捞业。在纽芬兰开展的渔业不仅包括捕鱼，还包括陆地上的活动，特别是为保存鱼类所必需的腌制和晾晒，这些活动带来沿海基础设施的发展，包括码头、洗涤笼、晾晒平台和储存鱼肝油的油缸。腌制和晾晒也增加了渔业对劳动力的需求，而这并不能依靠贝奥图克（Beothuk）原住民，他们人数很少，而且还在与欧洲人争夺鱼类。原住民被视为像《暴风雨》中卡列班一样的生物，屈林鸠罗把他描述为"一条奇怪的鱼"，实际上就像一条干鳕鱼

（第二幕第二场）。同样，荷兰画家弗雷德里克·卡梅勒（Frederik Kaemmerer）在1865年造访巴黎时也提到了"街头小贩，他的牛皮外套让他看起来像一头野兽"。[2]

由于原住民的敌对态度，他们不得不依赖来自英格兰西南部的劳动力。这种依赖有助于扩大海上活动的影响，因为除了经验丰富或"专业"的渔民之外，还可以利用人们普遍的挣钱需求，又因渔业在某种程度上是一个不那么专业化的劳动力行业，因此能够通过一般劳动力市场获得劳动力。因此，农民和商人转向海上，以贴补他们的收入，在纽芬兰开展的渔业为跨洋世界带来了季节性的劳动力流动，这对英格兰的就业是非常重要的，当然，航行的长度使得船只和海员除了捕鱼，很少能从事其他活动。另外，渔业的劳动力需求和航行的长度也增加了对资本的需求。

随着时间的推移，渔业变得更加复杂，因为鱼的来源、技术和市场的可能性都得到了探查，投资被引向正在被证明是重要利润来源的地方。起初，船只从英格兰出发，然后停泊在港口，随后派出小舟（25到30英尺[1]的船，分段运输）去捕鱼，而一旦被捕获，鳕鱼会被轻微腌制、洗净、晾干。然而，有些船只会驶往近海浅滩，在那里，人们用大量的盐把鳕鱼保存在船舱里：这是某种"湿"或"绿色"渔业，这种渔业生产的产品更易腐烂，但需要的劳动力更少。人们所需要的盐是从伊比利亚半岛或地中海——特别是撒丁岛获得的，这增添了渔业衍生的多样化航行模式，同时也强调了该行业的资金需求。这些资金需求扩大了渔业在英格兰的影响，尽管船只和人员通常来自小港口，但大港口的商人，尤其是伦敦的商人，在融资和营销贸易中扮演着关键角色。这指向了17世纪后期

---

[1] 一英尺等于0.3048米。

实现的一定程度的专业化，以及在数量较少的大港口使用更大型的船只。

鱼类贸易不仅仅是英格兰和纽芬兰之间的双边贸易。相反，大大受益于天主教徒在星期五和特定季节不吃肉的禁令，鱼也被出口到西班牙、葡萄牙和意大利。这在英格兰的贸易中发挥了核心作用。此外，在纽芬兰开展的渔业被视为国家战略实力的重要组成部分，作为战时和和平时期水手的"托儿所"（或训练场所），同时捕获的鱼不仅为渔民，也为海军提供食物。尽管纽芬兰渔业在很大程度上与后来的大西洋贸易模式是相分离的，但它帮助建立了组织方式，特别是组织对跨洋扩张的资金支持，这对其他贸易而言也不可或缺。

君主在跨洋扩张中发挥了作用。爱德华四世（1461—1483 年在位）对贸易和航运颇感兴趣，并鼓励二者的发展。亨利七世支持意大利人约翰·卡伯特进行探险活动，卡伯特于1497年乘"马修"（*Mathew*）号从布里斯托尔向西航行。如同哥伦布一样，他希望到达富有的东亚，但可能到达的却是纽芬兰，即他"新发现的土地"。1498 年，卡伯特又开始了一次航行，但或许是因遭遇了一场猛烈风暴而没有归来。1508 年，卡伯特的儿子塞巴斯蒂安出发寻找一条绕过新大陆前往亚洲的通道，在进一步向南（可能在切萨皮克湾）越冬之前，他或许已到达了哈德逊海峡。他归来后发现，支持他的亨利七世已被亨利八世取代，而亨利八世则专注于欧洲大陆的强权政治，使他在此后几十年里一直缺乏支持。

这种情况在该世纪中叶发生了变化，商人们试图强行挤进葡萄牙与西非间的贸易，但却没有成功。私掠航行将英格兰人带入到对他们而言尚属陌生的水域，包括1555年有记载的英格兰人首次进入南半球的航行。反过来，商业的视野也在扩大。在16世纪

60年代，他们试图在非洲与西属新大陆之间有利可图的奴隶贸易中分一杯羹，便是寻找海外机会的一个重要体现。然而，英格兰人在1565年前往佛罗里达的远征中并未能建立起定居点。西班牙人坚决捍卫他们在那里的利益。约翰·霍金斯已在两次航行中向西属加勒比地区出售过奴隶，直到1568年的第二次航行，当他们来到韦拉克鲁斯（Vera Cruz）附近的圣胡安·德·乌鲁亚（San Juan de Ulúa）时，新西班牙总督的出现致使西班牙人攻击这个在官方看来不受欢迎的闯入者，并让英格兰人的此次冒险损失巨大。

16世纪70年代，随着英格兰和西班牙之间紧张局势的升级，私掠武装对西班牙在新大陆的贸易和定居点的袭击变得愈加频繁，而海上更严重的肆意妄为影响了那些试图维持和平贸易的人。1571年，威廉·温特（William Winter）突袭了西班牙在佛罗里达的圣奥古斯丁基地，1571年至1573年，弗朗西斯·德雷克袭击了穿越巴拿马地峡的西班牙白银路线。这并非易事。德雷克遭遇了严重困难，包括黄热病和比预期更顽强的抵抗。1576年，德雷克的前同伙约翰·奥克斯纳姆在试图占领巴拿马时被击败。

然而，在这个阶段，英格兰和西班牙没有正式交战，特别是在16世纪70年代中期，两国关系还一度出现改善，伊丽莎白一世对过度冒犯西班牙犹豫不决。例如，理查德·格伦维尔（Richard Grenville）爵士在1574年至1575年曾试图发起一次远征，可能是为了在南美南部建立一个殖民地，但这一尝试没有受到政府的首肯。此外，尽管伊丽莎白投资了1577年德雷克的太平洋航行，但德雷克并没有得到正式委任。但是，德雷克得到了许多重要政治人物的支持，包括莱斯特伯爵、弗朗西斯·沃尔辛厄姆爵士、克里斯托弗·哈顿爵士，以及克林顿家族的海军上将——第一代林肯伯爵爱德华。然而，更加谨慎的伯利却被蒙在鼓里。1577年至1580

年，德雷克成为第一个环游世界的英格兰人，这是一项令人敬畏的航海壮举，也是继1519年至1522年麦哲伦的一些船员之后达成历史上第二次环游世界。西班牙人并没有预料到自己在太平洋的航运和据点会遭到攻击，这种脆弱性给投资者带来了丰厚的回报，尤其是伊丽莎白。1581年4月，在泰晤士河畔的德普特福德，伊丽莎白在德雷克的船只"金鹿"（*Golden Hind*）号上封他为爵士。这是英雄主义的一次重要展示，它将个人的勇气、进取心和好战性与君主制和新教联系在一起。这一事件在后来对女王统治的描述中也经常被提及。

从该世纪中叶起，英格兰的探险活动变得更加活跃。寻找通往富饶的东印度群岛的东北通道延迟了对北美北部西北航道的探索。休·威洛比（Hugh Willoughby）爵士于1552年死于拉普兰海岸，但理查德·钱塞勒（Richard Chancellor）在前往莫斯科之前到达了白海（White Sea），开辟出一条脆弱的贸易路线。安东尼·詹金森（Anthony Jenkinson）在1558年至1562年进一步探索了这一地带，其时他正代表莫斯科威公司从那里前去中亚和波斯。莫斯科威公司成立于1555年，与俄罗斯建立了经济联系，但没有获得领土上的据点。西伯利亚海岸及附近的北极岛屿并不是建立基地或殖民据点的理想目的地：毛皮只能通过与俄罗斯人进行贸易获得。

从1576年开始，探险家们再次探索了纽芬兰西北部冰冷的海洋，他们希望从大西洋通往太平洋的西北航道中获得巨大的商业机会。马丁·弗罗比舍、约翰·戴维斯和亨利·哈德逊曾进入了主要水域：巴芬湾和哈德逊湾。1576年，弗罗比舍发现了他所谓的弗罗比舍海峡，他将其视为通往"西海"（太平洋）和"震旦"（中国）航线的门户。事实上，他在巴芬岛的海岸线上确实发现了一个海湾，现在被叫作弗罗比舍湾。弗罗比舍还认为他发现了一种含金矿石，这是1577年和1578年探险的重点，在第二次探险中，他进入了后来被称为哈德逊海峡的地方。矿石被开采出来，并被大量运回英格兰，但却被发现是黄铁矿（愚人金），这种矿物的突然贬值导致为探险提供资金的震旦公司[1]的失败。

约翰·戴维斯于1585年发现了坎伯兰湾，1587年又发现了戴维斯海峡，而亨利·哈德逊于1611年至1612年在哈德逊湾过冬，直至次年6月被叛变的船员扔到海面上漂流，此举导致了他的死亡。托马斯·巴顿和威廉·巴芬在17世纪10年代，以及卢克·福克斯和托马斯·詹姆斯在17世纪30年代都证实，被发现的航道通向的是更遥远的海岸，而不是开阔的洋面。不过，这些航行积累了宝贵的信息，供那些寻求贸易——特别是毛皮和鲸鱼贸易机会的人所利用。

1585年至1604年与西班牙的战争促使英格兰改变了与欧洲——特别是低地国家的传统贸易方式。在新秩序中出现一个全球性角色——尤其是跨大西洋的角色——似乎是必要和不可避免的。海上的命运和力量与对抗西班牙的反天主教民族主义融合在一起。天意、实力和利益皆在其中发挥了作用。地理学家、"扶手椅旅行家"理查德·哈克卢特（Richard Hakluyt）（约1552—1616年）的著作激发出一种海上命运感，它既有政治意义，也兼具宗教意义。他的《英吉利民族的主要航海、航行与发现》（*Principal Navigations, Voyages, and Discoveries of the English Nation made by Sea or over Land to the Most Remote and Farthest Distant Quarters of the Earth*）出版于1589年，而其篇幅更长的一部作品则于1598

---

[1] 由英格兰商人和旅行家迈克尔·洛克同弗罗比舍于1577年成立的商业冒险公司，主要投资探索西北航道的商业活动，后以失败告终。

年至1600年问世。[3]约翰·迪伊的《与完美的航海行为有关的全面与罕见的备忘录》(*General and Rare Memorials Pertaining to the Perfect Act of Navigation*，1577)为英格兰作为大西洋强国的地位做了辩护。

地理学提供了一种新的理念，即把科学作为理解和控制自然的工具，这种潜力使这门学科流行起来。为国家服务激发了人们对数理地理学的兴趣，而描述性地理学则帮助读者将世界视为奇妙故事和新商品的源泉，从而形成一种鼓励剥削他国民众的态度。地理学研究与英格兰人权力观念的发展及帝国扩张之间有着密切关系，这种关系在詹姆斯一世长子亨利王子（1612年英年早逝）的宫廷中尤为明显。在他的圈子里，至少有37人对地理学的某些方面感兴趣。

航海与数学之间的联系提供了实践与理论之间联系的缩影。航海和制图对数学知识的需求将航海与对数学真理的追求联结在一起。爱德华·赖特（Edward Wright）是一个从事数学研究和航海探险的人，他提供了一种关于墨卡托投影的数学算式图，以计算平行线的位置，并通过出版每度子午线的对应列表来帮助传播必要的信息。因此，地图绘制者可以做出准确的投影。赖特绘制了一幅世界地图，发表在哈克卢特的《英吉利民族的主要航海、航行与发现》（1599年）第二版中，这也是1602年在《第十二夜》（第三幕第二场）对马伏里奥笑容描述中提到的地图。

托马斯·哈里奥特（Thomas Harriot）（1560—1621年）和其他数学家使用有关地理发现的修辞，为的是将数学家呈现为几何图形结构的探索者。地理发现之旅的强有力修辞和主题被应用于对自然世界真理的探索，同样应用于人际关系之中和印刷术的发展。在有关航海探险的叙述中，新发现的主题激发了实验性哲学家对新发现的呼唤，并通过经验掌握了这些发现。简而言之，知识不是要参照过去，而是要关注新的事物。弗朗西斯·培根明确比较了两种形式的发现，即来自探险的发现和来自科学实验的发现。

迪伊提供了一种基于欧几里得《几何原本》（*Elements*）的演绎数学，这是一种关键的经典模型，而哈里奥特则在几何连续体方面走了一条更大胆的路线，采用了一种原子论的方法，使其适合于同不断发展中的应用知识相联系。经典的欧几里得定理依赖于从第一原理出发的严格演绎，将其取而代之的是对几何图形内部结构的关注。因此，与传统数学的经院哲学，即结论隐含在假设中以及几何学关注显然的特征之间的关系不同，人们开始强调审视和探索隐藏的秘密，这是一种适合普洛斯帕罗的方法。数学的不可分性及物体的发现在 17 世纪后期直接产生了艾萨克·牛顿和戈弗里德·莱布尼茨的微积分。

美　洲

莎士比亚有生之年中的一个重大发展是英格兰在新大陆建立起殖民地，尤其是弗吉尼亚。弗吉尼亚和百慕大都被认为是《暴风雨》（1611 年首次在皇家宫廷演出）的灵感来源，这一属性反映了探险在那个时期人们想象中的作用。莎士比亚抓住了传播知识的感觉，在《第十二夜》（1602 年）中，他让玛利娅说受骗的马伏里奥"笑得脸上起了皱纹，比新添上了东印度群岛的新地图上的线纹还多"（第三幕第二场）。因此，这张地图比之前的地图包含了更多信息，无论莎士比亚的伦敦观众是否看过新地图，他们都应该能领会这一事实。在《亨利八世》中，他还评论了伦敦对新到来的印第安人的着迷："或者宫里来了一个身上带着大家伙的古怪印第安人，所以这些娘儿们才这样包围着我们吗？"（第五幕第四场）大众的好奇心被莎士比亚描述为专注于新奇事物。在《暴风雨》中，屈林鸠罗认为向公众展示卡列班很可能会在英格兰赚到钱：

> 任何一个度假的傻瓜都会愿意出一块银币进来看一看。在那边随便什么希[1]奇古怪的畜牲都可以使人发财。他们不愿意丢一个铜子给跛脚的叫花子，却愿意拿出一角钱来看一个死了的印第安人。（第二幕第二场）

在菲利普·马辛杰（Philip Massinger）的戏剧《城市夫人》（The City Madam，约 1632 年）中，反派准备把他的嫂子和侄女卖给伪装成"印第安人"的英雄们，他们正在寻觅用作祭品的女性。除了莎士比亚对当时帝国扩张的评论外，古代帝国也为他提供了适宜的材料。[4]

尽管许多人试图获取英格兰所声称的土地，但最初的尝试却并不令人感到鼓舞。在德雷克 1577 年至 1580 年的环球航行中，他错过了旧金山港的入口，但声称为伊丽莎白取得了"新阿尔比恩"，即加利福尼亚海岸。1583 年，汉弗莱·吉尔伯特（Humphrey Gilbert）宣布纽芬兰为女王所有，但事实证明，要把一个个分散的渔站变成一块英格兰的殖民地绝非易事。1610 年，纽芬兰公司（Newfoundland Company）在康塞普申湾的丘比特小海湾（Cupid's Cove）建立了一个定居点，并在阿瓦朗半岛（Avalon peninsula）向定居者提供了几块土地，但由于气候过于恶劣，不适合耕种，因此难以取得成功。然而，纽芬兰的定居点表明，在那里越冬是可能的，而随着捕鱼季节的延长，这些定居点为发展渔业提供了基础。

在北美大陆的东海岸，有人试图建立一个名为弗吉尼亚

---

[1] 原文如此。

（Virginia）的殖民地，以纪念伊丽莎白这位未婚的君主。她的身份地位是那一时期图像志里的一个关键要素。此外，对女王贞洁的强调可能强化了莎士比亚戏剧所描述的对贞洁的威胁，在《量罪记》《泰尔亲王配瑞克里斯》和《暴风雨》中尤其如此。1585年，108名殖民者在现在北卡罗来纳海岸外的洛亚诺克岛登陆，但他们发现自己很难在那里生存下来，于是在第二年便离开了。第二次尝试发生在1588年，但是，当一艘救援船在1590年到达时，却发现这个村庄已经被遗弃：疾病、饥饿或原住民可能已经消灭了殖民者。事实上，卡列班在《暴风雨》中给出原住民强有力的回应：

> 这岛是我老娘西考拉克斯传给我，
> 而被你夺了去的。……
> 本来我多么自由自在，
> 现在却要做你的唯一的奴仆；
> 你把我关禁在这堆岩石的中间，
> 而把整个岛给你自己受用。（第一幕第二场）

然而，哈里奥特的《弗吉尼亚新发现土地的简短真实报告》（*A Brief and True Report of the New Found Land of Virginia*，1588）和其他报告所创造的积极印象，鼓励了建立殖民地的新尝试，不过，直至弗吉尼亚公司于1607年在切萨皮克湾的詹姆斯敦设立一个基地，永久殖民地才得以建立。西班牙认为这个殖民地是对其权利的侵犯，并抗议它的建立，但是，尽管詹姆斯敦做好了防御准备以抵抗西班牙的进攻，但进攻并没有实现：弗吉尼亚离西班牙海军力量的中心加的斯和哈瓦那太过遥远，实际上，与西班牙帝国的外围——尤其是圣奥古斯丁也相距甚远。尽管身处不熟悉环境中而受到疾病的影响，新移民最初的损失惨重，但殖民地终究还是扩大了，美洲原住民的反对也被克服了。新移民的不断到来对取得这一成功至关重要，而这种源源不断的到来取决于英格兰对殖民地的了解以及对其积极印象的传播。从1619年开始，非洲奴隶的到来对殖民地发展也有重要意义，这种做法借鉴了西班牙和葡萄牙的传统、设想与实践。[5]

再往北，"新英格兰"（New England）一词是1614年约翰·史密斯船长在描述哈德逊湾以北的海岸线时创造的。他在1616年出版的《新英格兰描述》（*Description of New England*）一书中普及了"新英格兰可与英格兰相媲美"的观点。[6]早在1597年，新英格兰海岸附近发现鱼类资源即已带来一种与纽芬兰相似的活动模式，即近海捕鱼和1608年在缅因萨加达霍克（Sagadhoc）建立的陆上定居点，不过定居点很快就被放弃了。1602年，巴塞洛缪·戈斯诺德（Bartholomew Gosnold）在一个靠近他曾命名为科德角的岛屿上建立了一个定居点。然而，他未能在开始时与印第安人建立起贸易联系，这便招来了印第安人的敌意，因此他不得不放弃这个定居点。1620年，清教徒先辈移民——一群不从国教的新教分离主义者，乘坐"五月花"号从德文郡的普利茅斯出发，在科德角登陆。他们在新普利茅斯建立起一个定居点。为了创造一个虔诚的农业世界，他们相信他们的正义使其比印第安人更有资格拥有土地。

与此同时，在西印度群岛，来自当地加勒比人（Caribs）的反对导致了1605年在圣卢西亚和1609年在格林纳达建立定居点的失败。与之相反，当弗吉尼亚公司派出的一支舰队在为殖民地提供补给时被风暴驱散后，旗舰"海上冒险"（*Sea Venture*）号于1609年在当时不为人知的百慕大附近失事。尽管即将上任的弗吉尼亚总督托马斯·盖茨（Thomas Gates）敦促建造一艘船并继续前往大陆（这在1610年得以实现），但仍有一些人想留在百慕大。最终，该岛在1612年开始有人定居。幸存者威廉·斯特雷奇（William Strachey）（1572—1621年）对这一事件的戏剧性描述《沉船的真实报告》（*A True Reportory of the Wracke*），莎士比亚及其一些观众可能已经知晓。该书手抄本从1610年开始即在英格兰流传，直到1625年才付梓印制。它确实为《暴风雨》提供了背景，因为斯特雷奇的描述和戏剧之间有某些相似之处，如对圣艾尔摩之火[1]的描述即是其中一例。7

西班牙人在古巴、伊斯帕尼奥拉和波多黎各等地已打下牢固的根基，英格兰人的存在根本无法与之相比。尽管如此，英格兰人在美洲大陆及其附近地区的定居点反映了世界正在发生变化，并相应地提供了新的机遇。这并不是伦敦生活所独有的过程，但它在很大程度上是在伦敦的河岸上进行的，是在伦敦的街道中被谈论的。尽管在加勒比地区与西班牙的斗争意义重大，特别是在16世纪80年代和16世纪90年代，但当英格兰与西班牙正在欧洲进行生死搏斗时，探险并没有成为国家关注的焦点。然而，情况在17世纪发生了变化，欧洲以外的世界越来越多地成为讨论焦点。虽然对莎士比亚而言，古典世界和英格兰历史是更不容忽视的主题，但他在某种程度上仍反映了这种变化，并不是在细节上，而是在新视野及世界正在变得可知这一方面。

观众肯定被给予了一系列参照信息。奥瑟罗的最后一次正式演说应该是在塞浦路斯发表的，他把自己比作"糊涂的印度人"，"抛弃了一颗比他整个部落所有的财产更贵重的珍珠"，把眼泪比作阿

---

[1] 风暴天气中在船桅杆上发出紫色或蓝色火焰。

拉伯胶树上"涌流着的胶液"，并杀死一名怀有敌意且在阿勒颇殴打过一个威尼斯人的土耳其人（第五幕第二场）。

非　洲

探险正在为欧洲人打开一个欧洲以外的世界，但这个世界的大部分仍然是模糊的，而且充斥着含糊不清的报道。[8] 为了夺取埃塞俄比亚，也就是阿比西尼亚，葡萄牙在1541年曾与埃塞俄比亚有过直接接触，当时葡萄牙派遣了400名火枪手帮助对抗土耳其人及其在当地的盟友。埃塞俄比亚人用土地犒赏这些火枪手，以让他们长久服务，这些火枪手（和他们的后代）在接下来的一个世纪中继续发挥重要的军事作用。

然而，后来的发展在欧洲几乎不为人所知，更不用说在英格兰了。在当地的阿达尔（Adal）伊斯兰苏丹国及其土耳其支持者的压力下，埃塞俄比亚还受到奥罗莫人（Oromo peoples）向北扩张的压力。奥罗莫人是游牧民族，他们有效利用了马匹，从而增加了其流动性。这帮助他们靠土地为生，与行动更迟缓的埃塞俄比亚军队周旋。

然而，在面对这些问题时，埃塞俄比亚受益于其1562年至1597年在位的皇帝萨尔撒·丹加尔（Serse Dingil）的有力领导。虽然他的领导风格与伊丽莎白一世截然不同，但他提醒人们，有效的统治形式是多种多样的。萨尔撒·丹加尔亲自指挥军队，在1576年击败了阿达尔，三年后又战胜了土耳其军队与蒂格雷的巴赫尔·纳加什·伊沙克[1]（Bahr Nagash Ishaq of Tigre）及哈勒尔城

---

[1] 是生活于今厄立特里亚一带和苏丹东部地区的古代游牧民族蒂格雷人的领袖。

（Harar）统治者的联盟。这次胜利终结了土耳其人从红海入侵埃塞俄比亚的企图。萨尔撒·丹加尔在1572年和1586年击败奥罗莫人的同时，也领导埃塞俄比亚向西展开扩张。他还改变了埃塞俄比亚的军事制度，通过扩大直接由皇室控制的军队，改变了传统上对各省总督和其他地区当权者私人武装力量的依赖。在《泰尔亲王配瑞克里斯》中，六位骑士中的第一位是斯巴达的骑士，这是一个明显的古典参照人物：

> 他的盾牌上的图样，
> 是一个向太阳伸手的阿比西尼亚黑人。
> （第二幕第二场）

埃塞俄比亚的苏塞内罗斯（Susenyros）（1607—1632年在位）继续向西扩张。他还将大量奥罗莫人吸收进军队，并在其领土上安置了许多人。然而，苏塞内罗斯皈依天主教引发了严重叛乱，他随即退位，这与早先苏格兰人对苏格兰女王玛丽的反应和瑞典人对西吉斯蒙德·瓦萨（Sigismund Vasa）的反应类似。

　　埃塞俄比亚并不是唯一一个被莎士比亚的观众模糊知晓或至少在其戏剧中被提及过的非洲地区，其他例证包括《罗密欧与朱丽叶》《温莎的风流娘儿们》以及《仲夏夜之梦》（第三幕第二场）中具侮辱性的"茶色鞑靼人"。摩洛哥也被提及。[9]1578年，莎士比亚有生之年中最重要的战役之一发生在奥加什奥卡比/阿尔卡萨基维尔（al-Qasr-al-Kabir/Alcazarquivir），其时摩洛哥人击退了葡萄牙人的入侵。葡萄牙国王塞巴斯蒂安率领一支人数为18000—20000人的准备仓促又极度缺乏骑兵的军队，意欲深入内陆前去挑战沙里夫（穆斯林统治者）阿卜杜勒·麦利克（Abd al-Malik），后者拥有大约70000人的军队。正如莎士比亚戏剧经常展现的那样，统治家族内部的矛盾是一个关键问题。塞巴斯蒂安试图通过帮助前任沙里夫穆罕默德·穆塔瓦希尔（Muhammad al-Mutawakhil）而从摩洛哥内部的分裂中获益。穆塔瓦希尔曾请求塞巴斯蒂安的帮助（他已被土耳其支持的叔叔阿卜杜勒·麦利克废黜）。就塞巴斯蒂安而言，他希望扶持一个听命于他的统治者。

塞巴斯蒂安不惜一战，他相信其步兵能够成功抵抗摩洛哥骑兵。结果，基于出色的领导和纪律、更灵活的作战单位和战术以及战斗中的偶然事件，娴熟而纪律严明的摩洛哥军队赢得压倒性胜利。整个葡萄牙军队不是被杀就是被俘，塞巴斯蒂安也殒命疆场，尽管长期流传着他秘密存活（可能是在一座山中）的传说。[10]这场战役的规模也很像莎士比亚的作品，让人联想起《安东尼与克莉奥佩特拉》中的关键之战——阿克提姆战役[1]，或是历史剧中描述的玫瑰战争，当然，马洛似乎更适合描述此类战役。

奥加什奥卡比之战让西班牙的菲利普二世作为无子嗣的塞巴斯蒂安的叔父，于1580年以一场迅速取得成功的战役占领了葡萄牙。反过来，英格兰人转而支持葡萄牙王位的觊觎者唐·安东尼奥，并寻求摩洛哥的支持以对抗西班牙。英格兰商人向摩洛哥出售铸铁大炮，并帮助购买火药的关键成分硝石。

摩洛哥自己也上演了一场近乎传奇的战役。1590年，摩洛哥苏丹艾哈迈德·曼苏尔（Mūlāy Ahmad al Mansūr）派遣4000名士兵南下，穿越撒哈拉沙漠这片广袤而干燥的土地，其中只有大约一

---

[1] 发生于公元前31年的海战，是罗马内战中的最后一次大型战役。听命于屋大维的罗马统帅阿格里帕在阿克提姆附近海域迎战安东尼的战船，结果后者的舰队几乎全军覆没。此次海战也成为安东尼和屋大维数十年较量中的决定性战役。

半的人幸存下来。在《特洛伊罗斯与克瑞西达》中，俄底修斯提到自己"置身于非洲的骄阳中"（第一幕第三场）。苏丹想要获取黄金，同时也想让人们承认他是哈里发，即穆斯林的最高首领和精神统治者。摩洛哥人得益于1578年缴获的葡萄牙武器，而葡萄牙派遣的军队中也出现大量变节者：从基督徒变成穆斯林，其中特别包括2000名火枪手。1588年，英格兰人击败了西班牙无敌舰队，减轻了西班牙对摩洛哥的干预，这反过来又鼓励摩洛哥人跨越撒哈拉沙漠的远征。

1591年，在朱达尔帕夏（Judar Pasha）领导下，摩洛哥人在尼日尔河畔的通迪比（Tondibi）取得胜利，并摧毁了位于该地的桑海帝国[1]。在这场战斗中，摩洛哥人用火枪击溃了12500人的桑海骑兵和约30000人的步兵，这是一支装备长矛和弓箭但缺乏火器的军队。摩洛哥人也受益于其对手的领导不力。桑海皇帝伊沙克二世（Ishāq II）的逃亡招致其军队的崩溃，摩洛哥人很快就在未遇抵抗的情况下占领了加奥和廷巴克图。难怪摩洛哥会显得强大而神奇。屋大维当年便是在阿克提姆战役后征服了埃及。

大多数非洲国家没有这种激发联想的力量。奴隶贸易是从西非发展起来的，但是，当时英国人的参与程度远远低于17世纪末的水平。从16世纪50年代开始，英格兰人就试图强行介入葡萄牙与西非的贸易以及从西非到西属美洲新大陆有利可图的奴隶贸易中。普利茅斯出生的约翰·霍金斯在现属塞拉利昂的西非海岸通过掠夺而不是购买获得了奴隶，在此过程中，其部分人员死于毒箭和其他危险手段，同时，在他们发起的针对葡萄牙船只的海盗袭击中也有

---

[1] 古代西非的穆斯林商业大国。由桑海人在公元800年前后建立，到16世纪最为强盛，后于1591年落入摩洛哥军队之手。其主要城市有加奥和廷巴克图。

人丧命。随后，霍金斯把奴隶运到大西洋彼岸，卖给西班牙人，并获得可观的利润，这是获取西班牙控制的新大陆金银的一种手段。因此，奴隶并没有被卖到英格兰，实际上那里的自由黑人人数倒是在不断增加。亨利七世是众多显赫欧洲人中的一位，这些身居高位者会雇用一些黑人家仆，不过尚缺乏其他证据表明在英格兰的黑人奴隶为数不多。有少数例证是将黑人作为礼物赠予，而不是出售。

　　霍金斯的贩奴之旅在1568年被西班牙人阻止，在16世纪晚期，英格兰人对奴隶贸易的投入远没有一个世纪后那么大。大多数前往西非的英格兰人是为了获取胡椒、兽皮、蜡、象牙以及寻找黄金而不是奴隶，直到17世纪中叶，英格兰与西非的贸易才集中于奴隶贩卖之上。就西非而言，英格兰人对其了解相对较少，尽管许多人开始对非洲黑人产生刻板印象，而且许多非洲文化习俗遭到误解并以负面方式被重新塑造。英格兰人诋毁他们是劣等和不文明的，这与将非洲人同体力相关职业联系起来（因而适合被奴役）有关。[11]所以，与饱经风霜和晒得黝黑相关的轻蔑联想尚且显得更温和一些。

　　西非的统治被一些区域性国家所分割，大多数政权相隔并不遥远。这种分割助长了广泛的冲突，而冲突又激发了奴隶贸易，此种贸易不仅存在于非洲大陆内部，也在大西洋和伊斯兰世界铺展开来。大量奴隶流向北方，穿过撒哈拉沙漠，像的黎波里和亚历山大里亚这样的城市便是重要的奴隶市场。还有数量可观的奴隶从东非流向中东。伊斯兰世界对奴隶的需求量很大。

　　正如《奥瑟罗》所指出的，在奴隶制基础上还有更多针对非洲人的负面态度。对待摩尔人的态度尤其成问题，因为他们与北非这一穆斯林地区联系在一起。在《泰特斯·安德洛尼克斯》中，摩尔人艾伦作为哥特人之女王、罗马新皇后塔摩拉的黑人仆人和情人，被展现出强奸拉维妮娅和谋杀巴西安纳斯，并将谋杀归咎于泰特斯儿子们的恶行。这出戏以新皇帝决定对艾伦——"那个该死的摩尔人"和所有不幸的起因——进行审判结束（第五幕第三场）。

艾伦是一个比奥瑟罗更危险、更恶毒、更粗鲁的角色，他缺乏奥瑟罗的悲剧地位及其复杂的戏剧性——这两个特征都应该被加以考虑。然而，在早前的戏剧中，当塔摩拉试图杀死她与艾伦生下的孩子时，另一种类型的残忍被揭示出来。乳媪宣布婴儿是

> 我们皇后的羞愧，庄严的罗马的耻辱！
> ……一个叫人看见了也丧气的又黑又丑的孩子。
> 你瞧吧，把他放在
> 我们国里那些白白胖胖的孩子们的中间，
> 他简直是头蛤蟆。
> 娘娘叫我把他送给你，因为他身上盖着你的戳印；
> 她吩咐你用你的刀尖替他受洗。

艾伦不肯，并且说道：

> 黑炭才是最好的颜色，
> 它是不屑于用其他的色彩涂染的；
> 大洋里所有的水不能使天鹅的黑腿变成白色，
> 虽然它每时每刻都在波涛里冲洗。（第四幕第二场）

他杀死了乳媪，刺杀行为几乎是随意性的，这也符合塔摩拉狠毒的要求。《暴风雨》中"万恶的女巫"西考拉克斯被驱逐出阿尔及尔，"因为作恶多端，她的妖法没有人听见了不害怕"（第一幕第

二场）。

在《暴风雨》中，那不勒斯国王阿朗索在将女儿克拉莉贝尔嫁给突尼斯国王（"一个非洲人"）返回的途中，遭遇了普洛斯帕罗以魔法制造的船难。邪恶的安东尼奥拒绝她作为那不勒斯合理的继任者，理由在于她"住在远离人世的蛮邦"（第二幕第一场）。突尼斯在1535年和16世纪70年代初发生过重大冲突，最终在1574年成为奥斯曼（土耳其）体系的一部分。撇开宗教和地缘政治不谈，实际上从那不勒斯到突尼斯的海上旅行相对容易，从西西里岛或马耳他出发则更容易。

亚　洲

克里斯托弗·马洛的戏剧《帖木儿大帝》（*Tamburlaine the Great*）（1587年）为伦敦观众提供了有关亚洲强权政治的描述，其中，帝国的兴衰被生动呈现在舞台上，而制作地图也被帖木儿提及：

> 我将在大马士革
> 画出垂线的起点。（第一篇，第四幕第四场）

与理查二世和亨利四世同时代的帖木儿，虽然远比前两者更强大，野心也大得多，但他在1405年正计划攻打中国时一命呜呼。他的成就似乎将亚历山大大帝的征服与剧作家所处的世界局势变化联系在一起，比如奥斯曼帝国（土耳其）、萨法维帝国（波斯）和莫卧儿帝国（印度）的崛起。马洛让垂死的帖木儿要来地图。这倒不是为了让他能回想起从前的辉煌战绩——从印度北部纵横爱琴海，从征服德里到1402年战胜土耳其人，并最终俘获苏丹。相反，此举的目的是考虑还有什么可以占有：

> 给我一张地图；让我看看
> 我还能征服多大的世界，
> 让我的这些儿子们来满足我所有的渴望。（第二篇，
> 第五幕第三场）

事实上，帖木儿没有地图可以使用，但莎士比亚时代的观众能够得到地图，地图可使读者了解他的功绩。垂死的帖木儿反思自己无法行遍整个世界："在我即将死去时怎么还有不被征服的地方？"[12]

虽然莎士比亚愿意让《仲夏夜之梦》中的迫克说出"鞑靼人的飞箭都赶不上我的迅疾"（第三幕第二场），但莎士比亚并没有把重点放在可比的算术上。他更倾向于将其笔下的征服者锚定在古典遗产中，尤其是裘利斯·凯撒和（非常不同地）战胜玛克·安东尼的屋大维/奥古斯都。在《裘利斯·凯撒》和《安东尼与克莉奥佩特拉》中，庞贝和安东尼分别在莎士比亚所描绘或形容的战役——腓力比战役和阿克提姆战役中被击败。这些皆发生于已知的历史中。他能信手拈来的其他人物是有限的。帖木儿被马洛展现得太好，反倒使人们对成吉思汗知之甚少。而其他剧作家在描写重大人物方面就没那么不情愿了。[13]

结　　论

莎士比亚通过探寻古典和英格兰的历史背景，而非当时世界其他地方局势的发展演变，以确保资料来源的清晰明确。16世纪那

些激动人心的故事——阿兹特克人和印加人的统治被颠覆，土耳其人在欧洲的进军，莫卧儿帝国在印度的建立，日本的统一，以及16世纪90年代丰臣秀吉入侵朝鲜——都被放在一边。相比之下，凯撒、玛克·安东尼和克莉奥佩特拉的所作所为是众所周知的，关于他们的剧情也更容易建构和解释。他对地理环境也有较好地了解。因此，莎士比亚笔下的外部世界并没有想象中那么新奇和不同寻常。想象力以一种不同于探险叙事的方式发挥着作用。

注释

1. J. Galloway, *"Fishing in Medieval England," in The Sea in History: The Medieval World*, ed. M. Balard (Woodbridge, UK, 2017), 638–40.
2. 展出资料，在巴黎举办的荷兰画家特展，梵高博物馆，阿姆斯特丹，2017.
3. D. Carey and C. Jowitt, eds, *Richard Hakluyt and Travel Writing in Early Modern Europe* (Farnham, UK, 2012).
4. H. James, *Shakespeare's Troy: Drama, Politics, and the Translation of Empire* (Cambridge, 1997).
5. M. Gausco, *Slaves and Englishmen: Human Bondage in the Early Modern Atlantic World* (Philadelphia, 2014).
6. R. M. Lawson, *The Sea Mark: Captain John Smith's Voyage to New England* (Lebanon, NH, 2015).
7. V. Bernhard, *A Tale of Two Colonies: What Really Happened in Virginia and Bermuda?* (Columbia, MO, 2011).
8. S. Davies, *Renaissance Ethnography and the Invention of the Human: New Worlds, Maps and Monsters* (Cambridge, 2016).
9. G. MacLean and N. Matar, *Britain and the Islamic World, 1558–1713* (Oxford, 2011); J.

Brotton, *This Orient Isle: Elizabethan England and the Islamic World* (London, 2017).

10. W. F. Cook, *The Hundred Years War for Morocco: Gunpowder and the Military Revolution in the Early Modern Muslim World* (Boulder, CO, 1994).

11. M. Catherine, S. Alexander, and S. Wells, eds., *Shakespeare and Race* (Cambridge, 2000).

12. C. Bartolovich, "Putting Tamburlaine on a (Cognitive) Map," *Renaissance Drama* 28 (1997): 29–72.

13. L. Niayesh, *Three Romances of Eastern Conquest* (Manchester, 2018).

十三 因为我们喜欢他

"这种快乐的人……这就是英格兰。"——莎士比亚《亨利五世》中的词句也出现在《1588—1914：不列颠海上胜利图集》（*1588 to 1914: Album-Atlas of British Victories on the Sea*，1914）之"超级无畏舰的木墙"（"Wooden Walls to Super-Dreadnoughts"）篇章中。第一次世界大战爆发后，经官方新闻部门批准，该地图集迅速出版，其中包含如何加入海军的细节，以及首任海军大臣温斯顿·丘吉尔的亲笔签名肖像画和关于纳尔逊的批注，并且还在内页上写着"勇敢者的签名。在1914年世界大战中为不列颠效力的陆上和海上官兵亲笔签名处"，置于莎士比亚的台词之上。这本图集的第一张图示是1588年的无敌舰队，很明显，莎士比亚和纳尔逊一样都是一个国家的偶像。

莎翁是伊丽莎白一世统治时期的剧作家，那是一个充满决心与荣耀的重要时期。1917年5月22日的《泰晤士报》刊登了皇家地理学会主席道格拉斯·弗雷什菲尔德（Douglas Freshfield）的一篇演讲稿，他在演讲中提到"最近在多佛海域的艰苦海战——一场让人想起伊丽莎白女王时代光荣传统的战斗"。对西班牙的战争已经转换到了对德国的作战上。在这种情况下，西班牙无敌舰队成了故事背景。正如莎士比亚在《约翰王》和《李尔王》中展现的，多佛也是过去法国入侵英格兰的地方。

在17世纪，莎士比亚曾一度失去了人们的喜爱，原因之一在于英格兰巴洛克风格大异其趣，随后，莎翁作品被广泛改编，故事情节也相应发生了重大变化，他成为一名民族诗人，并在18世纪被定义为英格兰文学经典的核心人物。然而，即使他失宠了，他所用的词汇、短语、场景和情节在17世纪的文学作品中仍能得到呼应[1]，而且频繁被引用。

人们在17世纪对其戏剧的改编可能会有瑕疵，比如德莱顿的《一切为了爱》(*All For Love; or The World Well Lost*，1678)，便是对《安东尼和克莉奥佩特拉》故事的改编版本，但这些作品确实就这么出现了。德莱顿还将莎士比亚作品改编为《特洛伊罗斯和克瑞西达》，或叫《为时已晚的真相》(*Troilus and Cressida; or, Truth Found Too Late*，1679)，尽管剧中的两位主人公都死了，但克瑞西达的人物形象仍然忠于了原著。此外还有威廉·达文南特爵士 (William Davenant) 的《暴风雨》，或叫《魔法岛》(*The Tempest; or, The Enchanted Isle*，1667)，故事中爱丽儿有了一个爱人，卡列班有了一个妹妹。达文南特的《反对情人的法律》(*The Law against Lovers*，1662)加入了《无事生非》中贝特丽丝和培尼狄克的故事，而在其《麦克白》(1664年)中，他加入了"三个女巫在飞"的情节。达文南特将《两个高贵的亲戚》(*Two Noble Kinsmen*)改编为《对手》(*The Rivals*，1664)，并给出了一个圆满的结局。[2]《李尔王的历史》(*The History of King Lear*)出现在纳胡姆·泰特 (Nahum Tate) 1681年的版本中，结局很圆满，剧中科迪利娅活了下来，并嫁给了埃德加。虽然这个版本被约瑟夫·艾迪生 (Joseph Addison) 在《观察家》中予以抨击，但它仍然流行了一个多世纪。该剧与泰特的《忘恩负义的共和国》（*The Ingratitude of a Commonwealth*，1681）不同，后者是血腥版的《科利奥兰纳斯》，将罗马平民与辉格党[1]相提并论，并对二者予以诋毁。乔治（即兰斯顿勋爵）的《威尼斯的犹太人》（*The Jew of Venice*，1701）并没有把夏洛克塑造成一个悲剧性或高贵的人物。[3]

我们对这些改编的嘲笑应该适可而止，若看看今天人们呈现莎士比亚作品的趋势，虽然引人注目且发人深省，但也会让莎士比亚的同时代人大吃一惊，例如，女性哈姆莱特和黑人伊阿古——对后者的处理方法与奥瑟罗继续被描述为黑人一样，淡化了戏剧中的种族主义问题。然而，17 世纪对戏剧的改编发展到了完全重写文本和对情节进行重大修改的地步，这种做法一直持续到 18 世纪。

将莎士比亚视为 18 世纪的民族诗人在某种程度上是一个如何定义民族风格的问题，这种风格不依赖于 17 世纪晚期占主导地位且一直到 18 世纪早期都很重要的古典规范。由于未能遵守这些规范，查尔斯·吉尔登（Charles Gildon）在《诗歌法则》（*The Laws of Poetry*，1721）中批评了莎士比亚。不过，情况在逐渐改变，莎士比亚变得更加重要，并受到更多赞扬。他的全集在 18 世纪出现了不少于六个重要版本，分别出自尼古拉斯·罗尔（Nicholas Rowe）（1709 年）、亚历山大·蒲柏（Alexander Pope）（1725 年）、刘易斯·西奥博尔德（Lewis Theobald）（1733 年）、威廉·沃伯顿（William Warburton）（1747 年）、塞缪尔·约翰逊（Samuel

---

[1] 英国的一个重要政治派别。1679 年至 1681 年间，议会上主张废除约克公爵詹姆斯王位继承权的派别被称作辉格党，是为该党之起源。辉格是苏格兰语，原意为盗马贼。18 世纪的辉格党是代表贵族、拥有土地的家族和富裕中产阶级的金融利益集团。18 世纪末之后的新辉格党则成为非国教派、工业主和主张议会改革人士的代表。

Johnson）（1765 年）和埃德蒙·马龙（Edmond Malone）（1790 年）之手。莎士比亚戏剧的印刷物表明，他的作品在提高识字率方面发挥了作用。其他莎士比亚作品的编辑和评论家还包括爱德华·卡佩尔（Edward Capell）（1768 年）、艾萨克·里德（Isaac Reed）和约翰·蒙克（John Monk），后二者都在 1785 年出版了莎翁作品。

从 18 世纪 30 年代末到 18 世纪 40 年代初，莎士比亚复兴的步伐开始加快，起始点是 1740 年威廉·肯特（William Kent）在威斯敏斯特教堂为莎士比亚举行了纪念仪式。这是文化民族主义的一种体现，随着与西班牙的战争压力而得到加强，这种战争压力最终导致了 1739 年至 1748 年的詹金斯之耳（Jenkins's Ear）战争。莎士比亚是新发现的支持伊丽莎白一世时代的一个重要方面，那些自诩为爱国者的人多次以此来批评罗伯特·沃波尔爵士（1721—1742 年）政府对西班牙（特别是在 1729 年，甚而在 1738 年）缺乏强硬态度。

不列颠在七年战争（1756 年至 1763 年）大胜法国后的一段时间里，莎士比亚成为一种特殊的时尚。在《韦克菲尔德牧师》（*The Vicar of Wakefield*，1766）一书中，奥利弗·戈德史密斯提到了"其他时髦话题，比如绘画、品位、莎士比亚和乐杯"。大卫·加里克（David Garrick）使莎士比亚戏剧更频繁地上演，他积极推动 1769 年在斯特拉特福举行莎士比亚周年纪念活动，这一年伊丽莎白·蒙塔古（Elizabeth Montagu）出版了《论莎士比亚的作品与天赋》（*An Essay on the Writings and Genius of Shakespeare*）一书。庆典活动被恶劣天气所破坏，但加里克随后在伦敦德鲁里巷的主要剧院里上演了一出关于庆典的戏剧。人们对斯特拉特福作为文化圣地的兴趣日益浓厚。[4] 出生于爱尔兰的查尔斯·麦克林（Charles Macklin）（1699—1797 年）以一种更自然的表演方式成名，他自1741年起出演作为悲剧人物的夏洛克，并在1773年扮演了穿着苏格兰服装的麦克白。伪造莎士比亚作品的产业也应运而生，威廉·艾尔兰（William Ireland）制作了他所说的到那时为止不为人知的莎士比亚戏剧原始手稿：《征服者威廉》（*William the Conqueror*）、《亨利二世》（*Henry II*）、《沃蒂根与罗威娜》（*Vortigern and Rowena*），最后一部于1796年在德鲁里巷上演，但没有取得成功。

表演和编辑并不总是相互独立的活动：詹姆斯·丹斯（James Dance）（1722—1774年）化名为洛夫（Love），是一位著名的喜剧演员，他饰演的福斯塔夫一角尤为成功，而且他也曾试图改进莎士比亚的作品，于1768年出版了经过修改的《雅典的泰门》。不同版本和评注引发了很多争论，如托马斯·爱德华兹（Thomas Edwards）在《经典批判》（*The Canons of Criticism*）（1765年第7版）中对沃伯顿版本的攻击。莎士比亚也吸引了其他作家的注意，例如约翰·韦斯利（John Wesley），他在其历史著述中对莎士比亚有关理查三世的描写持批评态度："从莎士比亚的行为可以明显看出，都铎家族保留了他们所有的兰开斯特派偏见，甚至在伊丽莎白女王统治时期也是如此。"他继而将《冬天的故事》与亨利八世统治时期的事件进行比较，认为赫美温妮就像安妮·博林，"列昂特斯毫无理由的嫉妒，以及由此导致的暴力行为"是"亨利八世的真实写照，他通常把法律作为他狂暴激情的驱动工具"。韦斯利还指出，莎士比亚的描述远比历史学家的描述影响力大[5]，并对莎士比亚处理伊丽莎白对待苏格兰女王玛丽的方式持批评看法。

莎士比亚对新哥特风格的作家而言也很重要，尤其是安·拉德克利夫（Ann Radcliffe），她在自己非常受欢迎的小说中引用了莎士比亚的作品，霍勒斯·沃波尔（Horace Walpole）和马修·刘易斯（Matthew Lewis）也是如此。1798 年，拉德克利夫被评论家内森·德雷克称为"浪漫小说作家中的莎士比亚"。[6]小乔治·科尔曼（George Colman the Younger）在其戏剧《赫克瑟姆战役》（*The Battle of Hexham*，1789）和《加来的陷落》（*The Surrender of Calais*，1791）中以莎士比亚为范式，并在某些场景中借鉴了莎士比亚的想法。

　　莎翁作品也可以作为更广泛文化参与的一部分，以一种对时人仍非常重要的方式予以呈现。因此，1791 年 8 月 11 日，《斯温尼的伯明翰和斯塔福德纪事报》（*Swinney's Birmingham and Stafford Chronicle*）为第二天晚上在伯明翰新街剧院上演《亨利四世上篇》之后的节目刊登了一则广告：

> 由唱歌和跳舞组成的哑剧插曲，叫作《滑稽小丑》或《一时心血来潮》。最后是《布罗姆斯格罗夫赛马的性情》，此后还要演出伊丽莎白·英奇博尔德夫人写的闹剧《动物磁性》（在这里只上演过一次）。

　　此外，莎士比亚和他的戏剧吸引了整个艺术界——尤其是画家的关注。威廉·荷加斯（William Hogarth）的《福斯塔夫在检查他的新兵》（*Falstaff Examining His Recruits*，1730）是已知第一幅描绘莎士比亚戏剧场景的画作，也可能是对一场表演的描绘。随后，许多画家涉足莎士比亚题材，安吉莉卡·考夫曼（Angelica Kauffman）创作了讽喻的《莎士比亚的诞生》（*The Birth of Shakespeare*，约 1770 年），以及绘制了《暴风雨》（1782 年）中的米兰达和费迪南德。弗朗西斯·海曼（Francis Hayman）、乔治·罗姆尼（George Romney）和托马斯·琼斯（Thomas Jones）

都曾画过《暴风雨》中普洛斯帕罗和米兰达偷窥遇难的费迪南德的场景。罗姆尼对莎士比亚特别感兴趣，《李尔王在暴风雨中脱去他的长袍》（*King Lear in the Tempest Tearing Off His Robes*）是他早期重要画作之一。约书亚·雷诺兹（Joshua Reynolds）、威廉·布莱克（William Blake），尤其是亨利·富塞利（Henry Fuseli），都是积极的诠释者，一如富塞利引人不安的作品《提泰妮娅的觉醒与沉底》（*Titania's Awakening and Bottom*，1790）那样，这个话题也吸引了其他画家。他的《麦克白》《班柯和女巫们》（1793—1794 年）也是如此。18 世纪 90 年代，约翰·博伊德尔（John Boydell）在其位于伦敦的莎士比亚画廊展出了有关莎士比亚戏剧的画作。[7]

莎士比亚剧中角色经常以演员的样貌予以描绘，例如，罗姆尼将麦克白描绘成其扮演者约翰·亨德森的模样，画家的肖像画捕捉到了悲剧演员不断追求的紧张感。1776 年 5 月 2 日的《斯温尼的伯明翰和斯塔福德纪事报》刊登了一则广告，登载了 36 位莎翁戏剧中主要演员的插图。同样，个体被描绘成"符合角色"，比如艾玛·汉密尔顿（Emma Hamilton）便由罗姆尼将之展现为剧中的米兰达。

塞缪尔·约翰逊是一个积极的推动者，尽管在面对赝品时也很容易上当受骗。莎士比亚是约翰逊《词典》（*Dictionary*）中最常被引用的权威，在其莎士比亚戏剧版本的序言中，约翰逊发表了对约瑟夫·艾迪生的戏剧《加图》（*Cato*）（1711 年）的评论，清楚表明了品位是如何变化的："《加图》精彩地展示了人造和虚构的方式，表达了公正和高尚的情感，用词轻松、睿智、和谐，但其所包含的希望和恐惧并没有带来心灵的震动。"[8]莎士比亚对约翰逊塑造一种民族文化认同而言十分重要，因为其作品及受欢迎程度支持了约翰逊关于公共观念发展的看法。[9]自 18 世纪以来莎士比亚被比作荷马在希腊历史上的角色，两个人都被视为民族文化中某部分传统的集大成者。[10]简·奥斯汀在她的小说《曼斯菲尔德庄园》（*Mansfield Park*）中，将莎士比亚描述为"英格兰人体格中的一部分。他的思想和美是如此地声名远播，以至于你可以在任何地方触摸到它们；人们本能地与他亲近"。

对莎士比亚作品的解读也引发了争论。著名旅行作家托马斯·彭南特（Thomas Pennant）在对1787年从伦敦到多佛的旅程进行总结时，将攻击目标对准了约翰逊：

> 我将谈谈莎士比亚悲剧《李尔王》中不朽的悬崖，以作为此次旅程的结束。那是一座巨大的白垩悬崖，悬在海面上；一次塌陷降低了它的一些高度；但仍保留有足够的东西让那些好奇的人害怕，并想从悬崖边窥视一二。约翰逊博士在为这位著名作家所作的大量注释中指出，细枝末节的描写消解和削弱了压倒性的思想，人们注意到的是红嘴山鸦、乌鸦、采集海蓬子的人，还有渔夫。恕我直言，如果莎士比亚去掉这些琐碎的描写，便再也不会存在任何对其的描写了；不过，如果埃德加允许这位善良的老人孤注一掷的话，读者也会像可怜的葛罗斯特一样失去理智的。但是，我仍能理解每一个读者看到我们无与伦比的诗人非凡的意象和优秀的创作时所产生的恐惧：

> > 把眼睛垂得那么低，
> > 这是多么可怕和令人眩晕啊！
> > 在半空中飞翔的乌鸦和红嘴山鸦，
> > 尚没有甲虫那么丑陋；

悬崖半空中挂着采集海蓬子的人，可怕的营生！

在我看来，他似乎只有脑袋那么大。

走在沙滩上的渔夫，

像老鼠一样；远处高大的锚泊帆船，

缩小到公鸡大小；她的公鸡是一个

几乎小得看不见的浮标。无数闲散的小卵石

摩擦着潺潺的波涛，

在这么高的地方是听不到的。我不再找了；

免得我的脑袋一转动，模糊的视野

让我一头栽下。[11]

这便是该书强有力的结尾，前面则是"莎士比亚悬崖"的版画。

才女伊丽莎白·蒙塔古在1762年对一位朋友说："人们对英格兰历史的了解，基本上都是从莎士比亚那里学到的东西；因为我们的历史与其说是一系列政治事件，还不如说是个人冒险和灾祸的组合。"[12]随着莎士比亚戏剧变成规范形式（其舞台事业正在成为传统），而且在19世纪普及免费教育后还成为学校教授文学的主要形式，这一点变得更加真实。可以说，莎士比亚是必要的，但也是便利的。他的戏剧是用英语写就的，涵盖了广泛的类型，其所有或部分作品可以被学校生活中的各个年龄段学生阅读。人们将不受欢迎的剧目——如《亨利八世》从戏剧剧目中除去是完全可能的，但仍有许多其他剧目可供选择。这些作品也可能会被改编。托马斯·鲍德勒（Thomas Bowdler）的《家庭版莎士比亚》（*The Family Shakespeare*，1818）对明显的不当用词发起了坚决抨击，并从他的版本中剔除了这些用词。与此同时，莎士比亚在视觉艺术方面依然重要，比如丹尼尔·麦克利斯（Daniel Maclise）在《〈哈姆雷特〉中的戏剧场景》（*The Play Scene in "Hamlet"*，1842）中所展现的。

莎剧也是值得整个大英帝国研究和纪念的文本。他的剧本为英国的共同特征和英国性做出了贡献。[13]这种英国性也涵盖了当地民族，莎士比亚戏剧从19世纪中叶便开始在印度公开上演，同时还被用乌尔都语改编。1901年，乔治·萧伯纳将人们对莎士比亚的赞美称为"莎士比亚崇拜"（bardolatry）。

此外，这些戏剧在帝国——实际上是英语世界——之外也很受欢迎，被以法国作曲家艾克托尔·柏辽兹为代表者称赞为一种强烈的情感体验。[14]朱塞佩·威尔第（Giuseppe Verdi）在歌剧《麦克白》（1847年）中也采用了莎翁的创作方法。他这样评价自己的歌剧《唐·卡洛》（*Don Carlo*，1867）："这部剧中没有任何东西是历史的，但它包含了莎士比亚式的真理和人物塑造的深度。"在贾科莫·普契尼（Giacomo Puccini）的歌剧《托斯卡》（*Tosca*）（1900年）中，邪恶的警察局长斯卡皮亚男爵将自己的行为与伊阿古的行为做了比较。浪漫主义画家经常描绘莎士比亚作品的场景，如荷兰画家约瑟夫·伊斯拉尔斯（Josef Israëls）（1824—1911年）于1850年左右创作的《白日梦》（《奥菲利亚》）。

20世纪不仅产生了更多的作品版本[15]，也出现了丰富的批评方法，因为这些戏剧是在一系列问题意识和理论之下被看待的。莎士比亚作品还被进一步改编成电影、广播、电视，甚至广告。1964年推出的一种颇受欢迎的淡雪茄便以大名鼎鼎的哈姆莱特的名字命名，这种雪茄从1966年到1991年一直在英国电视上做广告，并从1996年到1999年在电影院打广告。然而，仅仅把莎士比亚搬上舞台或搬进银幕并不能保证成功。提供上佳的表演和导演仍然很有必要，因为每个时代都需要有自己复兴莎士比亚的方式。[16]莎士比亚写作的范围再一次为极其不同的处理方式提供了机会，而戏剧的突出地位则鼓励了这一进程。

在第二次世界大战期间，莎士比亚作品被搬上了舞台，其作品台词被用来坚定决心，最突出者乃是劳伦斯·奥利弗（Laurence Olivier）在二战期间的同名电影《亨利五世》（1944年）中的表演。圣克里斯宾节（St. Crispin's Day）上有关阿金库尔的演讲也特别引人注目。这些联系非常多样。1917年11月，位于美索不达米亚地区的英国指挥官莫德将军邀请刚刚抵达该地的美国战地记者、曾经的女演员埃莉诺·富兰克林·伊根（Eleanor Franklin Egan）同他一道观看巴格达一所犹太学校用阿拉伯语演出的《哈姆莱特》。[17] 约瑟夫·康拉德（Joseph Conrad）的小说《阴影线》（*The Shadow-Line*，1917）也有《哈姆莱特》的影子。

更普遍来说，莎士比亚堪称是英国性的图腾，例如，莎翁在学校课程中非常流行，但也有潜在的差异。就前者而言，在常见文学作品中吸收莎士比亚的作品，尤其是引用莎士比亚的语录，乃是彰显英国特性的独特之处，在20世纪60年代文化断裂之前当然也是这样。在阿加莎·克里斯蒂的《藏书室女尸之谜》（*The Body in the Library*）（1942年）中，马普尔小姐反思道：这的确很重要，不是吗？十分有把握，就像莎士比亚说的那样——"加倍确信"。[18]克里斯蒂——这位经常提到莎翁的作家，其书籍的销量到1962年已超过了莎士比亚，而在更早的1959年，她的书被翻译成其他语种的数量也超过了莎士比亚。莎士比亚是其唯一的比较者。

其他侦探小说家也大量引用莎士比亚的作品，比如在约翰·马斯特曼（John Masterman）的《牛津悲剧》（*An Oxford Tragedy*，1933）中，哈姆莱特被用来描述一个关键人物。[19]《哈姆莱特，复仇！》（*Hamlet, Revenge!*，1937）是迈克尔·英尼斯（Michael

Innes）最成功的侦探小说之一，故事以大法官在一场业余演出中扮演波洛尼尔斯时被谋杀展开。英尼斯是文学学者斯图尔特（J. I. M. Stewart）的笔名。而埃德蒙·克里斯宾（Edmund Crispin）的《血爱成河》（*Love Lies Bleeding*，1948）则是一部以莎士比亚为中心的更具创造性的侦探小说。谋杀的焦点是发现了莎士比亚失传已久的《爱的获得》（*Love's Labour's Won*）。《爱的获得》的剧本似乎确实存在过，但却没有副本留存下来。

剧作家们经常引用莎翁作品，既用来塑造人物形象，也提供情节参照。因此，在特伦斯·拉蒂根（Terence Rattigan）的《懒散生活》（*Live in Idleness*，1944）中，观众会被认为能够理解哈姆莱特对剧中年轻人个性的强烈影响。相比之下，汤姆·斯托帕德（Tom Stoppard）在其成功的《君臣人子小命呜呼》（*Rosencrantz and Guildenstern Are Dead*，1966）中，提供了一个戏里戏外皆有哈姆莱特的戏剧，剧中"侍从领主"（attendant lords）似乎被莎士比亚戏剧的层层情节所困。作为诗人、评论家和剧作家，T.S.艾略特在他1919年的批判性读本《莎士比亚及其问题》（*Hamlet and His Problems*）中特别对照了莎士比亚，该文在1921年发表于《圣林》（*The Sacred Wood*），后又在《荒原》（1922年）中呼应了《暴风雨》。艾略特曾说："但丁和莎士比亚将世界一分为二。没有第三人。"[20]

《血染莎剧院》（*Theatre of Blood*，1973）讲述了一个与众不同的有关莎翁戏剧的幽默故事，算是一部恐怖喜剧，剧中由文森特·普莱斯（Vincent Price）扮演的蹩脚演员爱德华·莱昂哈特对评论家不欣赏其对莎士比亚的演绎感到愤怒，打算在莎士比亚戏剧的死亡场景中谋杀他们。普莱斯引用了莎士比亚的著名台词，这部广受好评的电影是普莱斯最佳的电影作品之一。

莎士比亚的肖像也通过邮票予以传播。大英莎士比亚节系列邮票的主题选择了迫克和波顿、费斯特、阿金库尔战役前夜、阳台场景以及哈姆莱特凝视郁利克的骷髅上述主题。1995年重建莎士比亚环球剧场系列邮票描绘了1599年和1614年的天鹅剧场、玫瑰剧场、希望剧场和环球剧场。相比之下，1998年纪念澳大利亚殖民200周年系列邮票则展示了莎士比亚在不列颠影响力传播中的作用，邮票上描绘了莎士比亚、约翰·列侬和悉尼歌剧院。五百名新西兰女刺绣者提供了一种不同形式的"离散"回忆，她们为重建的环球剧院制作幕布，幕布于1994年在那里被揭开。而就在此前两年，新西兰学校里还举办了首届地区性的莎士比亚戏剧节。[21]

1932年，在未来的爱德华八世和首相拉姆齐·麦克唐纳的见证下，新的莎士比亚纪念剧院在斯特拉特福开幕，并得到了广泛支持，这一活动被认为既是英国的、帝国的，同时也是全球性的。其三分之二的费用由美国捐助者承担。

翻译是莎翁作品超越英国特性影响的一个方面。外国改编的戏剧也是如此，比如黑泽明的日语能剧版《麦克白》（1957年）和祖鲁语版《乌玛巴塔》（*Umabatha*，1972）。此外，戏剧为导演提供了大量机会来表达他们自己的政治或社会观点。这样的例子不胜枚举，例如，皇家莎士比亚公司（RSC）1984年出品的《亨利八世》描绘了斯大林式的不列颠，而伊恩·麦克莱恩（Ian McKellen）的《理查三世》中出现了坦克，并将理查三世与希特勒联系在一起。《暴风雨》曾在1985年至1986年于不列颠巡回演出并参加了香港艺术节，在制作中，导演奈杰尔·贾米森（Nigel Jamieson）和安东尼·奎尔（Anthony Quayle）让演员穿着维多利亚时代晚期的服装，以表达对帝国主义的批判态度。2001年，英国皇家莎士比亚剧团制作的《哈姆莱特》是对托尼·布莱尔[1]政府操纵舆论的攻击，而剧中的克劳迪斯即是一名操纵电视媒体者。2012年，这家剧团还以"阿拉伯之春"为题材推出了《裘利斯·凯撒》，凯撒大帝之死与利比亚独裁者卡扎菲上校之死如出一辙。这出戏本身被证明是一种特别尖锐的政治象征。2012年，在明尼阿波利斯的格思里剧院（Guthrie Theater）上演的一出戏中，凯撒是以贝拉克·奥巴马的形象呈现的。2011年，皇家莎士比亚剧团的现代版《科利奥兰纳斯》被认为展现的即是"阿拉伯之春"。

改编的范围一直延续至当下。因此，2017年，伦敦环球剧院上演了马修·邓斯特（Matthew Dunster）的《无事生非》，该剧以1910年的墨西哥为背景，主人公希罗从第一波革命中归来。这部剧被宣传为"融合了拉丁音乐、沙漠之花和革命政治"。[22]略有不同的是，菲洛梅娜·康克（Philomena Cunk）在她的讽刺节目《康克谈莎士比亚》（"Cunk on Shakespeare"）中回答了这样一个问题，即莎士比亚的作品是否与"Tinder[2]的世界"有任何关联，或者只是胡言乱语。她有些蹩脚的笑话认为"那时上学更为容易"，因为学生们不必学习莎士比亚。该节目在2017年获得了英国电影和电视艺术学院（BAFTA）奖提名。[23]同样在2017年，达美航空公司和美国商业银行撤回了对奥斯卡·尤斯蒂斯（Oskar Eustis）在纽约中央公园上演《裘利斯·凯撒》的赞助，原因是他要在该剧中展现唐纳德·特朗普。[24]伦敦也对该剧进行了类似的处理，并影响了近来的学术研究。[25]2018年皇家莎士比亚剧团制作的《雅典的泰门》

---

[1] 英国前首相，1997年5月担任首相，上任后对工党大胆进行革新，对原保守党政府的内外政策进行一系列调整。带领工党连续3次赢得大选，于2007年辞去首相职务。
[2] 国外一款手机交友App。

在上演时伴有希腊经济危机的弦外之音。

尽管年轻人无法立即接触莎士比亚的作品，但也没有什么理由认为他会失宠。语言对许多人来说是一个挑战，但情节的活力和人物塑造的感染力仍然是强大而吸引人的。

注释

1. A. Walkden, *Private Lives Made Public: The Invention of Biography in Early Modern England* (Pittsburgh, 2016), 16.

2. M. Raddadi, *Davenant's Adaptations of Shakespeare* (Uppsala, Sweden, 1979).

3. J. H. Wilson, "Granville's Stock-Jobbing Jew," *Philological Quarterly* 13 (1934); S. Clark, ed., *Shakespeare Made Fit: Restoration Adaptations of Shakespeare* (London, 1997).

4. F. De Bruyn, "Shakespeare, Voltaire and the Seven Years' War: Literary Criticism as Cultural Battlefield," in *The Culture of the Seven Years' War: Empire, Identity and the Arts in Eighteenth Century Atlantic World*, ed. De Bruyn and S. Regan (Toronto, 2014), 147–68; J. Bate, *Shakespearean Constitutions: Politics, Theatre, Criticism, 1730–1830* (Oxford, 1989); M. Dobson, *The Making of the National Poet: Shakespeare, Adaptation and Authorship, 1660–1769* (Oxford, 1992); J. Brewer, *The Pleasures of the Imagination: English Culture in the Eighteenth Century* (London, 1997), 406–23.

5. J. Wesley, *A Concise History of England, from the Earliest Times, to the Death of George II, 4 vols.* (London, 1776), 2:139–40.

6. C. Desmet and A. Williams, eds., *Shakespearean Gothic* (Cardiff, UK, 2009).

7. J. Martineau, ed., *Shakespeare in Art* (London, 2003); S. Sillars, *Painting Shakespeare: The Artist as Critic, 1720–1820* (Cambridge, 2006).

8. S. Johnson, *Mr. Johnson's Preface to His Edition of Shakespeare's Plays, vol. 1* (London, 1765), xxxv.

9. N. Hudson, *Samuel Johnson and the Making of Modern England* (Cambridge, 2003).

10. N. Ostler, *Empires of the World: A Language History of the World* (London, 2005), 473-74, footnote.

11. T. Pennant, *A Journey from London to the Isle of Wight* (2 vols. in one, London, 1801), 1: 205, act 4, scene 6.

12. Montagu to Elizabeth Carter, July 16, 1762, Huntington Library, San Marino, California, Montagu papers, no. 3079.

13. I. Colley, *Shakespeare and the Limits of National Culture* (Hayes Robinson Lecture Series, 2, London, 1999), 17; J. Bate and D. Thornton, eds., *Shakespeare: Staging the World* (London, 2012).

14. J. Bate, ed., *The Romantics on Shakespeare* (London, 1992).

15. A. Murphy, *Shakespeare in Print: A History and Chronology of Shakespeare Publishing* (Cambridge, 2003).

16. K. S. Rothwell, *A History of Shakespeare on Screen: A Century of Film and Television* (Cambridge, 1999).

17. P. Knight, *The British Army in Mesopotamia, 1914-1918* (Jefferson, NC, 2013), 140; F. Egan, *The War in the Cradle of the World* (New York, 1918).

18. A. Christie, *The Body in the Library* (London, 1942, 1962 ed.), 179.

19. J. Masterman, *An Oxford Tragedy* (London, 1933, 1939 ed.), 178.

20. J. Harding, "T. S. Eliot's Shakespeare," *Essays in Criticism* 62 (2012): 160-77.

21. D. Sanders, *Very Public Hangings: The Story Behind New Zealand's Gift to the Globe Theatre, London* (Wellington, NZ, 1992); M. Stocker, "'Look Here upon This Picture': Shakespeare in Art at the Papa," *Tuhinga* 28 (2017): 41-45. 我要感谢马克·斯托克同我讨论这个问题。

22. *Summer of Love*, brochure for summer season 2017, p. 9.

23. https://www.youtube.com/watch?v=9YeCpHoy9EQ , accessed on May 26, 2017 (183, 502 views)

24. 又见, regarding the RSC, D. Aaronovitch, "Trump Is Mark Antony with a Twitter Feed," *Times*, March 14, 2017, section 2, 8.

25. S. Greenblatt, *Tyrant: Shakespeare on Power* (London, 2018) and "Shakespeare Explains the 2016 Election," *The New York Times*, October 8, 2016; A. Marr, "Shakespeare Warned Us about the Dangers of a Political Vacuum," *Evening Standard*, February 2, 2018, 16.

精选延伸阅读书目

莎士比亚开放资源（The Open Source Shakespeare）网站极有价值。可以非常容易地搜索到关键词。

Ackroyd, P. *Shakespeare: The Biography*. London, 2005.

Archer, John. *Sovereignty and Intelligence: Spying and Court Culture in the English Renaissance*. Stanford, CA, 1993.

Barton, Anne. *The Shakespearean Forest*. Cambridge, 2018.

Bate, Jonathan. *Soul of the Age: The Life, Mind and World of William Shakespeare*. London, 2008.

Bergeron, David, ed. *Reading and Writing in Shakespeare*. Newark, DE, 1996.

———. *Shakespeare's London, 1613*. Manchester, 2018.

Black, Jeremy. *Mapping Shakespeare: An Exploration of Shakespeare's World through Maps*. London, 2018.

Bullough, Geoffrey, ed. *Narrative and Dramatic Sources of Shakespeare*. London, 1957–75.

Cressy, David. *Bonfires and Bells: National Memory and the Protestant Calendar in Elizabethan and Stuart England*. Berkeley, CA,

1989.

Deats, Sara, and Robert Logan, eds. *Christopher Marlowe at 450.* Farnham, UK, 2015.

Doran, Susan. *Elizabeth I and Her Circle.* Oxford, 2015.

Doty, Jeffrey. *Shakespeare, Popularity and the Public Sphere.* Cambridge, 2017.

Dubrow, Heather. *Shakespeare and Domestic Loss: Forms of Deprivation, Mourning, and Recuperation.* Cambridge, 1999.

Franssen, Paul. *Shakespeare's Literary Lives: The Author as Character in Fiction and Film.* Cambridge, 2018.

Gilbert, Anthony. *Shakespeare's Dramatic Speech.* Lewiston, NY, 1997.

Goldring, Elizabeth. *Nicholas Hilliard: Life of an Artist.* New Haven, CT, 2019.

―――. *Robert Dudley, Earl of Leicester, and the World of Elizabethan Art: Painting and Patronage at the Court of Elizabeth I.* New Haven, CT, 2014.

Greenblatt, Stephen. *Tyrant: Shakespeare on Power.* London, 2018.

Harkness, Deborah. *The Jewel House: Elizabethan London and the Scientific Revolution.* New Haven, CT, 2007.

Hirschfeld, Heather. *The End of Satisfaction: Drama and Repentance in the Age of Shakespeare.* Ithaca, NY, 2014.

Howard, Jean, and Phyllis Rackin. *Engendering a Nation: A Feminist Account of Shakespeare's English Histories.* London, 1997.

Hyland, Peter. *An Introduction to Shakespeare: The Dramatist in*

His Context. Basingstoke, UK, 1996.

Jones, John. *Shakespeare at Work*. Oxford, 1995.

Kerrigan, John. *Shakespeare's Originality*. Oxford, 2018.

Kisery, Andras. *Hamlet's Moment: Drama and Political Knowledge in Early Modern England*. New York, 2016.

Lake, Peter. *Bad Queen Bess? Libels, Secret Histories and the Politics of Publicity in the Reign of Queen Elizabeth I*. Oxford, 2016.

———. *How Shakespeare Put Politics on the Stage: Power and Succession in the History Plays*. New Haven, CT, 2016.

Lake, Peter, and Michael Questier. *The Antichrist's Lewd Hat: Protestants, Papists and Players in Post Reformation England*. New Haven, CT, 2002.

Lemon, Rebecca. *Treason by Words. Literature, Law and Rebellion in Shakespeare's England*. Ithaca, NY, 2006.

Marsh, Christopher. *Popular Religion in Sixteenth-Century England*. New York, 1999.

Mullaney, Steven. *The Place of the Stage: License, Play and Power in Renaissance England*. Ann Arbor, MI, 2004.

Parry, Glyn. *The Arch-Conjuror of England: John Dee*. New Haven, CT, 2012.

Reid, Robert. *Renaissance Psychologies: Spenser and Shakespeare*. Manchester, 2018.

Rhodes, Neil. *Shakespeare and the Origins of English*. Oxford, 2004.

Schoenbaum, S. *Shakespeare's Lives*. Oxford, 1991.

Smith, Molly. *Breaking Boundaries: Politics and Play in the*

Drama of Shakespeare and his Contemporaries. Aldershot, UK, 1998.

Spevack, Marvin. *Complete and Systematic Concordance to the Works of Shakespeare.* Hildesheim, Ger., 1974.

Thick, Malcolm. *Sir Hugh Plat: The Search for Useful Knowledge in Early Modern London.* Totnes, UK, 2010.

Whitfield, P. *Illustrating Shakespeare.* London, 2013.

Wills, Garry. *Witches and Jesuits: Shakespeare's "Macbeth."* Oxford, 1995.

Woolf, Daniel. *The Idea of History in Early Stuart England: Erudition, Ideology, and "The Light of Truth" from the Accession of James I to the Civil War.* Toronto, 1990.

英王世系简表

（诺曼征服—斯图亚特王朝）

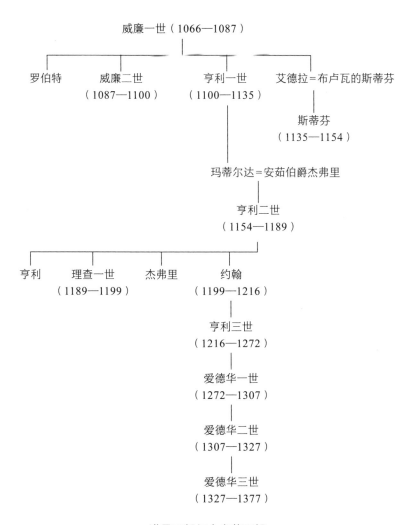

威廉一世（1066—1087）

罗伯特　　威廉二世　　亨利一世　　艾德拉＝布卢瓦的斯蒂芬
　　　　（1087—1100）　（1100—1135）

斯蒂芬
（1135—1154）

玛蒂尔达＝安茹伯爵杰弗里

亨利二世
（1154—1189）

亨利　　理查一世　　杰弗里　　约翰
　　　（1189—1199）　　　　（1199—1216）

亨利三世
（1216—1272）

爱德华一世
（1272—1307）

爱德华二世
（1307—1327）

爱德华三世
（1327—1377）

诺曼王朝与金雀花王朝

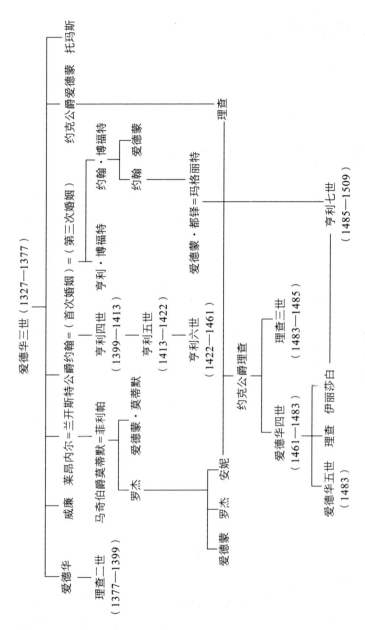

兰开斯特王朝和约克王朝

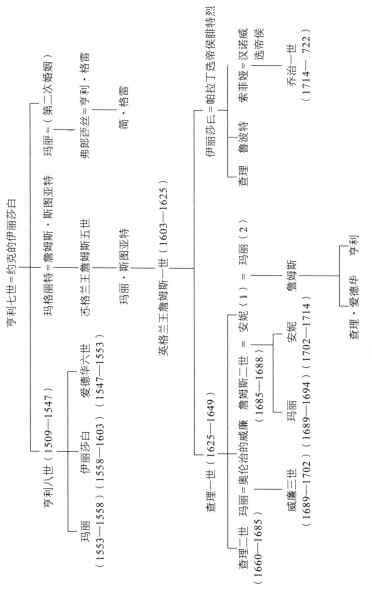

都铎王朝和斯图亚特王朝

图书在版编目（CIP）数据

莎士比亚时代的英格兰 /（英）杰里米·布莱克著；
张炜译. -- 上海 ：上海书店出版社, 2025.4. -- ISBN
978-7-5458-2410-0

Ⅰ. K561.3

中国国家版本馆 CIP 数据核字第 2024RR9044 号

England in the Age of Shakespeare
© by Jeremy Black
Chinese simplified Character translation rights licensed from the original
English-language publisher, Indiana University Press. All rights reserved to Indiana
University Press.
The simplified Chinese translation rights arranged through Rightol Media (本书中
文简体版权经由锐拓传媒取得 Email:copyright@rightol.com)

版权合同登记号 : 图字 : 09–2024–0300 号

责任编辑　张　冉　　吴心柳　　胡美娟
封面设计　郦书径

莎士比亚时代的英格兰
［英］杰里米·布莱克　著
张　炜　译

出　　版　上海书店出版社
　　　　　　（201101　上海市闵行区号景路 159 弄 C 座）
发　　行　上海人民出版社发行中心
印　　刷　苏州市越洋印刷有限公司
开　　本　890 × 1240　1/32
印　　张　12.375
版　　次　2025 年 4 月第 1 版
印　　次　2025 年 4 月第 1 次印刷
ISBN 978-7-5458-2410-0/K.511
定　　价　98.00 元